Anne Weber
Verena Wróbel

Training Intensiv

Richtig gut! Referate halten

Englisch

Mit Audio-Dateien zur Aussprache
als Download

Klett Lerntraining

Bibliografische Information der Deutschen Nationalbibliothek
Die Deutsche Nationalbibliothek verzeichnet diese Publikation in der Deutschen Nationalbibliografie; detaillierte bibliografische Daten sind im Internet über http://dnb.d-nb.de abrufbar.

Auflage 3 2 1 | 2016 2015 2014
Die letzten Zahlen bezeichnen jeweils die Auflage und das Jahr des Druckes.

www.klett.de/lernhilfen

Satz: DTP-studio Andrea Eckhardt, Göppingen
Druck: Medienhaus Plump GmbH, Rheinbreitbach
Printed in Germany
ISBN 978-3-12-949344-1

9 783129 493441

Vorwort

Hi… hello… errr… welcome… now… eh… let's start… errr… What was I going to say?

Du möchtest ein Referat halten und dir fehlen die Worte? *Training Intensiv Richtig gut! Referate halten Englisch* hilft dir nicht nur die passenden Worte zu finden, sondern begleitet dich auch von der **Vorbereitung** über die **Präsentation** bis hin zur anschließenden **Diskussion.**

Was finde ich in dem Buch?

Alles rund um Referate und Diskussionen

- **Theorie-Kapitel „Referate"**
  Hier wirst du auf deinem Weg zum präsentationsfähigen Referat begleitet. Schritt für Schritt wird jeder einzelne Aspekt genau beschrieben und erklärt: Wie plane und recherchiere ich richtig? Was ist ein geeigneter Referatsaufbau? Wie bereite ich mich auf den Auftritt vor und wie führe ich das Referat durch?

- **Theorie-Kapitel „Diskutieren"**
  In diesem Kapitel erfährst du alles, was du wissen musst, um erfolgreich an einer Diskussion teilzunehmen oder eine Diskussion zu leiten: Wie stelle ich Argumente zusammen und präsentiere sie überzeugend? Wie reagiere ich auf Fragen richtig und wie moderiere und beurteile ich eine Diskussion?

- **Tipps**
  In den einzelnen Kapiteln findest du praxisnahe Tipps, die für die Vorbereitung und den Auftritt besonders nützlich sind und deinem Referat noch den letzten Schliff geben.

- **Checklisten**
  Checklisten stellen wichtige Punkte, die es zu beachten gilt, im Überblick dar.

Passende Worte für jeden Schritt

- **Wortlisten*** – Zu jedem einzelnen Referats- bzw. Diskussionsschritt findest du neben der Theorie auch ausführliche deutsch-englische Wortlisten mit dem benötigten Vokabular.

- **Stichwortverzeichnis** – Um einzelne Wendungen schnell und problemlos zu finden, kannst du das Stichwortverzeichnis im hinteren Teil des Buches nutzen. Die Reihenfolge der Wendungen entspricht der Reihenfolge in den beiden Theorieteilen.

* Elemente in eckigen Klammern (z. B. Eigennamen) sind in den Wortlisten nur als Beispiel angegeben und können beliebig ausgetauscht werden.

- **Hörbeispiele*** – Für eine effektivere Vorbereitung und zum Trainieren der Aussprache steht dir Downloaddateien mit allen Sätzen und Wendungen aus den Wortlisten zur Verfügung.
  Du findest sie unter www.klett-lerntraining.de/6P3A. Mit einer QR-Code-App kannst du die Hörbeispiele auch direkt starten. Alle Hörbeiträge wurden von englischen Muttersprachlern gesprochen.

Übung macht den Meister!

- Übungen – Am Ende der beiden großen Kapitel findest du jeweils einen umfangreichen Übungsteil zu inhaltlichen Aspekten sowie zum Wortschatz. Nutze die Übungen, um dich selbst zu überprüfen und das Erlernte zu festigen. Die Lösungen dazu befinden sich vor dem Index am Ende des Buches.

So benutzt du den Wortschatzteil

Der Oberstufenwortschatz Landeskunde und Literatur ENGLISCH ist dein wertvoller Begleiter durch die Oberstufe und zur Vorbereitung auf die Abituraufgaben im Bereich Landeskunde.

Wir haben für dich die wichtigsten Vokabeln aus prüfungsrelevanten landeskundlichen Themen zusammengestellt. Damit die Lernportionen überschaubar und machbar bleiben, ist jedes Thema übersichtlich in einzelne Spezialgebiete gegliedert – so kannst du immer schnell auf genau die Vokabeln zugreifen, die du gerade brauchst!
Die Wortlisten in diesem Buch sind thematisch geordnet: Wörter und Wendungen, die inhaltlich miteinander verknüpft sind, tauchen im Zusammenhang auf. So lernst du die Vokabeln leichter!

Viel Erfolg wünscht dir das

Team von Klett Lerntraining!

* Aus Platzgründen wurde bei den Sätzen und Wendungen mit weiteren Varianten, die jeweils in Klammern angegeben sind, nur die Grundvariante aufgenommen.

1. Ready: Inhalte suchen und aufbereiten

1.1 Gut geplant ist halb gehalten – Die Vorarbeit

Wie erstelle ich einen Arbeitsplan?

> *TIPP:*
> *Beginne rechtzeitig mit der Vorbereitung und plane Zeitpuffer ein. So gerätst du nicht unter Druck.*

Bevor du dich um inhaltliche Aspekte kümmerst und dich in die eigentliche Vorbereitung stürzt, solltest du dein Vorgehen planen. Nur dann kannst du abschätzen, wie viel Zeit du für die einzelnen Arbeitsschritte überhaupt zur Verfügung hast. Notiere dir den Referatstermin in deinem Kalender und erstelle dann einen Plan, wann du welchen Arbeitsschritt in Angriff nehmen und beenden willst. Du solltest dabei dein eigenes Arbeitstempo berücksichtigen und dir realistische Ziele setzen. Auch andere Termine (z. B. Klausuren und Ferien), die dich eventuell an einem zügigen Arbeiten hindern, solltest du in deine Planung mit einbeziehen.

Arbeitsphasen

Themenfestlegung
Sprich das Thema mit deinem Lehrer/Dozenten ab und wähle den Termin dafür möglichst früh, so dass eventuell noch ein zweites Treffen stattfinden kann.

Recherche
Wichtige Bücher, die du für deine Arbeit ausleihen möchtest, können entliehen sein, dann musst du möglicherweise wochenlang darauf warten. Plane entsprechend viel Zeit für diesen Schritt ein.

Materialbearbeitung
Das Sichten, Bewerten und Ordnen von Material erfordert Ruhe und Zeit. Mache dir gründlich Notizen und schreibe immer deine Quellen auf. Das erspart später unnötiges Suchen, wenn du einzelne Aspekte genauer nachschlagen musst.

Gliederung
Der Aufbau muss eventuell noch mit der Lehrperson abgesprochen werden. Vereinbare rechtzeitig einen Termin. Plane für Änderungen, die dann noch vorgenommen werden müssen, Zeit ein. Vielleicht musst du ein Teilthema neu recherchieren.

Ausarbeitung
Dies ist eine sehr intensive Arbeitsphase, in der du dich teils kreativ, teils analytisch mit den Inhalten auseinandersetzt. Rechne damit, dass dieser Prozess nicht immer

zügig läuft. Ein paar Tage Abstand können dann gut tun, um mit neuem Schwung die Sache wieder anzugehen.

Letzte Vorbereitungen
Viele Kleinigkeiten können jetzt Zeit und Nerven kosten. Du musst Folien und Handouts kopieren, Geräte organisieren, etc. Dabei muss nicht immer alles glatt gehen: Hast du auch dann genug Zeit, wenn Kopierer oder andere technische Geräte streiken?

Wie präzisiere ich das Thema und definiere Ziele?

Das Thema des Referates ergibt sich in den meisten Fällen aus dem Unterricht und wird durch die Lehrperson vorgegeben. Mache dir zunächst eigene Gedanken zum Thema. Kläre für dich, welchen Bezug du zu diesem Thema hast und welche Aspekte du besonders reizvoll findest.
Gehe dann zu deinem Lehrer/Dozenten und kläre, inwieweit sich eure Vorstellungen treffen oder ergänzen. Besprich, wo der Schwerpunkt des Referates liegen soll und welche Bereiche unbedingt in deinen Ausführungen berücksichtigt werden müssen. Mache dir auch klar, für wen du dein Referat hältst und welche Informationen deine Zuhörer unbedingt brauchen.

TIPP:
Eine spontane Stoffsammlung (Brainstorming, Mind-Map usw.) hilft, sich an das Thema heranzutasten. Auch ein Lexikon gibt einen ersten Überblick.

Wenn du dein Thema selbst wählst, solltest du unbedingt auf den Umfang achten: Ist das Thema zu eng gewählt, langweilst du dein Publikum unter Umständen mit unnötigen Details und Spezialwissen. Ist das Thema zu weit gefasst, ist eine vertiefende Darstellung einzelner Aspekte unmöglich. Bitte auch hier deine Lehrperson um ein beratendes Gespräch.

TIPP:
Im Zweifelsfall immer Rücksprache mit der Lehrperson halten!

Checkliste: Besprechung zur Themenfindung

- Wo soll der Schwerpunkt des Referates liegen?
- Was will ich mit meinem Referat erreichen?
- Welche Fragen und Unterthemen lassen sich formulieren?
- Welche Aspekte finde ich besonders spannend?
- Wie viel Zeit ist für die Durchführung des Vortrags vorgesehen?
- Gibt es Literatur, die mein Lehrer/Dozent mir empfehlen kann?
- Wann soll das Referat gehalten werden? Wie viel Zeit bleibt für die Vorbereitung?

1.2 Wer sucht, der findet – Die Recherche

Wo suche ich, was ich brauche?

Die Recherche ist ein wichtiger Schritt auf dem Weg zu einem guten und vor allem informativen Referat. Die Möglichkeiten, nach geeignetem Material zu suchen, sind vielfältig.

> *TIPP:*
> *Stelle dir eine Liste mit Schlagwörtern zum Thema zusammen. So kommst du bei der Suche in der Bibliothek und im Internet schnell vorwärts.*

Öffentliche Bücherei/Bibliothek
Der richtige Ort für die Recherche kann eine Bibliothek sein. Wenn du noch nicht mit den Gegebenheiten vertraut bist, lass dich vor Ort über das Bibliothekssystem informieren. Sowohl eine Suche nach thematischen Stichwörtern, als auch nach Autoren ist möglich. Du findest neben Fachbüchern, wissenschaftlichen Zeitschriften und aktueller Presse auch allgemeine Nachschlagewerke und Lexika.

Internet
Eine weitere Informationsquelle ist das Internet; das Problem ist hier aber, die gefundenen Seiten richtig einschätzen zu können und die verlässlichen Quellen von den zweifelhaften zu unterscheiden. Hierbei hilft es zum einen, sich eher auf Seiten von angesehenen Urhebern (Universitäten, Zeitschriften, Rundfunk) zu stützen. Zum anderen ist es ratsam, sich nicht nur auf eine Quelle zu verlassen, sondern mehrere zu vergleichen.

Checkliste: Die Nützlichkeit eines Buches schnell beurteilen

- Inhaltsverzeichnis lesen
- Index überfliegen
- Vorwort/Einführung anlesen
- zwei oder drei willkürlich ausgewählte Textpassagen anschauen

Wie notiere ich, was ich finde?

Während der Materialsuche erscheint es oft problematisch, die Informationen so zu notieren, dass sie später gut verarbeitet werden können.

> TIPP:
> *Notiere immer auch die genaue Quelle der gefundenen Information, da du diese später ohnehin angeben musst.*

Lesetechniken

Bei deiner Recherche geht es darum, möglichst schnell zu beurteilen, ob ein Text für dich relevant ist oder nicht. Verschaffe dir einen Überblick über den Inhalt, indem du die Seiten überfliegst und die Schlüsselwörter erfasst. Entscheide dann, ob es sich lohnt diesen Text genauer zu bearbeiten.

Texte exzerpieren

Markiere in den Texten, die du als wichtig erachtest, zentrale Stellen und schreibe dir zur eigenen Orientierung Überbegriffe an den Rand. Mache dir die Hauptgedanken des Textes klar und fasse diese in eigenen Worten zusammen.

> TIPP:
> *Entnimm keine Textpassagen wörtlich, ohne sie als Zitate zu kennzeichnen.*

Vorstrukturieren

Es bietet sich an, das Material in Mind-Maps oder Clustern thematisch vorzustrukturieren. Man sollte einzelne Aspekte, die man in Büchern, Zeitschriften oder im Internet findet, gleich so zusammenstellen, dass man sie später wieder findet und bei der Erarbeitung keinen Aspekt vergisst.

Zitieren

Notiere Zitate, die du womöglich in deinem Vortrag zur Verdeutlichung verwenden willst, mit genauen Quellenangaben (Autor, Titel, Jahr, Verlag, Seitenzahl).

Literaturverzeichnis anlegen

Du musst alle verwendeten Quellen angeben. Lege dir deshalb eine Liste an, auf der du die Angaben aller verwendeten Materialien notierst. Eventuell muss diese Liste auch abgegeben werden.

Checkliste: Literaturverzeichnis (Bibliografie)

- **Bücher**
  Name, Vorname: *Titel*. Ort: Verlag, Jahr.
- **Zeitschriftenartikel**
  Name, Vorname: „Titel". In: <u>Name der Zeitschrift</u>. Ausgabe. Ort: Verlag, Jahr. Seite.

- **Internetseiten**
  vollständige Webadresse, in Klammern dahinter das Datum, an dem die Seite besucht wurde.
  Internetseiten werden separat von Büchern und Zeitschriften aufgelistet.
- Die Namen der Autoren werden alphabetisch sortiert.

Wie strukturiere ich, was ich verwenden will?

Mit dem Rohmaterial, das während der Recherche gesammelt wurde, wird nun eine endgültige Struktur erarbeitet. Du solltest dir noch einmal genau deine Themenformulierung und Zieldefinition anschauen. Überlege dir, welche der Informationen du tatsächlich auch verwenden willst bzw. solltest.

TIPP:
Lege am besten für jeden Unterpunkt ein eigenes Kartensystem an, das erleichtert das Zuordnen der verschiedenen Informationen.

Finde Überschriften zu Unterkapiteln und bringe diese in eine schlüssige Reihenfolge. Ordne dann dein Material diesen Unterpunkten zu (vgl. Kap. 3.2, S. 21). Überlege dir auch, mit welchen Medien du deine Inhalte präsentieren kannst: Welches Medium ist am besten geeignet, die einzelnen Aspekte verständlich zu machen und zu veranschaulichen?

Verschiedene Medien und ihre Einsatzmöglichkeiten

Die Tafel kann während deines Referates dafür genutzt werden, Äußerungen aus dem Plenum zu sammeln oder einige Stichpunkte zu notieren. Komplexere Schaubilder solltest du, wenn die Möglichkeit besteht, schon vor dem Vortrag anbringen oder dich für eines der anderen Medien entscheiden.

Flipcharts haben eine ähnliche Funktion wie die Tafel. Besonders eignen sie sich für Stichwortsammlungen und Skizzen. Man kann hier innerhalb kürzester Zeit verschiedene Aspekte auf einem jeweils neuen Blatt behandeln.

Poster haben den Vorteil, dass sie während des gesamten Referates präsent sind und auch darüber hinaus als Erinnerungsstütze und Ergebnis genutzt werden können.

Folien sind sehr flexibel einsetzbar, da sie vor dem Vortrag erstellt werden können, aber auch spontane Ergänzungen während des Referates zulassen. Achte auf die Schriftgröße und die Übersichtlichkeit.

Der Computer bietet die Möglichkeit, mit Powerpoint Grafiken, Bilder und Auflistungen zu erstellen und mit Hilfe des Beamers zu zeigen. Besonders wenn zahlreiche Bilder, Diagramme und Illustrationen eingesetzt werden sollen, ist dieses Medium sinnvoll. Achte aber auch hier darauf, dass deine Zuschauer Zeit brauchen, die Eindrücke aufzunehmen und zu verarbeiten.

Filme oder Filmsequenzen können einzelne Aspekte deines Themas eindrücklich veranschaulichen. Allerdings sollte der gewählte Ausschnitt genau auf das Thema abgestimmt sein und nur einen kleinen Teil deines Referates einnehmen. Nimm während deines Referates Bezug auf die gezeigten Szenen.

Tonträger können ähnlich wie Filme eingesetzt werden. Musik, Interviewausschnitte, Lesungen oder Ähnliches lockern den Vortrag auf und können als Ausgangspunkt oder Beispiel dienen.

2. Steady: Auftritt vorbereiten

2.1 Ab in die Startlöcher – Vorbereitung und Visualisierung

Wie bereite ich mich auf meinen Auftritt vor?

Der Abend zuvor

Versuche, am Abend zuvor rechtzeitig mit allen Vorbereitungen fertig zu sein, so dass du genügend Schlaf bekommst. Ein ausgeschlafener Referent tritt wesentlich überzeugender und souveräner auf als ein übermüdeter.

Lampenfieber

Wenn du dich gut vorbereitet hast, gibt es eigentlich keinen Grund aufgeregt zu sein. Trotzdem ist es normal, ein gewisses Maß an Lampenfieber zu spüren. Oft hilft es, das Referat im Vorfeld vor Freunden oder auch nur vor dem Spiegel zu halten. Wenn dieser Probeauftritt gut läuft, legt sich die Nervosität von selbst.
Sei am Tag selbst pünktlich an Ort und Stelle. Plane lieber einen Zeitpuffer ein, damit du nicht zusätzlich unter Druck gerätst.

Nobody is perfect

Setze dich selbst nicht zu sehr unter Druck. Es ist kein Problem, wenn dir zwischendurch einmal kleine Fehler unterlaufen. Auch Versprecher wird niemand übel nehmen. Es ist vollkommen in Ordnung, sich bei Unsicherheiten an den Karteikarten zu orientieren, solange man nicht durchgängig abliest.

Wie bereite ich mein Material vor?

Kümmere dich rechtzeitig um die Anfertigung deiner Materialien. Kopiere Handouts und Folien mindestens einen Tag vor deinem Auftritt und nimm dir genügend Zeit, alles zu kontrollieren. Tippfehler schleichen sich schneller ein, als man denkt.
Überlege dir im Vorfeld, welche technischen Geräte du benutzen wirst und reserviere diese gegebenenfalls. Um frei sprechen zu können, solltest du dir nur Stichworte notieren. Ausformulierte Sätze verleiten dazu abzulesen und sind nicht übersichtlich genug. Bewährt haben sich Karteikarten. Lege dir am besten alle Materialien so zurecht, dass du direkt vor deinem Referat sicher sein kannst, alles in der richtigen Reihenfolge und vor allem komplett vorliegen zu haben.

Checkliste: Karteikarten

- für jeden neuen Aspekt eine eigene Karte benutzen
- Stichworte so knapp wie möglich halten
- groß und leserlich schreiben
- unterschiedliche Farben verwenden
- Schlüsselbegriffe markieren
- Karten nummerieren

Checkliste: Folien, Handouts und Plakate

- so wenig wie möglich, so viel wie nötig schreiben
- Gliederung übersichtlich gestalten
- grafische Elemente zur Veranschaulichung nutzen
- nicht zu viel auf eine Seite packen
- Schriftgröße nicht zu klein wählen (Handouts ca. 12 Punkt, Folien ab 16 Punkt)
- leserliche und einheitliche Schriftart benutzen
- Quellen angeben

3. Go: Referate durchführen

3.1 Auf los geht's los – Die Einleitung

Wie stelle ich mich vor und begrüße meine Zuhörer?

Hi, I know none of us want to be here, but Mrs. Stratford wants me to talk about this boring English guy called Shakesbeer …

TIPP:
Die Aufregung zu Beginn eines Referates bekommt man besser in den Griff, wenn man den Einstieg besonders gründlich vorbereitet und eventuell sogar auswendig lernt.

Der erste Eindruck entscheidet – nicht alles, aber einiges: Er legt den Grundstein für eine gute und überzeugende Präsentation. Deshalb ist es noch vor Beginn des eigentlichen Referates wichtig, einen positiven Kontakt zum Publikum aufzubauen. Begrüße deine Zuhörer freundlich und teile ihnen durchaus auch mit, dass du dich über ihr Erscheinen freuen. Ein Publikum ist gerne bereit, sich auf das Kommende einzulassen, wenn es sich persönlich angesprochen fühlt und merkt, dass es dir Freude macht, dein Thema zu präsentieren.

Solltest du vor fremdem Publikum sprechen, ist es wichtig, dich und eventuelle Mitreferenten kurz vorzustellen: Nenne deinen Namen, eventuell deine Funktion und umreiße kurz, inwieweit du Experte für das von dir präsentierte Thema bist.

Richtiges Auftreten

Wichtig ist nicht nur, was du sagst, sondern auch wie du es sagst. Hier ein paar einfache aber sehr wirkungsvolle Tipps für dich:

Natürlich auftreten
Ziehe das an, worin du dich wohl fühlst. Dabei sollte die Kleidung gepflegt und dem Anlass angemessen sein.

Nervosität verbergen
Stehe aufrecht und unverkrampft, gehe nicht zu viel umher, wippe nicht.

Wichtiges betonen
Unterstreiche deine Ausführungen dezent mit Gestik und Mimik.

Kontakt zum Publikum
Vergiss nicht, dass du Zuhörer hast und halte Blickkontakt.

Positive Atmosphäre
Ein aufmunterndes Lächeln hilft dir, eine positive Atmosphäre im Raum zu schaffen.

Üben im Voraus
Finde das richtige Maß an Bewegung, Gestik und Mimik für dich heraus, indem du einen Teil des Referates einmal einem Freund präsentierst.

Zuhörer begrüßen

Guten Morgen alle miteinander.	Good morning everybody.
Liebe Klassenkameraden …	Dear classmates …
Liebe Kommilitonen …	Dear fellow students …
Meine sehr verehrten Damen und Herren …	Ladies and gentlemen …
Ich begrüße euch sehr herzlich zu …	Welcome to …
Ich heiße euch herzlich willkommen.	I'd like to welcome you to …
Schön, dass ihr alle heute morgen da seid.	Nice to see you all this morning.
Schön, dass ihr es alle geschafft habt her zu kommen.	I'm glad you could all make it.
Schön, dass ihr so zahlreich erschienen seid …	I'm glad to be able to welcome so many of you …

Sich vorstellen

Die meisten von euch kennen mich ja, ich bin …	Most of you already know me, I'm …
Für diejenigen, die mich nicht kennen, ich bin …	For those of you who don't know me, I am …
Ich möchte mich gerne kurz vorstellen.	Let me briefly introduce myself.
Mein Name ist …	My name is …
Ich heiße …	I am …
Ich bin Schüler der 10. Klasse.	I'm in year 10.
Ich bin Student im 3. Semester.	I'm a student in my third semester.
Ich bin ein Praktikant.	I'm doing work experience.
Heute steht hier mit mir …	Here with me today is …
Ich glaube, ihr kennt alle …	I think you all know …
Ich möchte gerne … vorstellen.	I would like to introduce …
Darf ich … vorstellen:	May I introduce …

Wir arbeiten schon lange zusammen an diesem Thema.	We have been working together on this topic for a long time.
Wir haben dieses Referat gemeinsam vorbereitet.	We prepared this presentation together.
Wir werden uns im Verlauf dieses Referates immer wieder abwechseln.	We'll be taking turns in giving this presentation.
Wir haben uns die Präsentation folgendermaßen aufgeteilt:	We have divided the presentation as follows:

Wie kläre ich technische und organisatorische Fragen?

I've got a bad cold so you won't hear me and I don't know how to switch on the light so you won't see me; but I'm here and I planned a three hour speech on Shakesbeard's plays …

Bevor es mit der Präsentation richtig losgeht, ist es ratsam, noch einige technische und organisatorische Dinge zu klären und vorzubereiten.

Licht und Lesbarkeit
Achte darauf, dass das Licht im Vortragsraum hell genug ist, so dass du als Vortragender deine Aufzeichnungen gut lesen kannst; andererseits sollte es nicht so hell sein, dass die Zuschauer die Schrift auf dem OHP, Bildschirm oder Tafel nicht mehr lesen können. Teste dies am besten im Vorfeld und frage dein Publikum, ob alles gut sichtbar ist.

Lautstärke
Erkundige dich, ob deine Stimme oder die CD-Einspielung für alle Zuhörer laut genug und verständlich ist. Das vermeidet Unmut und Missverständnisse auf beiden Seiten.

Technische Probleme
Solltest du Probleme mit dem CD-Player, dem Tageslichtprojektor oder einem anderen Gerät haben, erkläre kurz die Lage und bitte um ein wenig Geduld.

Fragen
Wenn Fragen aus dem Publikum kommen, gibt es zwei Möglichkeiten der Handhabung: Entweder du lässt die Fragen immer dann stellen, wenn sie auftreten oder du verweist auf die Möglichkeit einer offenen Fragerunde am Ende deines Referates.

> *TIPP:*
> ***Wenn du dich beim Reden stark auf dein Konzept konzentrieren musst, lass die auftauchenden Fragen erst am Ende deines Vortrages stellen, so dass du den roten Faden nicht verlierst.***

Zeitplanung
Sage, wie lange dein Referat ungefähr dauern wird. So können sich die Zuhörer darauf einstellen und unnötige Unruhe wird vermieden.

Handout

Du kannst das Handout vor dem Referat als Orientierungshilfe austeilen. Die Zuhörer haben dann die Möglichkeit, eigene Notizen zu ergänzen. Wenn du dein Handout nach dem Referat als Zusammenfassung austeilst, solltest du deine Zuhörer zu Beginn darauf hinweisen, dass sie nicht mitschreiben müssen, weil ein Handout mit den wesentlichen Informationen noch folgt.

Technische Fragen klären

Ist es zu hell?	Is the light too bright?
Soll ich die Rollos herunterlassen?	Should I close the blinds?
Soll ich die Lichter dimmen?	Should I turn the lights down?
Ist die Präsentation auch hinten noch gut zu erkennen?	Can you see the presentation clearly in the back rows, as well?
Könnt ihr alle die Folie lesen?	Can you all read the transparency?
Hier vorne ist noch Platz. Vielleicht möchtet ihr noch etwas nach vorne kommen.	There's still room here at the front. Perhaps you'd like to move forward a little.
Könnt ihr mich überall gut verstehen?	Can you all understand me?
Spreche ich laut genug?	Am I speaking loudly enough?
Einen kleinen Moment, bitte. Die Technik spielt uns einen Streich.	One moment, please. The equipment is acting up.
Der CD-Spieler (der Videorekorder, der Computer) funktioniert nicht.	The CD player (video recorder, computer)* isn't working.
Es läuft gerade leider etwas anders als geplant, aber vielleicht können wir erstmal mit … weitermachen.	Things aren't quite going to plan, unfortunately, but perhaps we can carry on with … for the time being.
Entschuldigung für die kurze Unterbrechung, es geht sofort weiter.	I apologize for this brief interruption, we can carry on in a second.

* Zusätzliche Varianten für einzelne Sätze und Wendungen sind in Klammern angegeben. Aus Platzgründen wurden nur die Grundvarianten aufgenommen.

Organisatorische Fragen klären

Unterbrecht mich ruhig, wenn etwas unklar sein sollte.	Please feel free to interrupt me if anything is unclear.
Meldet euch, wenn ihr eine Frage habt.	Just put your hand up if you've got a question.
Ihr könnt während der Präsentation jederzeit Fragen stellen.	You can ask questions at any time during the presentation.

Stellt Fragen immer gleich, wenn sie auftauchen.	Please ask questions as soon as they arise.
Ich beantworte eure Fragen am Ende des Referates.	I will answer your questions at the end of my presentation.
Es wird im Anschluss an die Präsentation genügend Zeit zur Diskussion geben.	There'll be plenty of time for discussion at the end of the presentation.
Alles in allem wird die Präsentation ungefähr zwanzig Minuten in Anspruch nehmen.	The whole presentation will take roughly twenty minutes.
Das Referat wird ungefähr eine Stunde dauern.	The presentation will take about one hour.
Es gibt ein Handout, das ich gleich austeile.	There is a handout which I will pass round in a moment.
Ich teile das Handout nach der Präsentation aus.	I will distribute the handout after the presentation.
Ihr bekommt ein Handout, deshalb müsst ihr nicht mitschreiben.	There will be a handout, so there's no need to take notes.

Wie steige ich in mein Thema ein?

The theme of Hamlet's famous speech is the afterlife. I hope you are all interested in the afterlife, if not – never mind. I wasn't, so I decided to tell you a few things about Shakesbear till the lesson is over.

Nenne das Thema und erläutere es gegebenenfalls kurz, bevor du mit dem Hauptteil loslegst. Sprich die Zuhörer direkt an. Der Einstieg soll das Interesse der Zuhörer wecken und möglichst spannend sein. Dies kann man auf unterschiedliche Art und Weise erreichen:

Begründung
Begründe kurz, warum du dich für dieses Thema entschieden hast, oder erläutere, warum das Thema für die Zuhörer wichtig ist.

Beispiel
Ein anschauliches oder witziges Beispiel bietet dem Zuhörer einen Anknüpfungspunkt und erleichtert den Einstieg ins Thema. Die Verbindung zum Thema darf dabei nicht aus dem Blickfeld geraten. Beispiele sollten deshalb klar verständlich sein und direkt zum Thema führen.

Ziel und Schwerpunkte
Gib an, worauf du hinauswillst und welches Ziel du dir vorgenommen hast. Provokante Thesen können die Aufmerksamkeit des Publikums fesseln. Bei sehr weit gefassten Themen empfiehlt es sich, Inhalte einzugrenzen und zu klären, welche Schwerpunkte du legst.

Aufbau

Erkläre in ein paar Stichworten, wie dein Referat aufgebaut ist. Dies schafft einen Überblick und informiert die Zuhörer darüber, was sie während des Vortrages erwartet. Zur besseren Orientierung kannst du den Aufbau auch auf einer Folie oder auf einem Handout darstellen.

> *TIPP:*
> ***Hilf den Zuhörern sich zu orientieren, indem du während deines Referates immer wieder Bezug auf deine Gliederung nimmst.***

Ins Thema einsteigen

Heute möchte ich über … sprechen.	Today I want to talk about …
Heute werde ich über … sprechen.	Today I will talk about …
Das heutige Thema ist:	Today's topic is:
Heute möchte ich mit euch ein interessantes (wichtiges, zentrales) Thema besprechen.	Today I want to introduce you to an interesting (an important, a central) topic.
Ich möchte euch in dieser Präsentation mit einem Thema vertraut machen, das …	In this presentation I would like to introduce a subject to you which …
… klingt vielleicht zunächst etwas langweilig (altmodisch). Ich hoffe aber, euch im Verlauf der Präsentation vom Gegenteil überzeugen zu können.	… at first might sound a bit boring (old-fashioned). However, I hope to change your minds during the course of my presentation.
Mich hat an diesem Thema besonders fasziniert (gereizt, bewegt, interessiert), dass …	I was particularly fascinated (provoked, moved, interested) by this topic because …
Ich interessiere mich schon lange für …	I've been interested in … for a long time.
In letzter Zeit hat dieses Thema an Aktualität gewonnen.	This subject has recently become very relevant.
Immer wieder hören wir in den Medien …	Again and again the media reports …
Es ist allgemein bekannt, dass …	It's common sense that …
Was hat dieses Thema eigentlich mit uns zu tun?	How does this topic actually relate to us?
Warum sollten wir eigentlich über dieses Thema sprechen?	Why do we have to talk about this subject at all?
Ihr habt euch sicher schon einmal gefragt, …	You've probably asked yourselves before …
Wie kommt es eigentlich, dass …	How can it be that …
Im Alltag begegnet uns immer wieder …	Every day we come across …
Dies ist ein Beispiel für …	This is an example of …
Das Ziel dieses Referates ist …	The purpose of this presentation is to …
Ich möchte zeigen, dass …	I want to show that …
Wir möchten belegen, dass …	We want to prove that …

Mein Ziel ist es zu erreichen, dass …	My aim is to …
Es ist wichtig über … zu informieren.	It is important to inform people about …
Ich möchte euer Interesse wecken für …	I'd like to get you interested in …
Ich würde gerne einen bisher noch wenig bekannten Aspekt in den Vordergrund stellen.	I would like to focus on an issue which has been given little attention up to now.
Es gilt, Vorurteile gegen … aus dem zu Weg räumen.	It is necessary to get rid of prejudice against …
Ich hoffe, dass ihr am Ende dieses Referates … mit anderen Augen sehen werdet.	I hope that you will have a different view of … by the end of this presentation.

Referatsaufbau vorstellen

Ich möchte euch nun meine Gliederung vorstellen.	I would like to briefly present the structure of my presentation.
Ich habe den Vortrag in vier Abschnitte gegliedert.	I have divided this presentation into four different parts.
Ich werde in meinem Vortrag auf folgende Punkte eingehen:	I will present the following aspects:
Mein Fokus liegt auf …	My focus is on …
Ich setze folgende Schwerpunkte:	I will focus on …
Zunächst werde ich auf … zu sprechen kommen, dann sollen … und … folgen.	First I will talk about … then … after which … will follow.
Zum Schluss werde ich … ansprechen.	At the end I will mention …
Abschließend werde ich … ansprechen.	In conclusion, I will talk about …
An dieser Stelle wird Raum für Fragen (eine Diskussion) sein.	And then there'll be time for questions (a discussion).
Anschließend haben wir noch ausreichend Zeit darüber zu diskutieren.	After the presentation there'll be enough time for discussion.

3.2 Jetzt geht's um die Wurst – Der Hauptteil

Wie präsentiere ich Inhalte und stelle meine Argumente vor?

As I said earlier on, I'm going to talk about Shakebear and his plays today. I thought that it is more fun not to talk about one play after the other but to mix them … and let you guess at the end which of them I actually included in my talk.

Nach der Begrüßung und der ersten Darstellung deines Themas geht es nun darum, die Hauptinhalte, zentrale Fragen oder Thesen deines Referates detailliert zu erläutern. Dabei ist es wichtig, die Kerngedanken deutlich zu machen und eine übersichtliche Struktur zu schaffen.

> *TIPP:*
> *Sprich in kurzen, einfachen Sätzen. Zu komplizierten Satzkonstruktionen kann man als Zuhörer nur schwer folgen.*

Kerngedanken

Überlege dir im Vorfeld gut, welche Kerngedanken deine Zuhörer aus deinem Referat mitnehmen sollen. Konzentriere dich dabei auf das Wesentliche, da zu viele Informationen verwirren und die Gefahr besteht, dass die Zuhörer abschalten.

Diese Auswahl ist eine der schwierigsten aber auch wichtigsten Aufgaben bei der Erstellung eines Referates: Durch die Wahl der Inhalte wird die Zielrichtung und der Schwerpunkt des Vortrages festgelegt. (vgl. Kap. 1.2, S. 8)

These aufstellen

Bei manchen Themenstellungen bietet es sich an, oder wird sogar erwartet, dass eine These formuliert wird. Eine These ist eine Behauptung, deren Richtigkeit noch zu klären ist. Es ist eine Aussage, über die es sich lohnt, länger nachzudenken und die durch verschiedene Argumente unterstützt oder entkräftet werden kann. Manchmal provoziert sie auch und steigert so das Interesse der Zuhörer. Findet sich bei der Vorbereitung eine solche These, kann der Aufbau des Hauptteiles durch die Abfolge von Pro- und Kontraargumenten gestaltet werden.

Reihenfolge

Lege eine Reihenfolge deiner ausgewählten Inhalte fest, die eine sinnvolle Struktur entstehen lässt. Bei historischen Themen ist es möglich, die Aspekte chronologisch zu ordnen. In anderen Fällen bietet es sich unter Umständen an, nach Themengebieten vorzugehen. Bei der Darstellung einer wissenschaftlichen Arbeit kann häufig die Struktur des Textes beibehalten werden. Wurde zu Beginn des Referates eine These aufgestellt, folgen nun die Pro- und Kontraargumente. Das Hauptargument ist am Ende eventuell besonders wirkungsvoll. (vgl. Kap. 5.2, S. 50)

> *TIPP:*
> *Schreibe die einzelnen inhaltlichen Aspekte auf Kärtchen und schiebe diese so lange hin und her, bis du die optimale Abfolge gefunden hast.*

Checkliste: Aufbau einzelner Argumente

- Sind meine Argumente klar formuliert?
- Erkläre ich meine Argumente ausreichend?
- Sind die Begründungen nachvollziehbar und schlüssig?
- Habe ich genügend Fakten, um meine Argumente zu stützen?
- Habe ich genügend Beispiele, um meine Argumente zu veranschaulichen?

Inhalte präsentieren

Wir sehen deutlich, dass …	We can see clearly that …
Folgender Gedanke ist zentral:	The following aspect is a central one:
Wir gehen von folgender Grundlage aus:	This is based on the assumption that …
Dabei sind folgende Punkte besonders wichtig:	In this context, the following points are most essential:
Ein zentraler Aspekt ist …	A crucial aspect is …
Zwei Aspekte möchte ich besonders betonen:	I would like to emphasize two aspects in particular:
Wichtige inhaltliche Punkte sind …	Important aspects are …
Was ich damit sagen möchte, ist …	What I'm saying is …
Es liegt auf der Hand, dass …	It is obvious that …
Hier ist eine klare Tendenz zu erkennen.	An obvious tendency can be identified.
Es liegt nahe, die Aussagen dahingehend zu interpretieren …	It would make sense to interpret the statements as follows:
Im Gegensatz zur allgemeinen Meinung, zeichnet sich eine andere Entwicklung ab.	In contrast to the general opinion, a different development can be seen.
In Anbetracht dieser Tatsachen …	Considering these facts, …
Es lässt sich trotzdem eine klare Entwicklung skizzieren …	However, a clear development can be seen …

Argumente vorstellen

Lasst uns zunächst von folgender Annahme ausgehen:	Let's first assume that …
Lasst mich zu Beginn folgende These aufstellen:	Initially, let me put forward the following hypothesis:

Ich behaupte, dass …	I argue that …
Folgende Hypothese werde ich in meinem Referat widerlegen:	I'm going to disprove the following theory in the course of my presentation:
Lasst uns als Arbeitshypothese erst einmal annehmen, dass …	Let's start by assuming that …
Ich möchte beweisen, dass …	I want to prove that …
Ich möchte in meinen Ausführungen diese These mit neuen Argumenten stützen.	In the course of my presentation I want to support this statement with new arguments.
Zunächst gehen wir von der Vermutung aus, dass …	First we'll assume that …
Aufgrund der bisher dargestellten Aspekte, gehe ich davon aus, dass …	Based on the facts presented earlier, I assume that …
Der bisherige Stand der Forschung lässt vermuten …	The current research results give reason to believe …
Bisher wurde immer davon ausgegangen, dass …	Up to now it has always been assumed that …
Ich halte die bisherigen Annahmen für falsch, weil …	I consider the current assumptions to be wrong because …
Ich möchte hiermit die These aufstellen …	I would like to put forward the following theory:
Ich glaube, dass die Entdeckungen der letzten Jahre eher darauf hinweisen, dass … als …	I believe that the discoveries of the recent years point to … rather than to …

Referate strukturieren

Mein erstes Argument ist:	My first argument is:
Der erste Punkt, den ich anführen möchte, ist:	The first aspect I want to present is:
Zweitens …	Secondly, …
Und drittens sollte beachtet werden, dass …	Thirdly, we should consider …
Zunächst einmal möchte ich zeigen, dass …	First I would like to show that …
Ein weiteres Argument ist …	A further argument supporting this theory is …
Es muss aber auch erwähnt werden, dass …	However, I should also mention that …
Auch folgender Aspekt sollte nicht vergessen werden:	We should also not ignore the following:
Des Weiteren …	Furthermore, …
Außerdem …	Besides, …
Zudem ist wichtig, dass …	In addition, it is important to …
Darüber hinaus sollte erwähnt werden, dass …	Additionally, we should mention that …
Übrigens …	Incidentally, …

Nebenbei bemerkt …	By the way, …
Am Rande sei auch erwähnt, dass …	In passing, let me mention that …

Wie verknüpfte ich Inhalte und mache Zusammenhänge deutlich?

Well, that's a good question: what's the linking element of all that? … errr … well, I didn't get the connection myself … I, too, thought that the stuff was strange in a way but hoped you could make a sense of it …

Von Beginn deines Referates an sollte klar sein, wie die verschiedenen Aspekte miteinander zusammenhängen und wo die Verbindungen sind.

Gliederung transparent machen
Baue kleine Orientierungshilfen in dein Referat ein. Verweise immer wieder auf die Gliederung, lege bei Bedarf zwischendurch erneut die Gliederung auf Folie auf und mache so den roten Faden deutlich. Wenn du für die einzelnen Punkte einprägsame Überschriften findest, ist es sehr leicht, allein durch den Verweis auf eine dieser Überschriften deutlich zu machen, wo du dich befindest.

Übergänge gestalten
Zwischen den Informationsblöcken sollten kurze Zusammenfassungen des bereits Gesagten geliefert werden. Diese Zwischenfazits geben dem Zuhörer eine gewisse Sicherheit, die Inhalte wirklich verstanden zu haben und deuten an, dass man sich nun einem neuen Punkt zuwenden kann. Dieser neue Aspekt sollte ebenfalls durch eine kurze Ankündigung eingeleitet werden; das schafft weitere Orientierung.

Auf einen vorhergehenden Punkt verweisen
Sollten zwischen den einzelnen Aspekten Parallelen zu finden sein und sich Sachverhalte in ihrer Struktur ähneln, ist das eine wichtige Information für deine Zuhörer. Verweise deshalb auf diese Verbindungen und beziehe dich auf bereits genannte Punkte.

Orientierungshilfen geben

Ich komme nun zu Punkt …	I will now move on to …
Damit möchte ich überleiten zu …	Having said that, I want to go on with …
Wir haben nun bereits die ersten drei Aspekte betrachtet.	We've already considered the first three aspects.
Diese Themen sind wichtig für den nächsten Punkt.	These issues are important for the next point.
Verbunden damit ist auch der nächste Bereich.	The next part is also related to this aspect.

Zwischenfazits

Bevor ich auf … eingehe, möchte ich kurz festhalten …	Before I move on to …, I'd like to repeat the following:
An dieser Stelle kann folgendes Zwischenfazit gezogen werden:	At this point we can draw the conclusion …
Dies hat zur Folge …	This has the effect …
Auf der einen Seite … auf der anderen Seite …	On the one hand … on the other hand …
Jedoch …	However, …
Nichtsdestotrotz …	Nevertheless, …
Soweit also zu …	This is all I want to say about …
Was … angeht, verhält es sich ähnlich (anders) …	Regarding …, the case is similar (different) …
Es lässt sich natürlich auch anführen, dass …	It can also be stated that …
Andererseits ist festzuhalten, dass …	On the other hand, it can be seen that …
Das bringt mich auf einen anderen Aspekt.	This brings me to a different issue.
Dies führt mich zu meinem nächsten Punkt.	This leads me to my next point.
Ein weiterer wichtiger Punkt ist der Folgende:	The following aspect is another important one:
An dieser Stelle ist es auch interessant, dass …	At this point it is also interesting to see that …
Dabei sollte man auch beachten, dass …	In this context we should also look at …
Dabei darf nicht fehlen …	In this context … shouldn't be left out.
Gerne wird gesagt, dass …	It is often said that …
Hier aber gilt …	In this case, however, …
Dies ist zwar grundsätzlich richtig, aber …	In general, this is right but …
Es sollte ebenfalls erwähnt werden …	It should also be mentioned that …
Ganz ähnlich verhält es sich mit …	A similar situation is …
Ganz anders verhält es sich mit …	The situation is quite different in the case of …

Auf Vorangegangenes verweisen

Hier kann eine Parallele zu … festgestellt werden.	This is paralleled by …
Dies erinnert an den vorherigen Punkt, der sich mit … beschäftigte.	This brings to mind the previous issue which dealt with …
Wie ich bereist erwähnte …	As I have already mentioned …
Dieser Punkt ist zu Anfang schon einmal diskutiert worden.	This point was already discussed at the beginning.

Um nochmals auf ... zurückzukommen:	To return to ... once more:
Und jetzt werden die anfangs erwähnten Punkte wieder wichtig.	And this is where the facts mentioned earlier become significant again.
Das scheint im Gegensatz zu meiner eingangs genannten These zu stehen.	This seems to contradict my original theory.
Vielleicht fragt ihr euch jetzt, hat er nicht gerade etwas ganz anderes behauptet?	You may be asking yourselves whether I didn't just say something completely different.
Ich kann euch versichern, dass dies kein Widerspruch zu ... ist.	I can assure you that this doesn't contradict ...
Nach dieser gründlichen Überprüfung und Abwägung der Argumente kann die Eingangshypothese nicht aufrechterhalten werden.	After carefully examining and weighing up the arguments, it is not possible to uphold the initial hypothesis.
Dies spricht für die anfangs aufgestellte These.	This supports the initial theory.
Damit ist unsere These bewiesen.	This proves our theory.

Wie baue ich Beispiele, Zahlen und Fakten ein?

Shakesbirth ... errr ... I think he was born in ... – well, around ... errr ... perhaps in the 16th century? Anyway, a long time ago, that's for sure.

Deine Thesen, Argumente und Ausführungen können erst dann wirklich überzeugen, wenn sie durch Beispiele, Zahlen und Fakten veranschaulicht und untermauert werden. Achte darauf, diese Information an den entsprechenden Stellen sinnvoll und im Zusammenhang in dein Referat einzubauen. Mache auch deutlich, was ein Schaubild zeigen und belegen soll. Behalte deinen Schwerpunkt im Auge und verliere dich nicht in Zusatzinformationen, die keinen wesentlichen Beitrag zum Hauptthema liefern.

Je nach Thema müssen unterschiedliche Informationen präsentiert werden:

> *TIPP:*
> *Bilder der vorgestellten Personen und kurze Anekdoten aus ihrem Leben machen den Vortrag anschaulich.*

Biographische Daten werden in chronologischer Reihenfolge präsentiert. Konzentriere dich auf wesentliche Eckdaten und beleuchte auch das geschichtliche Umfeld. Eventuell bietet sich ein Vergleich mit einer anderen historischen Person an.

Historische Ereignisse sollten in Bezug zum geschichtlichen Gesamtgeschehen gesetzt werden. Vergleiche beispielsweise die Entwicklung des von dir dargestellten Phänomens mit anderen Ländern und weise auf Zusammenhänge hin. Auch ein Vergleich mit der heutigen Zeit kann für viele Zuhörer das Verständnis erleichtern.

Zahlen und Fakten lassen sich ebenfalls gut vergleichen, um ihre Bedeutung zu verdeutlichen. Es hilft den Zuhörern, wenn du Zahlen in Relation setzt und Vergleichsgrößen bietest.

Statistiken lassen sich in Diagrammen anschaulich darstellen. Besonders komplexe Zusammenhänge solltest du auf jeden Fall visualisieren und erklären. Allerdings darfst du auch hier die Zuhörer nicht überfordern: Schaubilder sollten so einfach und übersichtlich wie möglich sein.

TIPP:
Gib den Zuhörern genug Zeit, ein Schaubild zu betrachten und zu verstehen. Für sie ist das Schaubild neu!

Checkliste: Umgang mit Beispielen, Zahlen und Fakten

- Habe ich für alle meine Ausführungen auch Belege?
- Reichen die Belege aus, um meine These zu stützen?
- Kenne ich die Quelle und habe ich sie angegeben (z. B. auf dem Handout)?
- Handelt es sich um eine verlässliche Quelle?
- Ist alles verständlich und klar dargestellt? Habe ich komplexere Zusammenhänge visualisiert?
- Ist die Fülle an Zahlen meinen Zuhörern noch zuzumuten?

Beispiele einbauen

Dieses Beispiel zeigt, dass …	This example shows that …
An diesem Beispiel sehen wir …	This example illustrates …
Ein gutes Beispiel dafür ist …	A good example for this is …
Ich möchte ein paar Bespiele nennen …	I would like to mention a few examples.
Lasst mich dies an einem kurzen Beispiel verdeutlichen.	Let me illustrate this with a little example.
Es gab beispielsweise einen Fall …	There was, for example, a case …
Vielleicht wird dies durch folgendes Beispiel klarer:	Perhaps this will become clearer in the following example:

Biographische Daten nennen

[Peter Brown] wurde im Jahr … in … geboren.	[Peter Brown]* was born in …
[Peter Brown] starb im Jahr … in …	[Peter Brown] died in …
Ich werde einige biographische Eckdaten zu … nennen.	I'll give you some basic biographical facts about …
Ich werde einen Überblick über den Lebenslauf von [Peter Brown] geben.	I'll give you a short résumé of [Peter Brown].
Im selben Jahr …	In the same year …
Dieses Ereignis war besonders prägend für …	This incident was especially important for …
Sein Lebensziel war es …	His aim in life was to …

* Elemente in eckigen Klammern (z. B. Eigennamen) sind in den Wortlisten nur als Beispiel angegeben und können beliebig ausgetauscht werden.

Historische Ereignisse darlegen

Im Jahr …	In …
Die Situation sah folgendermaßen aus:	The situation was the following:
Im Jahr … war die Situation besonders schwierig (günstig).	In … the situation was particularly difficult (favourable).
Viele Faktoren beeinflussten …	Many factors had an effect on …
Die Gründe für diese Entwicklung waren vielfältig.	The reasons for this development were manifold.
Auch in anderen Ländern …	In other countries … also …
Anders als heute gab es damals …	Unlike today, in those times there was …
Wenn wir die Situation mit der heutigen vergleichen, erkennen wir, dass …	Comparing the historical situation with today's, it becomes clear that …

Zahlen und Fakten einbauen

Ein paar Zahlen werden diese Befunde verdeutlichen.	A few figures will illustrate these results.
Die Zahl beträgt …	The number is …
Diese Zahl ist doppelt so hoch wie …	The number (figure) is twice as high as …
Dieser Wert lässt sich vergleichen mit …	This amount (figure) can be compared to …
Diese Größe ist vergleichbar mit …	This quantity is comparable with …

Die Zahl hat sich in zwei Jahren verdreifacht.	The figure (number, amount) has tripled in the last two years.
Das sind so viele wie …	That's as many (much) as …
Das sind weniger als …	That's less (fewer) than …

Statistiken erläutern

Hier seht ihr …	Here you can see …
das Tortendiagramm/das Säulendiagramm/das Liniendiagramm	the pie chart/the bar chart/the line chart
Diese Statistik belegt …	These statistics support …
Dieses Schaubild zeigt, dass …	This diagram shows that …
ein Viertel/die Hälfte/ein Drittel/dreiviertel	a quarter/a half/a third/three quarters
23% der Menschen in [London] sind …	23% of the people in [London] are …
[Stratford] hat einen niedrigeren Prozentsatz an … als [London].	[Stratford] has a lower percentage of … than [London].
Der Prozentsatz von … in … ist höher als im nationalen Durchschnitt.	The percentage of … in … is higher than the national average.
Ich möchte euch einige genaue Statistiken zeigen:	I would like to show you some detailed statistics:
Das Diagramm zeigt die ausgeprägte Tendenz an …	The chart shows a clear tendency …
Ich möchte euch besonders auf diese Grafik aufmerksam machen.	I would like to draw your attention to this diagram in particular.
Im Jahr 2004 lässt sich eine eindeutige Steigerung (ein steiler Abfall) feststellen.	In 2004, there was a marked increase (sharp fall).
An der Kurve kann man erkennen, wie der Verbrauch immer mehr ansteigt (absinkt).	This graph shows us how consumption continues to grow (fall).
Wenn man die Graphiken von 1998 und 2008 vergleicht, so kann man sehen, dass …	If we compare the diagrams for 1998 and 2008, we can see that …
Das ausgeglichene Verhältnis zwischen den grünen und roten Balken legt nahe, dass …	The balanced ratio between the red and green bars suggests that …
Das Ermutigende (Besorgniserregende) hier ist …	The encouraging (worrying) thing here is …
Die Zahlen sprechen hier eine eindeutige Sprache.	These figures convey a clear message.

Quellen angeben

Grundlage für meine Überlegungen sind folgende Autoren:	I've based my assumptions on the following authors:
Ich stütze mich hierbei auf …	I base this statement on …
Als Quelle für mein Referat diente …	One of the sources of my presentation is …
Die Statistiken wurden von … erstellt.	The statistics were compiled by …
An dieser Stelle möchte ich auf die Untersuchung von [Peter Brown] hinweisen.	Here I would like to point out [Peter Brown's] study.

Wie gebe ich Meinungen an und zitiere Experten?

There is one man who thinks that this other man who wrote something about Shakesbill's plays was completely wrong and that in fact only that woman from Liverpool had really understood the true meaning of love.

TIPP:
Mache dich darauf gefasst, dass Nachfragen zu den von dir genannten Namen kommen. Die wichtigsten Dinge solltest du also über diese Personen wissen.

Mache es sprachlich deutlich, wenn du nicht deine eigene Meinung, sondern die Meinung Anderer wiedergibst. Zitiere nur seriöse Wissenschaftler und Forscher, deren Meinung in der Fachwelt Gewicht hat. Wenn du wörtlich zitierst, musst du unbedingt den Namen des Autors nennen. Ein Vortrag wird spannender, wenn du Experten aus verschiedenen Lagern zu Wort kommen lässt, die du gegeneinander stellst und diskutierst.

Übertreibe es aber nicht mit fremden Meinungen: Schließlich soll es ein von dir persönlich gestalteter Vortrag sein, in dem vor allem du selbst zu Wort kommst.
Du kannst auch Stimmungen in der Gesellschaft beschreiben oder landläufige Meinungen aufgreifen, um an diese anzuknüpfen oder sie zu widerlegen.

Meinungen angeben

[Peter Brown] vertritt die Meinung, dass …	[Peter Brown] is of the opinion that …
Laut [Peter Brown] …	According to [Peter Brown], …
[Peter Brown] zufolge …	According to [Peter Brown], …
[Peter Brown] meint …	[Peter Brown] thinks …
[Peter Brown] vermutet …	[Peter Brown] assumes …

[Peter Brown] ist der Auffassung …	[Peter Brown] is of the opinion that …
[Peter Brown] plädiert für (gegen) …	[Peter Brown] is in favour of (against) …
[Peter Brown] behauptet:	[Peter Brown] states:
Wie die Ministerin verlautbaren ließ …	As the minister made known …
[Peter Brown] weist immer wieder darauf hin, dass …	[Peter Brown] repeatedly points out that …
In seinem Aufsatz (Buch, Veröffentlichung) *[The British]* weist [Peter Brown] bereits darauf hin …	In his article (book, publication) *[The British]*, [Peter Brown] has already pointed out …
In diesem Zusammenhang möchte ich folgende Aussage von [Peter Brown] zitieren:	In this context I would like to quote [Peter Brown]:
Dazu hat [Peter Brown] folgendes gesagt:	In this context [Peter Brown] said:
Auch [Peter Brown] stellt in seinen Veröffentlichungen wiederholt diese These auf.	[Peter Brown] also repeatedly puts forward this theory in his publications.
Im Leitartikel der *Newsweek* vom 14.02.2008 wird ein wichtiger Aspekt angesprochen.	An important issue is addressed in *Newsweek's* leading article of 14.02.2008.
[Peter Brown] macht diese Beobachtung zum ersten Mal im Jahr 1996.	[Peter Brown] first made this observation in 1996.
Auf Seite 26 des Buches *[The British]* von [Peter Brown] aus dem Jahr 2003 finden wir folgende Bemerkung:	On page 26 of [Peter Brown's] book *[The British]* from 2003, we can find the following comment:
Dem widerspricht völlig …	This is in complete contradiction to …
Im Gegensatz zu dem, was [Peter Brown] in seinem Aufsatz *[The British]* behauptet, …	Contrary to what [Peter Brown] says in his article *[The British]*, …
Hiermit darf die These von [Peter Brown] als widerlegt gelten.	With this, [Peter Brown's] theory can be considered refuted.
Eine unbelegte Behauptung, die von [Peter Brown] in den Medien immer wieder verbreitet wird, …	An unsubstantiated assertion that is frequently made in the media by [Peter Brown] is …

Allgemeine Auffassungen angeben

Es wird allgemein angenommen (vermutet) …	It is generally accepted (assumed) that …
Es kann kein Zweifel bestehen, dass …	There can be no doubt that …
Viele glauben …	Many people believe …
Oft wird gesagt, dass …	It is often said that …
Die öffentliche Meinung ist gegen (für) …	Public opinion is against (in favour of) …
Die Mehrheit (Minderheit) vertritt die Ansicht, dass …	The majority (minority) is of the opinion that …

Die Stimmung ist aufgeheizt (kühl, freundlich).	The atmosphere is heated (chilly, friendly).
Es herrscht eine starke Tendenz, dies so zu sehen.	There is a strong tendency to see it this way.
In wissenschaftlichen (informierten, politischen) Kreisen geht man davon aus …	In scientific (informed, political) circles it is assumed that …

Wie formuliere ich meine persönliche Stellungnahme?

Don't ask me what I think about all of this. I haven't read any of Shakesboy's plays.

Die persönliche Stellungnahme ist nicht immer unbedingt notwendig, kann aber dazu dienen, dem Vortrag eine eigene Note zu verleihen. Auch die Zuhörer zeigen in der Regel ein starkes Interesse an der Meinung des Vortragenden. Die persönliche Stellungnahme bietet sich besonders als Anknüpfungspunkt für Diskussionen an, in die das Publikum einbezogen werden soll.

Wenn du deine eigenen Gedanken und Ansichten zu einem Thema darlegen willst, mache deutlich, dass du jetzt deine eigene Position beschreibst. Achte darauf, dass sich deine Stellungnahme schlüssig aus den vorangegangenen Ausführungen ergibt und keine neuen Unklarheiten aufwirft. Begründe deine Position und nimm dabei vergleichend oder distanzierend Bezug auf zuvor genannte Argumente und Meinungen.

Eigene Meinung formulieren

Meiner Meinung nach …	In my opinion …
Ich glaube …	I believe …
Ich vermute …	I suspect …
Meines Erachtens …	In my view …
Ich bin der Ansicht, dass …	I am of the opinion that …
Wir sind der Meinung, dass …	We think that …
Wir sind der Auffassung, dass …	We are of the opinion that …
Was mich betrifft …	As far as I'm concerned …
Es steht für mich unzweifelhaft fest …	In my view there is no doubt that …
Ich halte es für sehr wahrscheinlich …	I think it is very likely that …
Ähnlich wie [Peter Brown] denke ich, dass …	Like [Peter Brown], I think that …
Ich kann mich der Meinung von [Peter Brown] anschließen.	I can only support [Peter Brown's] opinion.
Besonders überzeugend finde ich …	… seems particularly convincing to me.
Dem kann ich unbedingt zustimmen.	I simply must agree with that.
Ich habe große Zweifel, ob …	I very much doubt whether …

Ich persönlich halte das für diskussionswürdig.	*Personally, I think this is worth discussing.*
Das Argument überzeugt mich nicht, weil …	*This argument doesn't convince me because …*
Im Gegensatz zu [Peter Brown] bin ich der Meinung, dass …	*Unlike [Peter Brown], I am of the opinion that …*

3.3 Ende gut, alles gut – Der Schluss

Wie fasse ich die Hauptpunkte zusammen?

I hope you won't forget all those interesting things about Shakesbeep. Perhaps I should better tell you everything all over again – just to be on the safe side.

> *TIPP*:
> ***Baue am Ende keine völlig neuen Gedanken und Argumente ein.***

Der Schluss ist nicht nur ein Anhängsel, sondern auch das Finale deines Vortrags. Dieses Finale gilt es, möglichst kurz, prägnant und eindrücklich zu gestalten. Ziehe den Schluss nicht unnötig in die Länge – vor allem dann nicht, wenn du das Ende bereits angekündigt hast.

Versuche also nicht, sämtliche Argumente in Kurzform wiederzugeben, sondern zähle die wichtigsten Hauptpunkte deines Referates auf. Es könnte sich beispielsweise anbieten, dein Hauptargument in zugespitzter Form noch einmal auf den Punkt zu bringen. Ein Fazit oder eine Bewertung der Befunde sind weitere Möglichkeiten, um den inhaltlichen Teil des Referates abzuschließen und die einzelnen Aspekte zu bündeln.

Hauptpunkte zusammenfassen

Lasst mich das Wesentliche noch einmal zusammenfassen.	Allow me to summarize the basic facts.
Ganz wichtig ist hier, dass …	It is important here that …
Zusammenfassend lässt sich sagen, dass …	To summarize, we can say that …
Abschließend möchte ich …	Finally, I would like to …
Nach sorgfältiger Abwägung der Argumente …	After weighing up the arguments carefully, …
Ich komme zu folgendem Schluss:	I arrive at the following conclusion:
Ich ziehe folgendes Fazit:	The conclusion I draw is:
Als Konsequenz aus meinen Ausführungen ergibt sich für mich …	I conclude that …
Lasst mich nun zu einer Bewertung kommen:	Allow me now to make an assessment:

Wie beende ich die Präsentation?

Ok. That's it. Shakes-end.

Genauso wichtig wie eine freundliche Begrüßung ist auch ein gelungener Abschluss, der deutlich signalisiert, dass dein Referat beendet ist. Vergiss vor Erleichterung über den erfolgreich gehaltenen Vortrag nicht, dich angemessen bei deinen Zuhörern für die Aufmerksamkeit zu bedanken oder mit einem höflichen, an die Zuhörer gerichteten Schlusssatz, das Referat offiziell zu beenden.

Referat beenden

Ich bedanke mich für eure Aufmerksamkeit.	Thank you for your attention.
Vielen Dank fürs Zuhören.	Thanks for listening.
Damit bin ich am Ende meines Vortrages angekommen.	I've now come to the end of my presentation.
Ich hoffe, das war hilfreich.	I hope that was helpful.
Ich hoffe, euch Denkanstöße (Diskussionsstoff) gegeben zu haben.	I hope that I have given you food for thought (something to discuss).
Ich hoffe, dass ich eine neue Sichtweise auf … vermitteln konnte.	I hope that my presentation sheds a different light on …
Ich hoffe, dass ich euch dieses Thema unter einem neuen Blickwinkel präsentieren konnte.	I hope that I have presented this topic from a new perspective.

Wie rege ich Fragen an und gehe mit ihnen um?

Please don't ask any questions about Shakespie. I've told you everything I know.

Gib den Zuhörern am Ende auf jeden Fall die Gelegenheit, Fragen zu stellen. So hast du die Möglichkeit, Unklarheiten zu beseitigen und vertieft auf bestimmte Sachverhalte einzugehen.

TIPP:
Gib zu, wenn du auf eine Frage keine Antwort weißt und biete an, die Antwort herauszufinden und nachzureichen.

Verständnisfragen

Zunächst sollten Verständnisfragen geklärt werden, damit jeder genau weiß, was gemeint ist. Lege gegebenenfalls eine Folie ein zweites Mal auf, um eine Problematik zu erläutern.

Weiterführende Fragen

Du solltest darauf gefasst sein, dass auch Fragen zu Themen kommen, die du in deinem Referat nur am Rande angeschnitten hast, oder dass tiefer gehende Erklärungen von dir erbeten werden. Es ist deshalb ratsam, möglichst viele Details zu kennen und sich die Zusammenhänge und Verbindungen zu verwandten Themen bereits im Vorfeld klar zu machen. Achte aber darauf, sehr spezielle Fragen Einzelner nicht zu ausführlich zu beantworten, um die übrigen Zuhörer nicht zu langweilen. Verweise eventuell auf Literatur, die sich näher mit diesem Thema befasst.

Diskussion

In manchen Fällen bietet sich eine Diskussion am Ende eines Referates an. Die bis dahin passiven Zuhörer erhalten die Möglichkeit, sich aktiv zu beteiligen, du dagegen solltest dich nun zurücknehmen und in die Rolle des Moderators schlüpfen. Deine Aufgabe ist es, die genannten Argumente und Stellungnahmen immer wieder zu bündeln, Dinge auf den Punkt zu bringen und durch geschickte Fragen die Diskussion am Laufen zu halten. Zur Diskussionsleitung beachte bitte auch Kap. 6.1, S. 69.

Fragen anregen

Gibt es dazu Fragen?	Are there any questions?
Ist noch etwas unklar?	Is everything clear?
Für Fragen stehe ich gerne zur Verfügung.	I will be happy to answer any questions.
Falls es Fragen gibt, könnt ihr diese jederzeit stellen.	If you have any questions, you can interrupt me at any time.
Bitte scheut euch nicht zu fragen.	Please don't hesitate to ask questions.
Eine ausführlichere Beantwortung der Frage würde etwas zu weit führen.	Answering this question in detail would go too far.
Wenn ihr euch näher mit diesem Thema beschäftigen wollt, kann ich euch folgende Literatur empfehlen:	If you would like to know more about this topic, I can recommend the following titles:
Diese Frage würde ich gerne ins Plenum zurückgeben.	That's a question I would like to put to the audience.
Hiermit möchte ich die Diskussion eröffnen.	And now I would like to start the discussion.

4. Übung macht den Meister

4.1 Übungen zum Inhalt

Informationen finden und notieren

William Shakespeare

1 Shakespeare, or "The Bard" (as he is often referred to), is considered one of the greatest playwrights of all times. His influence on later theatre productions and literature has been tremendous. Though we know a lot about his life, many details remain unknown.

2 William Shakespeare was born in Stratford upon Avon in 1564. His parents were John Shakespeare and Mary Arden. He was raised in Stratford and at the age of 18 he married Anne Hathaway. The marriage was arranged in some haste, as Anne was already pregnant.

3 It is not clear when Shakespeare started writing. All we know is that some of his plays were performed on a London stage by 1592. Shakespeare was involved in the acting company of the Lord Chamberlain's Men. In 1599 they built a theatre that Shakespeare was very closely associated with: The Globe. One of his earlier plays was the comedy 'A Midsummer Night's Dream'. In the early 1600s he wrote some of his most famous tragedies: 'Hamlet', 'King Lear' and 'Macbeth'.

4 Shakespeare died a wealthy man in Stratford in 1616 and was buried there in Holy Trinity Church. His plays, however, didn't die with him. His works consist not only of almost forty plays, but also of poetry: Shakespeare wrote 154 sonnets, two narrative poems, and a number of other poems. Many later writers were influenced by Shakespeare: they quoted his works or copied his themes and style. Shakespeare left a lasting impression on writers, musicians and painters. Even Sigmund Freud, the psychoanalyst, drew on Hamlet to support his theories of human nature. Today, Shakespeare's work is repeatedly adapted, performed and reinterpreted throughout the whole world.

Aufgabe 1 | Lösung S. 95
Ordne die Überschriften den einzelnen **Abschnitten im Text** zu!

a) Shakespeare's influence

b) Introduction

c) Shakespeare and the theatre

d) Shakespeare's early life

Aufgabe 2 | Lösung S. 95

Welche der folgenden **Fakten** über Shakespeare sind richtig?
Welche sind falsch? Kreuze an!

	richtig	falsch
a) Shakespeare got married in haste, because Anne was underage.	○	○
b) Shakespeare was a famous writer.	○	○
c) Shakespeare was a wealthy man when he died.	○	○
d) Shakespeare started writing in 1592.	○	○
e) Shakespeare wrote plays and poems.	○	○
f) Shakespeare wrote over 60 plays.	○	○

Aufgabe 3 | Lösung S. 95

Kreuze sieben der folgenden Wörter und Ausdrücke an, die du auf eine Karteikarte schreiben würdest, wenn du den Inhalt des Textes knapp wiedergeben müsstest!

- a) Stratford upon Avon in 1564
- b) was raised
- c) married Anne Hathaway
- d) haste
- f) theatre
- j) impression on writers, musicians, painters
- e) acting company (Lord Chamberlain's Men)
- g) The Globe
- h) was buried
- i) influence on themes and style
- k) Freud (Hamlet: human nature)
- l) theories

Aufgabe 4 | Lösung S. 95

Ordne die oben gefunden Stichwörter und Wendungen den Oberbegriffen zu!

1) Shakespeare's life	2) Shakespeare and the theatre	3) Shakespeare's influence

Bibliographie erstellen

Aufgabe 5 | Lösung S. 95
Ordne die Angaben auf der linken Seite ihren entsprechenden Bedeutungen auf der rechten Seite zu! Erstelle dann eine vollständige bibliographische Angabe!

a)	PONS	1) Ort und Jahreszahl
b)	Stuttgart: 2014.	2) Titel
c)	*Shakespeare. The greatest playwright ever.*	3) Autor
d)	Brown, Peter	4) Seitenangabe
e)	S. 12 ff.	5) Verlag

4.2 Übungen zum Wortschatz

Die Einleitung

Aufgabe 1 | Lösung S. 95
Welche der folgenden Wendungen eignen sich zur **Begrüßung** von Zuhörern in einer Klasse? Kreuze diese an!

- a) Good morning everybody.
- b) Ladies and gentlemen …
- c) Dear classmates …
- d) Hi …
- e) Dear fellow students …
- f) I'm glad you could all make it.
- g) I'd like to welcome you to …
- h) At least you weren't late.
- i) Nice to see you all this morning.
- j) I'm glad to be able to welcome so many of you …

Aufgabe 2 | Lösung S. 95
Welche der folgenden Wendungen können Vortragende dazu verwenden, sich und ihren Mitreferenten den **Zuhörern vorzustellen**? Kreuze diese an!

- a) Let me briefly introduce myself.
- b) My hobbies are …
- c) Here with me today is …
- d) I'm a student in the third semester.
- e) We prepared this presentation together.
- f) I am …
- g) My birthday is in May.
- h) My name is …
- i) May I introduce …
- j) I don't know him.

Aufgabe 3 | Lösung S. 95

Zu Beginn deines Referates gibt es kleine **technische und organisatorische Probleme.** Wie reagierst du in welcher Situation? Finde die passende Wendung und trage den entsprechenden Buchstaben in der linken Spalte ein!

1)	Es ist zu hell, um die Folie optimal lesen zu können.	a) I apologise for this brief interruption, we can carry on in a second.
2)	Der CD-Player scheint nicht zu funktionieren.	b) There's still room here at the front. Perhaps you'd like to move forward a little.
3)	Hinten müssen die Zuhörer bereits stehen, doch vorne ist noch genügend Platz.	c) One moment, please. The equipment is acting up.
4)	Du bist dir nicht sicher, ob du auch überall verstanden wirst.	d) Should I close the blinds?
5)	Die Lampe des Tageslichtprojektors muss gewechselt werden.	e) Do I speak loud enough?

Aufgabe 4 | Lösung S. 95

Es ist wichtig, deinen Zuhörern einige **organisatorische Details** mitzuteilen; zum Beispiel, wann Fragen gestellt werden können oder ob es ein Handout geben wird.
Setze die passenden Verben in die Lücken ein, so dass die Sätze Sinn ergeben!

give ask feel free be take distribute answer

1) Please ______________________ to interrupt me if anything is unclear.
2) There'll ______________________ plenty of time for discussion at the end of the presentation.
3) I will ______________________ the handout after the presentation.
4) The presentation will ______________________ roughly twenty minutes.
5) Please ______________________ questions as soon as they arise.
6) I'll ______________________ your questions at the end of my presentation.
7) Just ______________________ a sign if you've got a question.

Aufgabe 5 | Lösung S. 95

Die folgenden Wendungen können alle zur **Einleitung deines Themas** verwendet werden. Verbinde jene, die eine ähnliche Bedeutung haben und trage den entsprechenden Buchstaben in der linken Spalte ein!

1) Today I want to talk about …
2) Today I want to introduce you to an interesting topic.
3) How does this topic actually relate to us?
4) I want to show that …
5) I hope that you will have a different view of that matter by the end of this presentation.
6) At the end I will mention …
7) My aim is to …

a) Why do we have to talk about this subject at all?
b) I want to prove that …
c) In this presentation I would like to introduce a subject to you which is quite interesting.
d) The purpose of this presentation is to …
e) In conclusion, I will talk about …
f) It is necessary to remove prejudices against …
g) Today's topic is …

Aufgabe 6 | Lösung S. 95

Welche der folgenden Wendungen kannst du nutzen, um den **Aufbau deines Referates** deutlich zu machen? Kreuze diese an!

- a) I have divided this presentation into four different parts.
- b) Everyday we come across …
- c) I'd like to wake your interest in …
- d) I would like to briefly present the structure of my presentation.
- e) At the end I will mention …
- f) There will be a handout so that there's no need to take notes.
- g) First I will talk about … then … after which … will follow.

Der Hauptteil

Aufgabe 7 | Lösung S. 95

Du willst die **Kerngedanken** deines Referates darlegen. Übersetze die folgenden Wendungen, die du dazu verwenden kannst!

a) ______________________________
Wir gehen von folgender Grundlage aus:

b) ______________________________
Folgender Gedanke ist zentral:

c) ______________________________
Zwei Aspekte möchte ich besonders betonen.

d) ______________________________
Es lässt sich eine klare Entwicklung skizzieren …

e) ______________________________
Wichtige inhaltliche Punkte sind …

f) ______________________________
Was ich damit sagen möchte, ist …

Aufgabe 8 | Lösung S. 95

Du willst zu Beginn eine **These aufstellen.** Verbinde die passenden Satzanfänge mit den Satzenden und trage den entsprechenden Buchstaben in der linken Spalte ein!

1)		Based on the facts presented earlier …	a) … I want to support this statement with new arguments.
2)		I consider the current assumptions …	b) … it has always been assumed that …
3)		In the course of my presentation …	c) … to be wrong because …
4)		Up to now …	d) … give reason to believe …
5)		The current research results …	e) … the following theory …
6)		I would like to put forward …	f) … I assume that …

Aufgabe 9 | Lösung S. 95

Du willst ein **Argument anführen**, doch die Wendungen sind durcheinander geraten. Bringe die Elemente wieder in die richtige Reihenfolge!

1) ______________________________

argument/first/my/is …

2) ______________________________

aspect/the/first/is …/to present/I/want

3) ______________________________

I/also/however/should/that …/mention

4) ______________________________

would/I/to show/first/that …/like

5) ______________________________

to …/it/important/is/in/addition

6) ______________________________

consider/thirdly/should/we/that …

7) ______________________________

following:/we/ignore/should/also/not/the

Aufgabe 10 | Lösung S. 95

Welche der folgenden Wendungen eignen sich ein (weiteres) **Argument anzuführen**? Kreuze diese an!

- a) Secondly …
- b) Furthermore …
- c) Strictly …
- d) Additionally …
- e) Funnily …
- f) Incidentally …
- g) By the way …
- h) Firmly …
- i) Besides …

Aufgabe 11 | Lösung S. 95

Du willst **Inhalte verknüpfen** und **Zusammenhänge deutlich machen**. Setze die fehlenden Wörter in die Lücken ein!

this leads	can draw	should also look	mentioned	different issue	quite different

1) At this point we ______________________ the conclusion …
2) This brings me to a ______________________.
3) ______________________ to my next point.
4) It should also be ______________________ that …
5) The situation is ______________________ in the case of …
6) In this context we ______________________ at …

Aufgabe 12 | Lösung S. 95

Es ist sinnvoll, in deinem Referat **Bezüge zwischen einzelnen Punkten** deutlich zu machen und auf bereits genannte Aspekte zu verweisen. Bringe die richtige Übersetzung mit der jeweiligen Wendung zusammen!

1)	Hier kann eine Parallele zu … festgestellt werden.	a) To return to … once more:
2)	Wie ich bereits erwähnte …	b) This supports the initial theory.
3)	Um nochmals auf … zurückzukommen:	c) This is paralleled by …
4)	Dieser Punkt ist zu Anfang schon einmal diskutiert worden.	d) And this is where the facts mentioned earlier become significant again.
5)	Ich kann euch versichern, dass dies kein Widerspruch zu … ist.	e) This proves our theory.
6)	Dies spricht für die anfangs aufgestellte These.	f) As I have already mentioned …
7)	Vielleicht fragt ihr euch jetzt, hat er nicht gerade etwas ganz anderes behauptet?	g) This point was already discussed at the beginning.
8)	Und jetzt werden die anfangs erwähnten Punkte wieder wichtig.	h) You may be asking yourselves whether I didn't just say something completely different.
9)	Damit ist unsere These bewiesen.	i) I can assure you that this doesn't contradict …

Aufgabe 13 | Lösung S. 95

Welche der folgenden Wendungen eignen sich, die **Quellen deiner Arbeit anzugeben**? Kreuze diese an!

- a) I base this statement on …
- b) My neighbour says …
- c) The statistics were compiled by …
- d) Here, I would like to point out the following study:
- e) Last night I had a dream …
- f) Years ago I read in a magazine that
- g) The main source of my presentation is …
- h) I've based my assumptions on the following authors:

Aufgabe 14 | Lösung S. 95

Du willst in deinem Referat verschiedene **Fakten, Statistiken und Zahlen angeben**. Finde die passenden Wendungen zu den vorgegebenen Situationen!

1) Du willst ein Beispiel anführen.
2) Du präsentierst ein Schaubild.
3) Du nennst Gründe für eine Entwicklung.
4) Du vergleichst zwei Situationen.
5) Du beschreibst eine Situation.
6) Du gibst Zahlen zur Illustration an.
7) Du machst auf eine Grafik aufmerksam.
8) Du gibst die Quelle deiner Arbeit an.
9) Du machst auf eine weitere Untersuchung aufmerksam.

a) Comparing the historical situation with todays, it becomes clear …
b) A few figures will illustrate these results.
c) The reasons for this development were manifold.
d) The situation was the following:
e) A good example for this is …
f) One of the sources of my presentation is …
g) Here, I would like to point out [Peter Brown's] study.
h) This diagram shows that …
i) I would like to draw your attention to this diagram in particular.

Aufgabe 15 | Lösung S. 95

Welche der folgenden Wendungen sind geeignet, um **Meinungen anzugeben**? Kreuze an!

- a) According to …
- b) I assume …
- c) I see …
- d) She is in favour of …
- e) He thinks …
- f) We are of the opinion that …
- g) He is nice.
- h) He points out that …

Aufgabe 16 | Lösung S. 95

Du formulierst deine **persönliche Stellungnahme**. Mit welchen Wendungen stimmst du anderen zu, mit welchen machst du einen anderen Standpunkt deutlich? Kreuze an!

	Zustimmung	Widerspruch
1) I can only support his opinion.		
2) This argument doesn't convince me because …		
3) Like Peter, I think that …		
4) I simply must agree with that.		
5) I very much doubt whether …		
6) Personally, I think this is worth discussing.		
7) … seems particularly convincing to me.		
8) Unlike Peter, I am of the opinion that …		

Der Schluss

Aufgabe 17 | Lösung S. 95

Zum Schluss deines Referates willst du die **Hauptpunkte nochmals zusammenfassen.** Welche Übersetzung passt zu welcher Wendung? Welche sind falsch? Kreuze an!

1)	Ganz wichtig ist hier, dass …	a) I conclude that …
2)	Lasst mich das Wesentliche noch einmal zusammenfassen.	b) It is important here that …
3)	Als Konsequenz aus meinen Ausführungen ergibt sich für mich …	c) Allow me to summarise the basic facts.
4)	Lasst mich nun zu einer Bewertung kommen.	d) Allow me now to make an assessment.
5)	Zusammenfassend lässt sich sagen, dass …	e) To summarise, we can say that …

Aufgabe 18 | Lösung S. 95

Welche der Wendungen ist geeignet, deinen **Vortrag** zu **beenden**? Kreuze pro Dreiergruppe jeweils zwei mögliche Wendungen an!

1) a) Thank you for your attention.
   b) Thank God, it's over.
   c) Thanks for listening.

2) a) That's it.
   b) I hope that was helpful.
   c) I've now come to the end of my presentation.

3) a) I hope that I have presented this topic from a new perspective.
   b) I hope that you liked me and my fantastic way of presenting the topic a lot.
   c) I hope that my presentation sheds a different light on …

Aufgabe 19 | Lösung S. 95

Nach deinem Referat ist es wünschenswert, **Fragen anzuregen** und mit diesen geschickt umzugehen. Verbinde die Satzanfänge mit den jeweiligen Satzenden!

1)	I will be happy …	a)	… to ask questions.
2)	Please don't hesitate …	b)	… would go too far.
3)	That's a question I would like …	c)	… you can interrupt me at any time.
4)	And now I would like …	d)	… to start the discussion.
5)	Answering this question in detail …	e)	… to know more about this topic, I can recommend the following titles.
6)	If you would like …	f)	… to put to the audience.
7)	If you have any questions …	g)	… to answer any questions.

5. Diskutieren

5.1 Worum geht's? – Die Vorbereitung

Wie kläre ich das Thema und bilde mir eine Meinung?

Bei einer Diskussion werden zu einem bestimmten Thema Meinungen und Argumente ausgetauscht. Häufig ist das Thema bereits vorgegeben.

TIPP:
Schreibe alle Ideen – auch ungewöhnliche – zu einem Thema ungefiltert auf und entscheide dann, welche du für gut und wichtig hältst.

Ideen
Sammle zunächst Ideen zu deinem Thema und schlage Begriffe im Lexikon nach. So erleichterst du dir den Einstieg. Entscheide dich erst für einen Standpunkt, wenn dir das Thema vertraut ist.

Ziele
Die Ziele einer Diskussion können unterschiedlich sein: Vielleicht willst du die anderen von deinem Standpunkt überzeugen, oder du möchtest im Laufe der Diskussion die Lösung eines Problems erreichen. Auch ein Kompromiss oder eine neue Erkenntnis können am Ende einer Diskussion stehen.

Standpunkte
Eines jedoch haben alle Diskussionen gemeinsam: Sie bieten die Möglichkeit, eine Sache aus einem neuen Blickwinkel zu betrachten. Versuche, möglichst viele Aspekte in deinen Überlegungen zu berücksichtigen. Erst dann kannst du dich auf die Argumente der Gegenseite einstellen und in der Diskussion angemessen darauf reagieren.

Checkliste: Thema erfassen

- Warum lohnt es sich, über dieses Thema zu sprechen?
- Welche sind die zentralen Schlüsselbegriffe in der Themenstellung?
- Wie sind diese Begriffe definiert?
- Welche Hintergründe muss ich recherchieren?
- Welche Themenbereiche hängen mit meinem Diskussionsthema zusammen?
- Welchen Standpunkt möchte ich in einer Diskussion vertreten?

Wie sammle ich Argumente und recherchiere diese gründlich?

Sammle zunächst so viele Ideen wie möglich. Formuliere dann die Argumente aus. Überlege dir, mit welchen Argumenten du deinen Standpunkt stützen kannst. Ordne deine Argumente in zwei Spalten (pro und kontra). Überlege dir bereits jetzt, wie du eventuell auf Gegenargumente reagieren könntest. Streiche erst im letzten Schritt besonders schwache oder unsinnige Argumente.

TIPP:
Konzentriere dich beim Sammeln der Argumente gleichermaßen auf die Pro- und Kontraseite!

Überlege dir, welche Informationen du benötigst, um deine Argumente zu belegen und zu veranschaulichen. Beschaffe dir diese Informationen, Fakten und Zahlen aus möglichst seriösen Quellen, beispielsweise aus renommierten Zeitungen und Zeitschriften, vertrauenswürdigen Statistiken und Büchern. Die Regeln für das Recherchieren von Argumenten findest du in Kap. 1.2, S. 10.

Checkliste: Kriterien, nach denen sich Argumente ordnen lassen

- Welche meiner Argumente lassen sich unter einem Hauptargument zusammenfassen?
- Welche Argumente sind inhaltlich miteinander verbunden?
- Welche Argumente sind sehr stark und überzeugend? Welche sind schwächer?
- Welche Argumente eignen sich als Reaktion auf ein Argument der Gegenseite?

Wie baue ich ein Argument auf?

Ein Argument begründet oder widerlegt eine These. Argumente sollten aber nicht nur aus einer Aussage bestehen, die die These entkräftet oder stützt. Sie müssen gegebenenfalls erläutert, auf jeden Fall aber durch weitere Informationen gestützt werden, um überzeugend zu sein. Nimm dir Zeit, um die Argumente exakt zu formulieren und zu erklären.

Checkliste: Argumente stützen

- Expertenmeinungen miteinbeziehen
- Fakten, Zahlen und Statistiken anführen
- Normen und Grundsätze erläutern
- Beispiele angeben

5.2 Dafür! – Der Aufbau des Diskussionsbeitrages

Wie definiere ich mein Thema?

Are self-deconstruction and transcendency vital for Shakespeare's history plays? –
In this matter I take the hyperontological view as I am convinced that this will lead us to a completely new understanding of Shakespeare's works. My main argument is …

Um sicher zu stellen, dass alle Diskussionsteilnehmer das Thema verstehen und um eine Verständigung über bestimmte Wörter zu erreichen, sollte eine Diskussion immer mit einer kurzen Definition des Themas begonnen werden. Schreibe alle Begriffe deines Themas auf, die unter Umständen missverstanden werden können und schlage diese in mehreren Lexika nach. Versuche dann, auf dieser Grundlage selbst eine möglichst einfache, nachvollziehbare und verständliche Definition der Begriffe zu formulieren.

Checkliste: Kriterien für eine gute Definition

- so einfach wie möglich
- so eindeutig wie möglich
- so exakt wie möglich
- möglichst scharf abgegrenzt zu anderen Begriffen
- möglichst ohne Ausnahmeregelungen

Thema definieren

Ich möchte das Thema kurz definieren …	I would like to briefly define my topic …
Das bedeutet …	This means …
Das heißt …	That is …
Dies ist meine Definition von …	This is my definition of …
Mit diesem Begriff meine ich …	With this expression I mean …
Damit ist sowohl … als auch … gemeint.	This includes … as well as …
Damit ist nicht gemeint, dass … sondern …	This does not mean … but …
Das schließt … aus.	This excludes …

Wie argumentiere ich am besten?

I'll start by explaining to you why I can't agree with Mr Brown's argumentation. On the first page of his book there is a spelling mistake. This is unbelievable! I can't take him seriously anymore.

Grundsätzlich gibt es zwei Möglichkeiten, seine Argumente aufzubauen:

Linearer Argumentationsaufbau
Hier konzentrierst du dich ganz auf deine Position. Zunächst nennst du deinen eigenen Standpunkt zum Thema, dann folgen die Argumente, die diesen stützen. In der Regel (aber nicht notwendigerweise) ordnest du deine Argumente vom schwächsten zum wichtigsten. Wenn du mit dem stärksten Argument endest, hinterlässt du einen bleibenden Eindruck. Um die Aufmerksamkeit der Zuschauer zu wecken, kannst du aber auch mit einem starken Argument beginnen. Besonders überzeugend ist eine Argumentationskette dann, wenn die Argumente gedanklich folgerichtig aufeinander aufbauen und sich logisch ergeben.
Ein Vorteil des linearen Argumentationsaufbaus ist es, dass du deine eigene Position besonders stärkst. Du nennst nur Argumente, die deinen Standpunkt stützen. Allerdings berücksichtigst du die Argumente der Gegenseite dabei nicht. Gegenargumente können deine Argumentationskette deshalb empfindlich treffen.

Dialektischer Argumentationsaufbau
Hier werden Gegenargumente in die eigene Diskussion miteinbezogen. Auf ein eigenes Argument folgen mögliche Gegenargumente, die wieder durch eigene Argumente entkräftet werden. Der Redner greift also bereits in seinem Beitrag mögliche Einwände und Argumente der Gegenseite auf und widerlegt diese. Ein Vorteil dieser Form ist es, dass du gleich beide Seiten berücksichtigst und dadurch dem Zuschauer als überlegen und souverän erscheinst. Allerdings sollte auch bedacht werden, dass dieser Aufbau für Zuhörer wesentlich anspruchsvoller und schwieriger nachzuvollziehen ist als ein linearer Aufbau. Außerdem lässt sich nicht jedes Argument der Gegenseite so einfach entkräften.

Weitere spezielle Argumentationsmuster

Sonderfallargumentation
Hier gehst du von einem allgemein gültigen Regelfall aus, bringst dann aber einen Sonderfall und begründest, warum in dem von dir dargestellten, speziellen Fall von der Regel abgewichen und anders gehandelt werden sollte. Du kannst bei dieser Argumentationsweise die Argumente sowohl dialektisch als auch linear ordnen.

Vergleich
Zunächst werden zwei Positionen einander gegenüber gestellt, die erläutert und verglichen werden. Im Aufbau ähnelt dieses Muster einem dialektischen Argumentationsaufbau, allerdings werden die Begründungen der beiden Ansichten in diesem Fall ohne persönliche Wertung dargelegt. Deine eigene Meinung nennst du erst am Ende deines Diskussionsbeitrags.

Konsens
Auch hier werden zwei konträre Positionen vergleichend betrachtet und zunächst ohne eigene Stellungnahme dialektisch erläutert. Dann wird versucht, zwischen den Positionen zu vermitteln und einen Kompromiss zu finden, der beide Seiten berücksichtigt. Dies kann geschehen, indem Gemeinsamkeiten der Positionen herausgearbeitet werden.

Linearer Argumentationsaufbau

Zunächst …	First of all, …
Erstens …	Firstly, …
Zu Beginn …	To begin with …
Hier sind zwei Punkte wichtig:	There are two points here:
Erstens … . Zweitens …	Firstly, … . Secondly, …
Es gibt hier zwei Probleme.	There are two problems here.
Zudem …	Moreover, …
Zusätzlich …	In addition, …
Außerdem …	Also, …
Und wenn außerdem richtig ist, dass …	And if it is also correct that …
Dann …	Then …
Dies führt zu …	This leads to …
Das liegt daran, dass …	This is due to the fact that …
Der Grund dafür ist …	The reason for this is …
Aus diesem Grund …	For this reason …
Dies erklärt sich aus …	This can be explained by …
Das ist offensichtlich, weil …	This is obvious because …
Schließlich …	Finally, …
Das Ergebnis ist …	The result is …
Das hat zur Folge, dass …	As a result, …
Als Konsequenz ergibt sich …	The consequence is …

Dialektischer Argumentationsaufbau

Häufig wird gesagt, dass …	It is often said that …
Außerdem lässt sich natürlich behaupten, dass …	Furthermore, one can of course claim that …
Man könnte anführen, dass …	One could argue that …
Man könnte einwenden, dass …	One could make an objection here that …
Dafür spricht …	A good reason for this argument is …
Dagegen spricht …	A good reason against this argument is …
Auf der einen Seite …	On the one hand, …
Auf der anderen Seite …	On the other hand, …
Das ist zwar grundsätzlich richtig, aber …	This is basically correct, but …
Auf der anderen Seite sollte man bedenken, dass …	On the other hand, you should bear in mind that …
Im Gegensatz dazu muss gesagt werden, dass …	By contrast, it must be said that …
Zutreffend aber ist …	However, it is true that …
Es ist aber festzuhalten, dass …	However, it should be made clear that …
Dem widerspricht aber …	However, this is contradicted by …

Sonderfallargumentation

Gewöhnlich wird die Sache so gesehen:	Usually, this is understood as …
Gerne wird gesagt, dass …	It is often argued that …
In diesem besonderen Fall aber …	However, in this particular case …
Wir haben es hier aber mit einer sehr speziellen Situation zu tun.	However, this is a very specific situation.
Auch wenn normalerweise gilt …	Even if … is normally considered as …
Hier aber gilt …	Here, however, … applies.
Grundsätzlich ist dies zwar richtig. Hier aber …	Basically, this is correct. In this case, however, …
In den meisten Fällen würde dies zutreffen, aber …	This would apply to most cases, but …
Denn erstens …	Because firstly, …
Und zweitens …	And secondly, …
Dafür spricht …	An argument for this is …
Dagegen spricht …	An argument against this is …
Deshalb mache ich den Vorschlag, dass …	Therefore I suggest that …
Es wäre in diesem Fall am besten …	In this case it would be best to …

Zwei Positionen vergleichen

[Peter Brown] ist der Ansicht …	[Peter Brown]* is of the opinion that …
[Peter Brown] meint dagegen …	[Peter Brown], on the other hand, thinks that …
[Peter Brown] begründet seine Meinung mit …	[Peter Brown] bases his opinion on …
[Peter Brown] begründet dies mit …	[Peter Brown] supports this by …
Seine Gründe dafür sind …	His reasons for this are …
Ich halte [Peter Browns] Position für überzeugend, weil …	I'm convinced by [Peter Brown's] position because …
Ich möchte mich [Peter Brown] anschließen, weil …	I would go along with [Peter Brown's] view because …
Ich halte diesen Standpunkt für weniger überzeugend, weil …	I think this point of view is less convincing because …
Keiner der beiden konnte mich überzeugen. Ich denke, dass …	Neither of them could convince me. I think that …
Beide Standpunkte sind nicht schlüssig, weil …	Both positions are not conclusive because …

* Elemente in eckigen Klammern (z. B. Eigennamen) sind in den Wortlisten nur als Beispiel angegeben und können beliebig ausgetauscht werden.

Einen Konsens finden

Zu dem Sachverhalt wurde einiges genannt.	Several points concerning this issue were mentioned.
Es wurde behauptet, dass …	It was argued that …
Dagegen wurde gesagt, dass …	In contrast, it was said that …
Sicherlich ist auch stichhaltig, dass …	Certainly, … is also a solid argument.
Man darf nicht vergessen, dass …	You should bear in mind that …
Folgende Gemeinsamkeiten sind sichtbar:	The following similarities are apparent:
Beide treffen sich in folgendem Punkt:	Both concur in the following point:
Als gemeinsamer Standpunkt ergibt sich …	This results in a common point of view:
Daraus lässt sich schließen, dass …	From this we can conclude that …
Das könnte die Lösung sein.	This could be the solution.
Folgende Konsequenzen könnten daraus gezogen werden:	The following consequences could be drawn:

Wie lege ich Sachverhalte dar und vertrete meinen Standpunkt?

Peter Brown is saying A. This other guy is saying B. I don't know what to think! It's so confusing. Why can't they just agree? Do I always have to think for myself?

Übersichtlich

Gerade bei einer Diskussion ist es wichtig, deutlich zu signalisieren, an welchem Punkt der Diskussion du dich befindest: Ob du gerade die These erläuterst, auf ein Argument der Gegenseite reagierst, ein eigenes Argument für deine These bringst oder ein Argument anhand von Beispielen und Fakten veranschaulichst. Nur so machst du unmissverständlich klar, welche Position du vertrittst.

Zielgerichtet

Sage, was du in der Diskussion erreichen willst und beziehe deine Argumente immer wieder direkt auf deine These, um Zusammenhänge zu verdeutlichen.

Schlagkräftig

Reihe nicht nur Argument an Argument. Dies wirkt öde und ist meist wenig überzeugend. Schlagkräftig werden deine Argumente dann, wenn es dir gelingt, sie anhand von Fakten, Zitaten und Beispielen zu veranschaulichen.

Sicher

Lass dich nicht verunsichern oder aus dem Konzept bringen. Gerade in einer Diskussion ist es wichtig, immer die Kontrolle zu behalten und sicher und überzeugt aufzutreten. Wenn Fragen kommen, die du nicht gleich beantworten kannst, versuche durch Fragen oder Floskeln etwas Zeit zu gewinnen, um deine Gedanken zu ordnen.

Checkliste: Unsicherheiten überspielen

- Wiederhole kurz das Gesagte, um den roten Faden wiederzufinden.
- Fasse deine bisherigen Ausführungen knapp zusammen.
- Nenne eine weitere Zahl oder ein weiteres Beispiel zum eben genannten Argument.
- Stelle eine Frage zu deinen Ausführungen.
- Verweise kurz auf die These.
- Schreibe bei der Vorbereitung mögliche „Notfallreaktionen“ auf deine Stichwortzettel.

Standpunkt deutlich machen

Meine These ist, dass …	My assumption is that …
… ist wahr, weil …	… is true because …
… ist richtig, weil	… is correct because …
Das stimmt.	That's correct.
Das stimmt nicht.	That's not correct.
Es ist falsch … zu …	It's wrong to …
… ist gut, weil …	… is good because …
… ist schlecht, weil …	… is bad because …
Ich behaupte, dass	I claim that …
Ich möchte zeigen, dass …	I would like to show that …
Ich möchte beweisen, dass …	I would like to prove that …
Es ist mein Ziel zu beweisen, dass …	My aim is to prove that …
Ich möchte euch davon überzeugen, dass …	I would like to convince you of the fact that …
Besonders wichtig ist …	… is of particular importance.

Gründe für den Standpunkt nennen

Meine Gründe werde ich im Folgenden erläutern.	I will explain my reasons now.
Für meine Haltung gibt es zahlreiche Gründe.	There are several reasons for my position.
Der wichtigste Grund ist …	The most important reason is …
Ich möchte mehrere Punkte nennen.	I would like to mention several aspects.
Mein erstes Argument …	My first argument …
Dies soll euch zeigen …	This is to show you …
Besonders schwerwiegend ist auch, dass …	… is also particularly important.
… muss ebenfalls berücksichtigt werden.	You also have to consider …

Beispiele einbauen

Dieses Beispiel zeigt, dass …	This example shows that …
An diesem Beispiel sehen wir …	This example illustrates …
Ein gutes Beispiel dafür ist …	A good example for this is …
Ich möchte ein paar Beispiele nennen …	I would like to mention a few examples.

Lasst mich dies an einem kurzen Beispiel verdeutlichen:	Let me briefly illustrate this with the following example:
Es gab beispielsweise einen Fall …	There was, for example, a case …
Vielleicht wird dies durch folgendes Beispiel klarer:	Perhaps this will become clearer in the following example:
Hier ein paar Zahlen.	Here are a few figures.
Wie ihr sehen könnt, …	As you can see, …

Zahlen und Fakten nennen

Ein paar Zahlen werden diese Befunde verdeutlichen.	A few figures will illustrate these results.
Die Zahl beträgt …	The number is …
Diese Zahl ist doppelt so hoch wie …	This number is twice as high as …
Dieser Wert lässt sich vergleichen mit …	This figure can be compared to …
Diese Größe ist vergleichbar mit …	This quantity is comparable with …
Die Zahl hat sich in zwei Jahren verdreifacht.	This amount (number)* has tripled in the last two years.
Das sind so viele wie …	That's as many (much) as …
Das sind weniger als …	That's fewer (less) than …
Das Ermutigende hier ist …	The encouraging thing here is …
Besorgniserregend ist …	What should worry us is …

* Zusätzliche Varianten für einzelne Sätze und Wendungen sind in Klammern angegeben. Aus Platzgründen wurden bei den Hörbeispielen nur die Grundvarianten aufgenommen.

Bezug zur These nehmen

Um nochmals auf … zurückzukommen …	To quickly return to …
Wie bereits am Anfang festgestellt …	As I pointed out at the beginning, …
Wie ich am Anfang behauptet habe …	As I claimed at the beginning, …
Und jetzt werden die anfangs erwähnten Punkte wieder wichtig.	And this is where the issues mentioned initially become significant again.
Das scheint im Gegensatz zu meiner eingangs genannten These zu stehen. Allerdings …	This seems to contradict my original theory. But …
Dieser Punkt ist für unsere These besonders wichtig.	This point is of particular importance for our theory.
Dies spricht für die anfangs aufgestellte These.	This supports the initial theory.
Damit ist unsere These bewiesen.	This proves our theory.

Mit Fragen umgehen

Das kann ich sofort beantworten.	I can answer that immediately.
Also, …	Well, …
Das ist eine interessante Frage, weil …	That's an interesting question because …
Das ist eine schwierige Frage, weil …	That's a difficult question because …
Das ist eine sehr gute Frage. Die Sache ist die …	That's a very good question. The thing is …
Was meinst du damit?	What do you mean by that?
Ich verstehe deine Frage nicht ganz.	I don't fully understand your question.
Könntest du das genauer erklären?	Could you explain that in more detail?
Es hängt davon ab, was du meinst.	It depends on what you mean.
Mir ist nicht ganz klar, worauf deine Frage abzielt.	I'm not quite sure what your question is aiming at.
Du möchtest also wissen, …	So you would like to know …
Du fragst also, warum …	So you are asking why …
Es hängt von den Umständen ab.	It all depends on the circumstances.
Ich brauche etwas Zeit, um darüber nachzudenken.	I'll need some time to think about that.

Welche Argumentationsstrategien kann ich einsetzen?

My mum agrees with me on that particular point. My uncle agrees with me. The finance minister agrees with me. And the president of the US agrees with me. Even Superman agrees with me. Doesn't that convince you?

Es gibt unterschiedliche Möglichkeiten, wie du deine Argumente überzeugend gestalten kannst und welche Strategien es gibt, um ihnen Gewicht zu verleihen.

Autorität
Du zitierst wörtlich oder sinngemäß eine bekannte Autorität auf diesem Gebiet. Das können Experten, Wissenschaftler oder berühmte Persönlichkeiten sein. Allerdings ist zu bedenken, dass auch Experten sich zu einer Frage nicht immer einig sind.

Tatsachen
Du stützt dich auf Fakten und Zahlen, führst nachprüfbare Forschungsergebnisse und Statistiken an. Allerdings kann es auch hier unterschiedliche Ansätze und Resultate geben.

TIPP:
Zahlen und Fakten müssen aktuell sein!

Normen und Gesetze

Du berufst dich auf Wertvorstellungen und Gesetze, die in der Gesellschaft als gültig anerkannt werden. In der heutigen pluralistischen Gesellschaft mit ihrem ständigen Wertewandel ist das allerdings nicht immer einfach.

Erfahrung

Du berufst dich auf eigene Erfahrungen, die nachvollziehbar und verallgemeinerbar sein müssen.

Analogie

Es werden Vergleiche zu ähnlichen Vorgängen gezogen. Aber Vorsicht: Eine Übertragung ist nicht in jedem Fall möglich.

TIPP:
Wenn du zu offensichtlich versuchst, deine Zuhörer zu manipulieren, bringst du diese gegen dich auf.

Gefühl

Du sprichst Wertevorstellungen an und appellierst an die Emotionen der Zuhörer. Achtung: Wenn du deinen Zuhörern zu verstehen gibst, dass alle anderen Denkweisen – außer deiner eigenen – verwerflich, moralisch schlecht und damit unzulässig sind, ist das Manipulation.

Gesunder Menschenverstand

Einige Redner appellieren an den „gesunden Menschenverstand". Dabei wird der eigene Standpunkt als Meinung der Mehrheit dargestellt. Wer dieser Meinung nicht folgt, befördert sich selbst ins Abseits. Dieses Mittel bewegt sich am Rande der Fairness, weil es ebenfalls manipulativ ist.

Autoritäten zitieren

Dazu hat [Peter Brown] folgendes gesagt:	In this context [Peter Brown] said:
Auch [Peter Brown] stellt in seinen Veröffentlichungen wiederholt diese These auf.	[Peter Brown], too, puts forward this theory repeatedly in his publications.
[Peter Brown] weist immer wieder darauf hin, dass …	[Peter Brown] repeatedly points out that …
Auch [Peter Brown] vertritt die Meinung, dass …	[Peter Brown] is of the opinion too that …
Laut [Peter Brown] …	According to [Peter Brown], …
[Peter Brown] meint …	[Peter Brown] thinks …
[Peter Brown] ist der Auffassung …	[Peter Brown] is of the opinion that …
[Peter Brown] plädiert für (gegen) …	[Peter Brown] is in favour of (against) …
Schon [Peter Brown] hat gesagt …	Even [Peter Brown] said …
Lasst mich [Peter Brown] zitieren:	Let me quote [Peter Brown]:
Wer kennt nicht den bekannten Ausspruch von …	Who does not know the famous statement by …

Tatsachen nennen

Diese Statistik belegt …	These statistics support …
Wie ihr sehen könnt, …	As you can see, …
Die Zahlen zeigen, dass …	The figures show that …
Die Zahlen sprechen hier eine eindeutige Sprache.	These figures convey a clear message.
Folgende Fakten beweisen meine These:	The following facts prove my theory:
Es gilt als wissenschaftlich erwiesen, dass …	It is scientifically proven that …
Führende Wissenschaftler auf diesem Gebiet sind sich einig darüber, dass …	Prominent scientists in this field agree on …

Sich auf Werte und Normen berufen

Es wird allgemein angenommen …	It is generally accepted …
Es kann kein Zweifel bestehen, dass …	There can be no doubt that …
Für uns ist es wichtig …	For us it is important that …
In unserer heutigen Gesellschaft …	In today's society …
Die öffentliche Meinung ist gegen (für) …	Public opinion is against (in favour of) …
Die Mehrheit vertritt die Ansicht, dass …	The majority's opinion is that …
Es herrscht eine starke Tendenz, dies so zu sehen.	There is a strong tendency to see it this way.
Es gelten bestimmte Regeln …	There are certain rules …
Das ist die Basis unserer Gemeinschaft.	This is the foundation of our community.

Erfahrungen einbringen

Die Erfahrung zeigt …	Experience shows …
Ich möchte euch meine persönliche Erfahrung schildern.	I would like to give you an account of my personal experience.
Ich habe häufig erlebt, dass …	I have often experienced that …
Immer wieder sehe ich, dass …	Again and again I see that …
Vielleicht ist euch schon etwas Ähnliches passiert.	Perhaps something similar has happened to you, too.

Vergleiche ziehen

Lasst mich dies mit folgender Situation vergleichen:	Let me compare this with the following situation:
Lasst mich einen Vergleich anstellen.	Let me draw a comparison.
Vergleichen wir das mit …	Let's compare that with …
Vielleicht hilft ein Vergleich, um dies zu verdeutlichen.	Perhaps a comparison is helpful to illustrate this.
Auch hier haben wir gesehen, dass …	Here we have also seen that …
Dieser Fall ist unserem ähnlich.	This case is similar to ours.

An Gefühle appellieren

Ist es nicht skandalös, dass …	Isn't it outrageous that …
Wenn wir verhindern wollen, dass …, müssen wir …	If we want to prevent …, we have to …
Müssen wir nicht handeln?	Don't we have to act?
Seid ihr nicht auch der Ansicht, dass …	Don't you also think that …
Ihr müsst euch darüber im Klaren sein, dass …	You must be aware of …
Ist es nicht unsere Pflicht …?	Isn't it our duty to …?

An den Verstand appellieren

Kein vernünftiger Mensch kann bestreiten, dass …	No sensible person can deny that …
Jeder vernünftige Mensch weiß …	Every sensible person knows …
Wenn man die Sache objektiv betrachtet, kann man nicht länger daran festhalten, dass …	If you consider this issue objectively, you can no longer insist on …
Niemand kann ernsthaft bezweifeln, dass …	Nobody can seriously doubt that …
Jeder vernünftige Mensch wird dem zustimmen.	Every sensible person will agree on this.
Nur wenige unbelehrbare Traditionalisten glauben noch immer, dass …	Only a few unconvinceable traditionalists still believe that …

Wie gestalte ich ein wirkungsvolles Schlussplädoyer?

Just believe me. I'm right.

Ein Schlussplädoyer schließt sich dem Argumentationsaustausch an und dient dazu, die eigene Position abschließend auf den Punkt zu bringen.

> *TIPP:*
> *Konzentriere dich darauf, die Vorteile deiner Position hervorzuheben.*

Sehr wirkungsvoll ist es, das stärkste Argument am Ende noch einmal aufzugreifen und in verschärfter und zugespitzter Form kurz zu wiederholen. Mache noch einmal unmissverständlich deutlich, worauf es dir ankommt. Ziehe ein Fazit, dass sich klar aus deinen Ausführungen ergibt und vertrete deinen Standpunkt selbstbewusst.

Wenn du um einen Kompromiss bemüht bist, oder zwischen den beiden Standpunkten vermitteln willst, solltest du dein Schlussplädoyer so gestalten, dass du keine der genannten Positionen zu vehement vertrete und stattdessen eher abschwächende und einschränkende Formulierungen verwendest. Vermeide in diesem Fall Phrasen, die die Gegenseite abwerten.

Checkliste: Möglichkeiten eines Schlussplädoyers

- Hauptargument in zugespitzter Form nennen
- Appell an die Zuhörer richten
- abschließendes Fazit ziehen
- Ziel deiner Argumentation nennen
- Gemeinsamkeiten der Standpunkte betonen
- einen Kompromiss vorschlagen

Zusammenfassen

Lasst mich das Wesentliche noch einmal zusammenfassen.	Allow me once again to summarise the essential facts.
Mein Hauptargument war …	My main argument was …
Mein Ziel war es …	My aim was to …
Ganz wichtig ist hier, dass …	It is important here that …
Sollten wir nicht …?	Shouldn't we …?
Wir müssen …	We have to …
Nach sorgfältiger Abwägung der Argumente …	After carefully weighing up the arguments, …
All dies zeigt deutlich, dass …	All this clearly shows that …

Deshalb lehne ich … ab.	That's why I reject …
Ich komme zu folgendem Schluss:	I arrive at the following conclusion:
Ich ziehe folgendes Fazit:	The conclusion I draw is:
Als Konsequenz aus meinen Ausführungen ergibt sich für mich …	I conclude that …
Lasst mich nun zu einer Bewertung kommen:	I'd now like to move on to an assessment:

Eigene Meinung formulieren

Meiner Ansicht nach …	In my opinion …
Meiner Meinung nach …	In my opinion …
Ich glaube fest daran, dass …	I strongly believe that …
Ich bin fest davon überzeugt, dass …	I am convinced that …
Es ist Unsinn zu denken, dass …	It's nonsense to think that …
Es ist falsch … zu …	It's wrong to …
Es ist ideal für …	It's ideal for …
Es gibt keinen Zweifel daran, dass …	There's no doubt that …

Lösung vorschlagen

Vielleicht könnte hier die Lösung liegen:	Perhaps this is where a solution can be found:
Folgender Kompromiss wäre denkbar:	The following compromise is conceivable:
Wenn wir beide Seiten berücksichtigen, …	If we consider both views, …
Die Gemeinsamkeiten der Positionen sind offensichtlich.	The common ground of the positions is obvious.
Beide Seiten sind sich einig, dass …	Both sides agree on …

Kompromiss erarbeiten

Vielleicht könnten wir einen Kompromiss ausarbeiten.	Perhaps we could work out a compromise.
Vielleicht könnten wir hier einen Kom-promiss finden.	Perhaps we could agree on a compromise.
Ich halte eine Kompromisslösung für möglich.	I think it is possible to reach a compromise.
Ich glaube, dass …	I guess that …

Ich nehme an, dass …	I suppose that …
Ich erwarte, dass …	I expect that …
Es ist wahrscheinlich möglich, dass …	It's quite possible that …
Das ist wahrscheinlich ein gutes Argument für …	That's probably a good argument for …
Ich fange an zu denken, dass es eine gute Sache wäre …	I'm beginning to think it would be a good thing to …
Ich bezweifle, ob …	I doubt whether …
Ich bezweifle, dass …	I doubt that …
Ich denke nicht, dass …	I don't think that …

5.3 Dagegen! – Die Reaktion auf die Gegenseite

Wie reagiere ich auf die Gegenseite?

Rubbish!

Im Gegensatz zu einem Referat musst du bei einer Diskussion flexibel auf die Einwände der Gegenseite reagieren. Verfolge den Diskussionsablauf aufmerksam und notiere dir, wenn möglich, die Argumente und Belege der Gegenseite stichwortartig mit, um darauf Bezug nehmen zu können.
Konzentriere dich vor allem auf Schwachpunkte in der Argumentation der anderen. Hier kannst du ansetzen, um die Vorzüge deiner Position darzulegen. Ironie kann ein wirkungsvolles Mittel sein, um eine Unstimmigkeit aufzudecken. Versuche aber nicht zwanghaft, allen Punkten der Gegenseite zu widersprechen, das ist meist nicht möglich. Gerade wenn es dir darum geht, einen Kompromiss zu schließen, solltest du nicht zu kleinlich auf deinen Argumenten beharren. Mache aber deutlich, wo du die Schwierigkeiten in der Argumentationsweise der Gegenseite siehst und halte eigene Lösungsvorschläge bereit.

> *TIPP:*
> ***Sei immer darauf gefasst, spontan etwas auf die Ausführungen der Gegenseite erwidern zu müssen.***

> *TIPP:*
> ***Diskutiere nicht über feststehende Tatsachen oder subjektive Ansichten. Darüber lässt sich nicht streiten.***

Mache sprachlich deutlich, wogegen du dich aussprichst und welche Punkte du unter Umständen bereit bist zu akzeptieren. Du kannst Aussagen der anderen vollständig ablehnen, teilweise ablehnen oder auch nur anzweifeln. Nutze hier sprachliche Mittel zur Differenzierung. Wenn du ein Argument für vollständig abwegig oder irrelevant hältst, solltest du dies unmissverständlich zum Ausdruck bringen.

Bleibe dabei unbedingt sachlich und bewahre einen kühlen Kopf, um angemessen, höflich aber bestimmt deine Position vertreten zu können. Lass dich nicht zu vorschnellen Aussagen hinreißen, sondern bedenke immer die Tragweite deiner Argumente.

TIPP:
Nimm sachliche Argumente nicht persönlich!

Checkliste: Der Umgang mit Diskussionsbeiträgen der Gegenseite

- aufmerksam zuhören und wesentliche Argumente mitnotieren
- flexibel auf die Argumentation der Gegenseite reagieren
- Reaktion auf Gegenargumente überdenken und nicht vorschnell vorbringen
- Schwachstellen und Fehler in der Argumentation erkennen und darauf reagieren
- sich nicht auf „Nebenschauplätze" abdrängen lassen, sondern am Kern der Sache arbeiten
- Lösungsvorschläge bringen
- immer sachlich, ruhig und höflich bleiben

Argumenten widersprechen

Das stimmt nicht.	That's not correct.
Ich bin überhaupt nicht damit einverstanden.	I disagree entirely.
Wie kommst du darauf?	What makes you say that?
Ich fürchte, dem kann ich nicht zustimmen.	I'm afraid I can't agree.
Ganz im Gegenteil …	On the contrary, …
Blödsinn!	Rubbish!
Das Argument überzeugt mich nicht, weil …	This argument doesn't convince me because …

Einwände erheben

Jetzt mal ernsthaft!	Oh, come on!
Glaubst du das wirklich?	Do you really think so?
Jetzt mal halblang!	Come off it!
Das ist nicht der Punkt.	That's not the point.
Das ist sehr fraglich.	That's highly debatable.
Das ist sehr unwahrscheinlich.	That's highly unlikely.

Zweifel anbringen

Also, ich bin mir nicht ganz sicher …	Well, I'm not quite sure …
Ich persönlich halte das für diskussionswürdig.	Personally, I think this is worth discussing.
Da bin ich mir nicht sicher.	I'm not sure about that.
Ich glaube nicht, dass das stimmt.	I don't think that is right.
Ich bin mir nicht sicher, dass das so funktioniert.	I'm not sure that it works like that.
Ich habe große Zweifel, ob …	I very much doubt whether …
Ich frage mich, ob das der Fall ist.	I wonder whether that's the case.
Nicht notwendigerweise.	Not necessarily.
Das folgt nicht notwendigerweise.	That doesn't necessarily follow.
Genau genommen ist das nicht richtig.	That isn't strictly true.

Argumente einschränken

Aber wer kann sagen …	But who can say …
Aber warum …	But why …
Aber wenn …	But surely, if …
Ja, aber …	Yes, but …
Denk daran, dass …	Remember that …
Ja, aber ist das nicht …?	Yes, but isn't that …?
Das kann schon sein, aber …	That may be so, but …
Das kann teilweise stimmen, aber …	That may be partially true, but …
Das war früher vielleicht der Fall, aber …	That might have been the case at one point in time, but …
Du hast vielleicht Recht, was … betrifft, aber …	You may be right about …, but …
Dennoch …	Even so, …
Ist es nicht vielmehr so, dass …?	Isn't it rather the case that …?
Denkst du nicht, dass …?	Don't you think that …?

Wie durchschaue ich unfaire Tricks und begegne ihnen?

You are so mean! Why don't you just leave me alone? I hate you all!

Es gibt unfaire Mittel, die man nicht verwenden sollte, die einem aber in einer Diskussion immer wieder begegnen. Man sollte sie durchschauen und möglichst angemessen darauf reagieren.

Persönlicher Angriff

Hier geht es nur noch vordergründig um die Sache. In Wirklichkeit werden aber Personen und/oder Institutionen attackiert, beleidigt oder lächerlich gemacht. Dir wird mangelnde Sachkenntnis, fehlende Sorgfalt oder gar Dummheit vorgeworfen. Lass dich auf solche Provokationen nicht ein, weise dein Gegenüber auf die Unsachlichkeit seines Beitrages hin und bleibe selbst unbedingt sachlich.

Verallgemeinerungen

Von einem Einzelfall wird sofort auf allgemein gültige Regeln geschlossen, obwohl es sich nicht um einen typischen Allgemeinfall handelt. Es gibt auch den umgekehrten Fall: Hierbei wird eine allgemeine Regel pauschal auf einen Einzelfall übertragen, ohne dabei spezielle Umstände zu beachten. Entlarve diese Tricks.

Trugschlüsse

Falsche und nicht zulässige Schlüsse werden oft so geschickt verpackt, dass der Zuhörer den unlogischen Zusammenhang nicht bemerkt. So wird beispielsweise von einer fehlerhaften Annahme ausgegangen, die dann zu einer scheinbar schlüssigen Konsequenz führt. Deine Aufgabe ist es, den Fehler im Gedankengang offen zu legen und so den Trugschluss aufzudecken.

Scheintatsachen

Zwischen Tatsachen und der eigenen Meinung besteht häufig ein großer Unterschied. Weise dein Gegenüber darauf hin, wenn er eine persönliche Meinung als allgemein anerkannte Tatsache darstellt.

Imponieren

Zitate werden dazu missbraucht, die Gegenseite zu beeindrucken; Analogien werden angeführt, ohne darzulegen, ob ein Vergleich überhaupt zulässig ist; bloße Behauptungen werden als Fakten verkauft. Lass dich durch ein solches Imponiergehabe nicht beeindrucken, sondern nimm immer wieder auf Fakten und Tatsachen Bezug.

Manipulation

Durch starkes Emotionalisieren und/oder rhetorische Fragen wird versucht, die Zuhörer auf eine bestimmte Seite zu ziehen. Weise auf die Manipulationstechniken der Gegenseite hin.

Killerphrasen

Wenn einer Seite die sachlichen Argumente ausgehen, greift sie häufig auf Phrasen und Sätze zurück, deren alleiniges Ziel ist, die Gegenseite zum Schweigen zu bringen und Recht zu behalten: „An deiner Stelle würde ich das auch sagen." oder: „Das war aber schon immer so." sind typische Killerphrasen.

Checkliste: Kriterien, die Argumente erfüllen müssen

- enger Bezug zur These
- objektiv wahr oder wenigstens wahrscheinlich
- schlüssig oder plausibel
- auf logischen Schlussverfahren beruhend
- neutral und sachlich

Unfairen Tricks begegnen

Bleiben wir doch sachlich.	Let's stick to facts.
Ganz nüchtern betrachtet ...	If we consider this objectively, ...
Mit persönlichen Angriffen kommen wir nicht weiter.	Personal criticism won't help us here.
Du vergleichst Äpfel mit Birnen.	You are comparing apples and oranges.
So einfach lässt sich dieser Einzelfall nicht übertragen.	This individual case cannot be transferred quite so simply.
Du kannst daraus keine allgemein gültige Regel ableiten.	You cannot deduce a universal rule from this.
Dabei lässt du aber völlig unberücksichtigt, dass ...	By saying ..., you are completely ignoring that ...
Das lässt sich nicht so pauschal sagen.	You can't just generalise this.
Bereits die Annahme, dass ... ist fehlerhaft.	Even the assumption that ..., is incorrect.
Du kannst nicht davon ausgehen, dass ...	You cannot assume that ...
Deine Schlussfolgerung ist nicht ganz richtig.	Your conclusion is not quite correct.
Das ist deine persönliche Meinung, keine Tatsache.	This is your personal opinion, not a fact.
Dies kann mich nicht beeindrucken.	This cannot impress me.
Fakt bleibt doch ...	Fact is that ...
Die Gegenseite versucht uns glauben zu machen, dass ...	The opposition is trying to make us believe that ...
Die emotionale Sichtweise des Sprechers verhindert, dass wir die Fakten angemessen berücksichtigen.	The speaker's emotional point of view is preventing us from looking at the facts carefully.
Kommen wir doch zum Kern der Sache zurück.	Let's get back to the core of the matter.
Bleiben wir doch bei unserer These.	Let's stick to our theory.

6. Diskussionen leiten

6.1 Die Rolle des Moderators

Worauf muss ich als Moderator achten?

You've got ten seconds left to talk. Nine ... eight ... seven ...

Es ist die Aufgabe des Moderators, zu Beginn der Diskussion mit einigen Informationen in das Thema einzuführen. Im Anschluss sollte er die einzelnen Diskussionsteilnehmer sowie deren Standpunkte vorstellen. Dazu ist es nötig, sich im Vorfeld inhaltlich gut mit dem Thema vertraut zu machen sowie sich über die Teilnehmer zu informieren.

Wächter der Form
Du solltest immer die Uhr im Blick haben und dafür sorgen, dass die Redebeiträge nicht ausufern, so dass alle Teilnehmer sich äußern können. Außerdem liegt es in deiner Verantwortung, dass auch die etwas zurückhaltenden Diskussionsteilnehmer zu Wort kommen. Du kannst gezielt das Wort erteilen und so die einzelnen Wortmeldungen und Redebeiträge koordinieren und dafür sorgen, dass niemand anderen ins Wort fällt.

> *TIPP:*
> ***Als Moderator solltest du Argumente beider Seiten kennen, um während der Diskussion gegebenenfalls nachhaken und auf fachlich falsche Redebeiträge reagieren zu können.***

Strukturierender Vermittler
Neben formalen Aufgaben bist du als Moderator auch dafür verantwortlich, den Aufbau der Redebeiträge durch geschickte Fragen, Zusammenfassungen oder Kommentare zu verdeutlichen. Weise auf Verbindungen zwischen den vorgebrachten Argumenten hin, wenn die Diskutierenden das nicht selbst tun. Bitte darum, einzelne Aspekte noch zurückzustellen, bis andere ausreichend besprochen wurden und kläre Missverständnisse und Fehldeutungen. Dreht sich die Diskussion im Kreis oder wendet sie sich zu speziellen Fragen zu, solltest du weitere inhaltliche Impulse bringen oder den Sachverhalt knapp zusammenfassen. So machst du den Weg frei für neue Argumente. Es ist also unerlässlich, ständig den Überblick zu behalten und eine sehr gute Kenntnis des jeweiligen Themas zu besitzen.

Sachlicher Koordinator
Falls ein Diskussionsteilnehmer im Eifer des Gefechts die sachliche Ebene verlässt, ist es an dir, ihn darauf hinzuweisen und zu ermahnen, nicht persönlich zu werden. Nur so kann eine Diskussion erfolgreich sein und gegebenenfalls auch zu einem Ergebnis gelangen bzw. über einen reinen Schlagabtausch hinausgehen.
Generell bist du als Moderator nicht an der Diskussion beteiligt und beziehst demnach auch nicht Stellung zum Thema. Bleibe also neutral.

Als Moderator begrüßen

Guten Morgen alle miteinander.	Good morning everybody.
Liebe Klassenkameraden …	Dear classmates …
Liebe Kommilitonen …	Dear fellow students …
Meine sehr verehrten Damen und Herren …	Ladies and gentlemen …
Ich begrüße euch sehr herzlich zu …	Welcome to …
Ich heiße euch herzlich willkommen …	I'd like to welcome you to …
Schön, dass ihr alle heute morgen da seid.	Nice to see you all this morning.
Schön, dass ihr es alle geschafft habt her zu kommen.	I'm glad you could all make it.
Schön, dass ihr so zahlreich erschienen seid …	I'm glad to be able to welcome so many of you …

Sich und das Thema vorstellen

Mein Name ist …	My name is …
Ich heiße …	I am …
Ich möchte mich gerne kurz vorstellen:	Let me briefly introduce myself:
Unser Thema ist …	Our topic is …
Wir werden heute über das Thema … diskutieren.	Today we'll discuss …
Ich begrüße euch heute zu einer interessanten Diskussion zum Thema:	Welcome to today's interesting discussion about …
Das Thema der heutigen Diskussion lautet:	The topic of today's discussion is:
Unser heutiges Thema ist sehr aktuell.	Our topic today is a very current one.
Heute möchte ich mit euch ein wichtiges und interessantes Thema besprechen.	Today I'd like to discuss an important and interesting topic with you.
In letzter Zeit hat dieses Thema an Aktualität gewonnen.	This subject has recently become very relevant.
Immer wieder hören wir in den Medien …	Again and again the media reports …
Was hat dieses Thema eigentlich mit uns zu tun?	How does this topic actually relate to us?
Warum sollten wir eigentlich über dieses Thema sprechen?	Why do we have to talk about this subject at all?
Ihr habt euch sicher schon einmal gefragt, …	You've probably asked yourselves before …
Wie kommt es eigentlich, dass …	How can it be that …
Im Alltag begegnet uns immer wieder …	Every day we come across …

Für die Diskussion haben wir ca. dreißig Minuten Zeit.	We've got about thirty minutes for the discussion.
Alles in allem soll die Diskussion ungefähr zwanzig Minuten in Anspruch nehmen.	The discussion as a whole should take roughly twenty minutes.

Diskussionsteilnehmer vorstellen

Lasst mich die Teilnehmer der Diskussion vorstellen:	Let me introduce the participants of the discussion:
An unserer Diskussion nehmen heute teil:	The participants of today's discussion are …
Die Kontraseite wird vertreten von …	The opposition is represented by …
Für die Proseite (Kontraseite) begrüße ich …	I welcome … representing the pros (the cons).
Die Teilnehmer sind Experten auf diesem Gebiet.	The participants are experts on this matter.

Auf Regelverstöße hinweisen

Bitte fasse dich kurz.	Please keep it short.
Ich muss dich bitten, dich kurz zu fassen.	I'd like to ask you to keep it short.
Bitte komme zum Schluss.	Can you come to a conclusion now, please?
Lass uns auch die Meinung der anderen dazu hören.	Let's hear what the others have to say to this.
Es wäre interessant, dazu auch die Meinung der anderen zu hören.	It would also be interesting to hear the others' opinion.
Die Zeit ist begrenzt, deshalb sollten wir nun auch die anderen noch zu Wort kommen lassen.	Our time is limited, therefore we should also let the others get a word in.
Bleibe bitte sachlich.	I'd like to ask you to stick to the facts.
Ich möchte dich bitten sachlich zu bleiben.	Please remain objective.
Bitte bleibe in dieser Sache objektiv.	Please be objective.
Ich bitte dich, persönliche Angriffe zu unterlassen.	Let's please not get personal.
Wie du vorhin bereits angedeutet hast, hängt dieser Aspekt auch eng mit … zusammen.	As you indicated earlier, this aspect is also closely linked to …
Bitte nimm direkt Stellung zu dieser Aussage.	Please comment on this statement.
Bitte bleibe beim Thema.	Let's stick to the topic.
Das gehört jetzt nicht mehr zum Thema.	This is moving away from the topic at hand.

Wie bringe ich die Diskussion voran?

Oh, come on, guys. Try to think of something more intelligent.

Es gibt verschiedene Möglichkeiten, eine Diskussion, die ins Stocken geraten ist, durch geschickte Fragen wieder in Schwung zu bringen. Es bieten sich in verschiedenen Situationen unterschiedliche Frageformen an.

Vorfragen
Durch gezielte Vorfragen kannst du zu Beginn der Diskussion das Thema und seine Ausprägungen eingrenzen und verdeutlichen. So stellst du sicher, dass alle Teilnehmer einzelne Sachverhalte und Begriffe auf die gleiche Weise verstehen.

> *TIPP:*
> ***Betrachte dich in deiner Moderatorenrolle als Stellvertreter für Zuschauer und Diskussionsteilnehmer. Fragen, die du stellst, ermöglichen allen einen Informationsgewinn.***

Offene Fragen
Stelle Fragen, die nicht nur mit einem Wort oder Satz beantwortet werden können, um die Diskussion lebendig zu halten. Solche offenen Fragen ermöglichen den Teilnehmern, ausführliche und teilweise auch persönliche Stellungnahmen sowie Erläuterungen zu Argumenten anzubringen. Allerdings bergen diese oft unpräzisen Fragen die Gefahr, dass sich niemand zu Wort meldet oder Redebeiträge sehr weitschweifig werden.

Geschlossene Fragen
Wenn du eine ganz spezielle Information erfragen möchtest, stelle direkte, geschlossene Fragen. Es lassen sich so Kernaussagen herausarbeiten und klar formulieren. Mit Hilfe dieser Fragen, können Sachverhalte vereinfacht oder übersichtlich aufgeschlüsselt werden. Der Nachteil dieser Frageform liegt darin, dass die Antwortmöglichkeiten sehr eingeschränkt sind.

Entscheidungsfragen
Sie sind eine Sonderform der geschlossenen Fragen, da sie die Antwort noch weiter einschränken, indem sie lediglich die Wahl zwischen zwei Alternativen vorgeben. Dem Befragten bleibt also keine Möglichkeit eigene Überlegungen in seine Antwort mit einzubringen.

Scheinfragen
Fragen, deren Antworten bereits nahe gelegt werden (Suggestivfragen) oder die keine Antwort benötigen, da diese bereits in der Frage enthalten ist (rhetorische Fragen), sind Scheinfragen, die aus taktischen Gründen eingesetzt werden. Die Fragestellung lässt keine neutrale Beantwortung zu. Diese Art der Fragen bringt die Diskussion nicht voran, sondern gibt eine ganz bestimmte Richtung vor und manipuliert damit die Teilnehmer. Als Moderator solltest du diese Frageform deshalb soweit wie möglich meiden.

Gegenfragen

Hin und wieder ist es ratsam, Fragen der Teilnehmer geschickt umzudrehen und zurückzugeben oder eine Präzisierung zu verlangen. Dies nimmt den Druck vom Befragten, alles sofort beantworten zu müssen und lässt ihm Zeit zum Nachdenken. Außerdem nimmt es aggressiven Teilnehmern oft den Wind aus den Segeln. Es können auch Fragen an die gesamte Diskussionsrunde weitergegeben werden. Das bezieht die anderen mit ein, verhindert Zwiegespräche zwischen Einzelnen und entlastet den Moderator.

Vorfragen stellen

Wurde die hier vertretene Position deutlich?	Has this position become clear?
Müssen wir noch irgendetwas klären?	Is there anything we need to clarify?
Ist dieser Begriff deutlich?	Is this term clear?
Wurde dieser Begriff klar?	Has this term become clear?
Gibt es Fragen zur Definition?	Are there any questions concerning this definition?
Welche Argumente müssen noch einmal erläutert werden?	Which of the arguments need to be explained in more detail?
Was ist die Gegenposition zu diesem Standpunkt?	What is the opposition's view on this matter?
Sollen die Quellen dazu näher erläutert werden?	Is there any need to explain the sources in more detail?
Gibt es sachliche Widersprüche?	Are there any contradictions?

Offene Fragen stellen

Was ist deine Meinung zu diesem Thema?	What's your opinion on this matter?
Wie siehst du das?	What's your point of view?
Wie denkst du darüber?	What do you think about this?
Möchte sich dazu jemand äußern?	Does anyone else have anything to say on this?
Ihr habt jetzt die Möglichkeit, euch zu einem der genannten Aspekte zu äußern.	Now's your chance to comment on one of the mentioned aspects.
Gibt es weitere Anmerkungen dazu?	Are there any more comments?
Wie stellt sich die Lage in euren Augen dar?	How do you view the situation?

Gezielte Fragen stellen

Worin besteht für dich die Kernaussage?	What's the main statement in your opinion?
Was ist deine These?	What's your theory?
Wie lauten die für dich stichhaltigsten Argumente für diese Behauptung?	What are the most convincing arguments for that claim?
Welche Aspekte sind für dich am wichtigsten?	Which aspects do you consider the most important?
Welche der Argumente haben dich überzeugt und aus welchen Gründen?	Which of these arguments convinced you and why?
Was ist deiner Meinung nach das schwerwiegendste Argument und warum?	Which do you consider the most convincing argument and why?
Welche der Möglichkeiten hältst du aus welchen Gründen für machbar?	Which of the options do you consider feasible? For what reasons?
Was ist deiner Meinung nach eine gute Alternative?	What do you think would be a good alternative?
Wie würdest du dich verhalten, wenn ...?	What would you do if ...?
Wofür würdest du dich entscheiden, wenn ...?	How would you decide if ...?

Entscheidungsfragen stellen

Findest du Sprecher A oder B überzeugender?	Which speaker do you consider more convincing: A or B?
Bist du für A oder B?	Are you for A or B?
Glaubst du, dass A oder B zutrifft?	Do you believe that A or B applies?
Was findest du überzeugender?	What do you think is more convincing?

Mit Scheinfragen manipulieren

Muss man nicht annehmen, dass ...?	Don't we have to assume that ...?
Ist nicht klar, dass ...?	Isn't it obvious that ...?
Kann man ernsthaft glauben, dass ...?	Can we seriously think that ...?
Kann man als zivilisierter Mensch wirklich behaupten, dass ...?	Can a civilised human being really claim that ...?
Ist es nicht herzlos anzunehmen, dass ...?	Isn't it heartless to presume that ...?
Ist es nicht naiv zu glauben, dass ...?	Isn't it naive to believe that ...?

Gegenfragen stellen

Diese Frage würde ich gerne an die gesamte Runde weitergeben.	I would like to pass this question on to everyone.
Sind alle hier der Ansicht, dass …	Does everyone here think that …?
Diese Frage würde ich gerne an die Gegenseite weitergeben.	I would like to pass this question on to the opposition.
Wenn wir diesen Gedanken weiterverfolgen, was wäre die Konsequenz?	If we continue down this line of thought, where would that take us?
Wie meinst du das?	What do you mean by that?
Was genau meinst du mit …?	What exactly do you mean when you say …?
Kannst du das bitte noch einmal wiederholen?	Could you repeat that, please?
Mir ist noch nicht ganz klar, auf was du genau abzielst.	I'm not quite sure what you're getting at.
Wäre es möglich dies zu präzisieren?	Could you possibly specify that further?
Ich bin mir nicht sicher, ob ich dich richtig verstehe. Meinst du, dass …?	I'm not sure if I get that. Do you mean …?

6.2 Der Umgang mit schwierigen Situationen

Wie reagiere ich in schwierigen Situationen?

How would I know that? Am I God? By the way, this is not what the discussion is about, you stupid idiot.

Oftmals treten während Diskussionen Situationen auf, die nicht leicht zu beherrschen sind. Es ist wichtig, gerade dann ruhig zu bleiben und nicht die Nerven zu verlieren. Manchmal erscheinen unerwartete Fragen von Teilnehmern nur auf den ersten Blick schwierig.

Persönliche Angriffe und Polemisieren
Versuche, freundlich aber bestimmt, die Diskussion wieder auf eine sachliche Ebene zu lenken und sprich aufgetretene Schwierigkeiten auch direkt an.

Polarisieren und Beharren auf Meinungen
In diesem Fall ist es wichtig, dass du als Diskussionsleiter vermittelnd eingreifst, Gemeinsamkeiten zwischen den Positionen hervorhebst und durch weiterführende Fragen die Entwicklung des Diskussionsprozesses förderst. Manchmal lässt sich eine angespannte Situation auch durch Humor auflockern.

Stillstand der Diskussion

Hier helfen dir im Voraus vorbereitete Fragen oder zusätzliche Argumente weiter, zu denen sich die Teilnehmer äußern können. Auch bewusst sehr provokant formulierte Thesen geben neue Impulse. Sprich gezielt Personen an und hake nach, wenn Antworten nicht ausführlich genug ausfallen oder formuliere selbst nochmals das vorliegende Problem um, so dass die Teilnehmer neue Ansatzpunkte sehen.

Diskussionen versachlichen

Wenn wir uns rein auf die Sachlage stützen, dann sehen wir …	If we consider only the facts, we can see …
Bitte bleibe in dieser Sache objektiv.	Please remain objective in this matter.
Versuchen wir doch, sachlich zu bleiben.	Please remain objective.
Persönliche Angriffe bringen uns nicht weiter.	Personal criticism isn't going to help us here.
Das ist nicht ganz fair.	That's not quite fair.
Ich möchte dich bitten, persönliche Angriffe zu unterlassen und dich rein sachlich zu äußern.	Could I ask you to not get personal but rather stick to the facts?
Ich verstehe, dass du deine Position deutlich machen willst, doch bitte nutze dazu sachliche Argumente und keine persönlichen Angriffe.	I understand that you aim to clarify your position, but please do so by sticking to the facts instead of criticising individuals.
Das hat mit unserem Thema nichts zu tun.	That doesn't have anything to do with our topic.
Das hat noch nicht einmal im Entferntesten mit unserem Thema zu tun.	That is not even remotely related to our topic.

Vermittelnd eingreifen

So unvereinbar sind die beiden Standpunkte nicht.	These two positions are not as incompatible as they seem.
Eine Gemeinsamkeit ist …	One similarity is …
Ich sehe hier eine Ähnlichkeit.	I see a similarity here.
In diesem Punkt sind wir uns einig.	We agree on this point.
Wenn wir versuchen, beide Aspekte zu berücksichtigen, …	If we try to take both aspects into account, …
Versuchen wir uns von diesem Punkt zu lösen und beachten wir auch …	Let's move away from this matter and consider …
Einen Aspekt haben wir noch nicht genannt …	There's one aspect we haven't mentioned yet …

Diskussionen beleben

Warum genau hältst du das für wichtig?	Why exactly do you think that this is important?
Warum lehnst du dieses Argument ab?	Why do you disagree with this argument?
Warum bist du damit nicht einverstanden?	Why don't you agree?
Könntest du deinen Standpunkt näher erklären?	Could you explain your position?
Wie könnten wir das konkret umsetzen?	How exactly can we realise this?
Mit welchen Folgen müssen wir dann rechnen?	Which consequences would we have to face then?
Was wäre hier die Konsequenz?	What would be the consequence?
Hast du vielleicht eine Idee, wie ...?	Do you have a suggestion how ...?
Hättest du vielleicht noch ein Beispiel für dein Argument?	Could you give another example for this argument?

Welche Hilfsmittel unterstützen mich bei der Moderation?

Wait, wait! Don't speak so fast, I have to write that down and I can't find my pen.

Notizen und Tabellen helfen dir, eine Diskussion angemessen zu moderieren, flexibel zu reagieren und immer den Überblick zu behalten.

Notizen

Notiere dir Fragen, provokante Thesen, hilfreiche Formulierungen und eigene Argumente zu beiden Seiten übersichtlich auf Moderationskärtchen. So vorbereitet kannst du schnell auf unterschiedliche Situationen reagieren und die Diskussion, wenn sie ins Stocken gerät, mit neuen Impulsen wieder in Gang bringen.

Tabelle

Lege dir im Vorfeld eine Tabelle an (z. B. mit einer Übersicht der Pro- und Kontrateams), in die du während der Diskussion die genannten Argumente stichwortartig eintragen kannst. So weißt du, was bereits gesagt wurde und kannst jederzeit eine stichhaltige Zusammenfassung geben. Eine andere Möglichkeit ist, dir die Argumente, die du erwartest, bereits einzutragen und diese nur abzuhaken, wenn sie tatsächlich fallen. Auf diese Weise siehst du, nach welchen Punkten du als Moderator unter Umständen noch fragen kannst. Lass ausreichend Platz für weitere Argumente und Beispiele.

Welche Hilfsmittel unterstützen meine Diskutierenden?

Listen carefully and remember everything. All of this is very important.

Auch für die Diskutierenden ist es nicht immer einfach, der Diskussion zu folgen. Als Moderator kannst du ihnen helfen, alle genannten Punkte zu überblicken.

> *TIPP:*
> ***Du erleichterst dir dein Leben als Moderator, wenn du die Aufgabe des Mitprotokollierens an einen Zuhörer delegierst, der nicht aktiv an der Diskussion teilnimmt.***

Verlaufsprotokoll

Notiere wichtige Aspekte auf Folie mit, so dass alle den Verlauf der Diskussion sehen können. Dies kann als Tabelle oder auch als Mind-Map erfolgen. Der Vorteil ist, dass am Ende bereits eine Art Protokoll über die Diskussion vorliegt, anhand welcher eine Bewertung vorgenommen werden kann.

Handout

Falls sich die Diskussion an dein Referat anschließt, und du die Rolle des Moderators übernimmst, kannst du ein Handout an alle Teilnehmer verteilen, auf dem die im Referat dargelegten Argumente zusammengefasst sind. Den Teilnehmern fällt es damit leichter, an Punkte anzuknüpfen und sich auf einzelne Aspekte zu beziehen.

7. Diskussionen analysieren

7.1 Beobachten

Worauf soll ich achten?

Just let me get this straight: I have to pay attention to the content, examples, style, structure, language, rhetoric, gestures, facial expression, introduction, argumentation, repetition, intonation, articulation, enunciation – anything else?

Oftmals schließt sich an eine Diskussion eine Feedbackrunde an. Die Teilnehmer sowie der Moderator sollen dabei von den Zuschauern eine Rückmeldung erhalten, die es ihnen erlaubt, bei folgenden Diskussionen noch überzeugender aufzutreten. Damit das Feedback möglichst umfassend und konkret ausfällt, ist es die Aufgabe der Zuhörer, sowohl den Moderator als auch die einzelnen Teilnehmer zu beobachten und zu beurteilen. Mache dir als Zuhörer zunächst klar, welche Aufgaben die Diskutierenden und der Moderator haben und was du von ihnen erwartest.

> *TIPP*:
> *Lege deinen Fokus zunächst auf einzelne Kriterien. Es ist schwierig, sich auf alles gleichzeitig zu konzentrieren.*

Checkliste: Beobachtungskriterien zur Bewertung des Moderators

- sinnvolle Einführung ins Thema und prägnante Zusammenfassung der Ergebnisse
- Begrüßung der Zuhörer und Vorstellung der Teilnehmer
- Einhalten der formalen Regeln (z. B. zeitliche Vorgaben)
- ordnende, strukturierende und klärende Kommentare
- souveräner Umgang mit schwierigen Situationen (z. B. persönliche Angriffe)
- Sachkenntnis und hilfreiche Impulse (Argumente, provokante Thesen, weiterführende Fragen, etc.)

Checkliste: Beobachtungskriterien zur Bewertung der Diskutierenden

- fundierte Sachkenntnisse und gut gestützte Argumente (Belege, Beispiele)
- schlüssige, überzeugende Argumente
- logische Anordnung der Argumente und klare Struktur
- enger Bezug zur These
- Einhalten der sachlichen Ebene, keine unfairen Tricks

- Eingehen auf zuvor Gesagtes und Entkräften von Gegenargumenten
- klare Artikulation, Körpersprache und Mimik
- Sprache und Stil (Wortwahl, Überleitungen, rhetorische Mittel, etc.)

Wie notiere ich, was ich beobachte?

Could you please keep it short? Otherwise I won't be able to remember everything you say.

Es ist hilfreich, sich im Vorhinein eine Tabelle anzulegen, in der die einzelnen Punkte, auf die geachtet werden soll, eingetragen werden. Während der Diskussion wird so mit einfachen Zeichen ein kleines Protokoll erstellt. Sprich dich mit anderen Beobachtern ab, so dass jeder auf andere Personen oder Kriterien achtet.

7.2 Bewerten

Wie gebe ich ein sinnvolles Feedback?

I've never heard anything as stupid as your arguments. And your voice was really getting on my nerves. Just do me a favour and never ever take part in a discussion again.

Der Sinn des Feedbacks ist es, die Diskussionsteilnehmer weiter zu bringen. Indem sie auf bestimmte Aspekte aufmerksam gemacht werden, erhalten sie eine Hilfestellung für zukünftige Diskussionen und können sich so verbessern. Optimalerweise beginnt ein Feedback mit positiven Aspekten. Dies ist wichtig, damit derjenige, der die Rückmeldung erhält, zunächst in seinen Fähigkeiten und seinem Selbstbewusstsein gestärkt wird. Gib dem zu Beurteilenden ein Feedback, bei dem er das Gefühl hat, dass du tatsächlich helfen willst und auch positive Aspekte erkannt hast. So ist er viel offener für negative Kritik. Formuliere diese in Form von konkreten Ratschlägen, die direkt umgesetzt werden können.

TIPP:
Denke immer daran: Es ist leicht, Kritik zu üben, viel schwieriger aber, sie aktiv umzusetzen.

Checkliste: Gutes Feedback

- beginnt mit positiven Punkten
- ist konstruktiv
- ist subjektiv formuliert
- beschreibt das Problem sachlich
- bezieht sich auf konkrete Beobachtungen

Positives Feedback formulieren

Mir hat bereits sehr gut gefallen, wie …	I quite liked how …
Du hast gut reagiert, als …	Your reaction to … was good.
Am besten fand ich …	What I liked best, was …
Besonders beeindruckt hat mich, dass …	I was particularly impressed by …
Schön fand ich, dass …	I liked the fact that …
Überzeugt hat mich …	… convinced me.
Deine Artikulation war sehr klar.	You expressed yourself very clearly.
Du hast eine gute Sachkenntnis bewiesen.	You demonstrated a good knowledge of the subject.
Deine Argumente waren schlüssig.	Your arguments were conclusive.
Ich konnte deinen Argumenten gut folgen.	I could follow your arguments easily.
Du hast gute Beispiele und Belege gebracht.	Your examples and evidence were well chosen.
Deine Position wurde sehr deutlich.	Your position became very clear.
Du hast hilfreiche Impulse gegeben.	You gave us useful input.
Deine Fragen zeigten, dass du dich mit dem Thema auseinandergesetzt hast.	Your questions revealed that you have a sound knowledge of the topic.
Deine Fragen waren sehr präzise formuliert.	Your questions were very precise.
An der Stelle war es gut, dass du eingegriffen hast.	It was good of you to intervene at that point.
Du hast immer den Überblick behalten.	You stayed on top of things throughout.
Du hast auf die Einhaltung der Regeln geachtet.	You made sure that the rules were observed.
Du hast die Dinge immer wieder auf den Punkt gebracht.	You managed to summarise the important issues.

Negatives Feedback formulieren

Ich finde, du könntest an … arbeiten.	I think you could work on …
Ich denke, es wäre besser, wenn du …	I think it would be better if you …
Mich hat gestört, dass …	I didn't like that …
An diesem Punkt hast du …	At this point you …
An dieser Stelle konnte ich nicht nachvollziehen …	At this point I couldn't follow …
Nicht so überzeugend fand ich …	I didn't find … very convincing.
Überzeugender wäre das, wenn …	It would be more convincing if …
Ich fände es sinnvoll, wenn du deine Argumente durch Beispiele und Belege verdeutlichen würdest.	I think it would be useful if you could support your arguments by examples and evidence.
Ich hätte mir mehr Beispiele gewünscht.	I would have appreciated more examples.
Vermeide zukünftig persönliche Angriffe.	Please avoid getting personal in future.
Versuche, einen deutlichen Bezug zur These herzustellen.	Please try to refer clearly to your theory.
Reagiere auch auf die Gegenseite.	Please respond to the opposition's side, too.
Ich würde mir wünschen, dass du auch auf die Argumente der Gegenseite eingingst.	I would appreciate it if you reacted to the opposition's arguments, too.
Halte zeitliche Vorgaben ein.	Please observe the time limit.
Sprich etwas deutlicher und langsamer.	Please speak more clearly and slow down.
Du hast zu leise gesprochen.	You didn't speak loudly enough.
Hier hättest du eingreifen müssen.	At that point you should have intervened.
Die Einführung ins Thema war mir etwas zu knapp.	I felt that the introduction to the topic was too short.
Mir war manchmal nicht klar, was du mit deinen Fragen meinst.	Sometimes I wasn't sure what your questions aimed at.
Vielleicht hättest du die Opposition durch gezielte Fragen dazu bringen können, ihren Standpunkt ausführlicher darzulegen.	Maybe you could have made the opposition explain their point of view in more detail by asking more precise questions.
Ich hätte mir an der Stelle eine klärende Zusammenfassung gewünscht.	At that point I would have liked a helpful summary.
Du hast dich meiner Ansicht nach zu sehr zurück gehalten.	In my opinion you held yourself back too much.
Du hast sehr viel geredet. Die Diskutierenden kamen kaum zu Wort.	You talked a lot. The participants hardly got a word in edgeways.
Ich hatte das Gefühl, dass du nicht ganz neutral warst.	I had the feeling you weren't quite neutral.

8. Übung macht den Meister

8.1 Übungen zum Inhalt

Thesen und Argumente finden

Should classic literature be taught in school?

1 In many countries classic literature is considered a very important aspect of an academic education. Shakespeare, Goethe and Aristotle are read and interpreted in many schools all over Europe. The question is: Why?

2 Schools should rather concentrate on modern texts since they refer to today's way of thinking. Modern texts help students to understand current events better. They take into account more recent discoveries and are therefore more worthy of study than classic literature.

3 It is much easier for young students to relate to modern texts. It is important to present students with something that is relevant to their daily lives. Modern texts communicate universal topics (e.g. love, death, betrayal …) in a language that is easily understandable so that readers can identify with the characters. Reading literature should never be work: If readers struggle too hard to understand the language, they might not be interested in the content by the time they fully understand what the text is about.

4 Furthermore, the world is increasingly influenced by economic principles that a lot of young people are not aware of. Schools should have time for subjects that are relevant for the economy. If the younger generation is to secure employment and the economy is to flourish, then schools must concentrate on technology, science and business studies. This is much more important for our society than wasting time on nostalgic ideas of cultural education. The most important aim for schools should be for their students to be successful in the job market. Hardly any job, except teaching, requires knowledge of Shakespeare and Molière.

5 Of course one could argue that studying classic literature is intellectually challenging – but this is also true for scientific studies. And as an additional benefit, scientific studies are economically useful.

Aufgabe 1 | Lösung S. 96

Ordne die folgenden Überschriften den entsprechenden **Abschnitten im Text** zu!

- a) Learning: What pupils really need to succeed
- b) Science: Intellectually challenging and useful
- c) Modern texts: Keys to the modern world
- d) The importance of understanding: What pupils can relate to
- e) Introduction

Aufgabe 2 | Lösung S. 96

Welche der folgenden **Thesen** vertritt der Autor? Kreuze diese an!

- a) Literature shouldn't be taught in schools at all.
- b) There should be a balance between modern literature and classic literature.
- c) Classic literature shouldn't be taught.

Aufgabe 3 | Lösung S. 96

Die Textabschnitte 2, 3 und 4 enthalten je ein **Argument**, das die These des Autors stützt. Schreibe die drei Argumente auf!

1) ______________________________

2) ______________________________

3) ______________________________

Aufgabe 4 | Lösung S. 96

Stelle dir vor, dass du die Argumente des Textes in einer kleinen Rede vorstellen sollst. Welche der folgenden **Schlüsselwörter und -sätze** findest du nützlich? Was würdest du auf eine Karteikarte schreiben?

- 1) Classic literature: Shakespeare, Goethe, Aristotle → why?
- 2) academic education: important → why?
- 3) modern texts: current events and recent discoveries
- 4) they take into account more than classic literature
- 5) relevant

6) universal topics in understandable language: love, death, betrayal → identification

7) if readers struggle too hard to understand the language, they might not be interested in the content by the time they fully understand what the text is about.

8) schools: technology, science, business studies → job market

9) teachers require: knowledge of famous writers

10) intellectually challenging and economically useful: scientific studies

Eigene Argumente als Gegenposition aufbauen

Aufgabe 5 | Lösung S. 96
Du möchtest eine Gegenposition zu der im Text vertretenen Meinung aufbauen. Im folgenden Abschnitt findest du drei Argumente, die dafür sprechen, dass klassische Literatur in der Schule unterrichtet werden sollte. Zu jedem Argument gehört eine **Erklärung**. Versuche, diese Erklärungen dem jeweiligen Argument zuzuordnen!

Argument 1: classic texts have a great influence on subsequent writing and film

Erklärung 1: ______________________________

Argument 2: classic texts address issues essential to human beings now and then

Erklärung 2: ______________________________

Argument 3: children with a cultural education are more successful in today's modern society

Erklärung 3: ______________________________

a) In many areas of today's society it is essential to know our cultural background and to be able to talk about it in a sophisticated way.

b) Today's literature cannot be appreciated without knowledge of classical literature: Classic literature is like the foundation of a house.

c) Themes are not out of date, but remain relevant and pupils see connections to their own time.

Aufgabe 6 | Lösung S. 96
Zu jedem der oben genannten Argumente gehören auch ein bis zwei **Beispiele**. Ordne auch die Beispiele dem jeweiligen Argument zu!

Argument 1: classic texts have a great influence on subsequent writing and film

Beispiele 1: ______________________________

Argument 2: classic texts address issues essential to human beings now and then

Beispiele 2: ______________________________

Argument 3: children with a cultural education are more successful in today's modern society

Beispiele 3: ______________________________

a) Updike, *Gertrud and Claudius* (draws on Shakespeare)

b) death, love, hate, power, …

c) "to be or not to be" will never be fully understood without reading Shakespeare

d) presentations in business meetings are perceived better and leave a more positive impression when speakers can draw on famous plays or quote well known philosophers

e) Macbeth: pupils examine the role of unchecked authority

8.2 Übungen zum Wortschatz

Struktur des Diskussionsbeitrags

Aufgabe 1 | Lösung S. 96
Alle folgenden Ausdrücke sind nützlich, um einen **Diskussionsbeitrag zu strukturieren**. Versuche, die Ausdrücke zu verbinden, die eine ähnliche Bedeutung haben!

1)		This is my definition of …	a) In addition, …
2)		This does not mean … but …	b) The reason for this is …
3)		To begin with …	c) With this expression I mean …
4)		Moreover, …	d) This excludes …
5)		One could argue that …	e) A good reason for this argument is …
6)		One could make an objection that …	f) The consequence is …

7) However, it is true that …
8) This is due to the fact that …
9) As a result, …

g) A good reason against this argument is …
h) First of all, …
i) However, it should be made clear that …

Aufgabe 2 | Lösung S. 96

Ein Satz deines Diskussionsbeitrags ist angegeben. Wähle eine passende Fortsetzung deines Beitrages aus den drei Möglichkeiten aus!

1) There are two points here.
   - a) There are two problems here.
   - b) Also, …
   - c) Firstly, … . Secondly, …

2) It is often said that children should read a lot.
   - a) This is basically correct, but …
   - b) Then …
   - c) On the other hand, …

3) Because firstly, it supports the economy.
   - a) A reason against this (argument) is …
   - b) And secondly, …
   - c) On the one hand, …

4) However, this is a very specific situation.
   - a) Here, however, … applies
   - b) By contrast, it must be said that …
   - c) Even if … is normally considered as …

Aufgabe 3 | Lösung S. 96

Die folgenden Wendungen kannst du verwenden, um **auf bereits genannte Aspekte Bezug zu nehmen**. Versuche, den Beginn der Wendung mit dem richtigen Ende zu, verbinden!

1) To quickly …
2) As I pointed …
3) And this is where the issues mentioned initially …
4) This seems to contradict …
5) This point is of particular …

a) … out at the beginning …
b) … become significant again.
c) … return to my original assumption …
d) … importance for our theory.
e) … my original theory.

Die eigene Meinung angeben

Aufgabe 4 | Lösung S. 96

Welche der folgenden Wendungen sind geeignet, um die eigene **Meinung** anzugeben? Kreuze diese an!

- a) My assumption is that …
- b) My aim is to prove that …
- c) A few figures will illustrate these results.
- d) Several points concerning this issue were mentioned.
- e) I claim that …
- f) To quickly return to …
- g) I would like to convince you of the fact that …

Aufgabe 5 | Lösung S. 96

Welche der folgenden Wendungen drücken **Widerspruch** aus? Kreuze diese an!

- a) Well, …
- b) Isn't it our duty to … ?
- c) I disagree entirely.
- d) On the contrary, …
- e) I can answer that immediately.
- f) This argument doesn't convince me because …
- g) That's highly debatable.

Aufgabe 6 | Lösung S. 96

Welche der folgenden Wendungen drückt die stärkste **Ablehnung** aus? Welche ist am schwächsten formuliert? Nummeriere die Wendungen! 1 bedeutet die stärkste Ablehnung.

- a) Rubbish!
- b) I wonder whether that's the case.
- c) I'm afraid I can't agree.
- d) That's highly unlikely.
- e) I very much doubt whether …

Aufgabe 7 | Lösung S. 96

Welche der folgenden Wendungen passt nicht zu den übrigen dazu? Kreuze diese an!

1)
- a) Remember that …
- b) Yes, but isn't that …?
- c) That isn't strictly true.
- d) Don't you think that …?

2)
- a) Do you really think so?
- b) What makes you say that?
- c) Oh, come on!
- d) Personally, I think this is worth discussing.

3)
- a) I conclude that …
- b) I strongly believe that …
- c) I am convinced that …
- d) It's ideal for …

4)
- a) Fact is that …
- b) You cannot deduce a universal rule from this.
- c) If we consider this objectively, …
- a) Let's stick to facts.

5)
- a) If we consider both views …
- b) Both sides agree on …
- c) I'm beginning to think it would be a good thing to …
- d) The following compromise is conceivable:

Argumente stützen und illustrieren

Aufgabe 8 | Lösung S. 96

Du möchtest deine **Argumente ausbauen** und überzeugend gestalten. Versuche, für die verschiedenen Situationen die passende Wendung zu finden!

1) Du willst Zahlen anführen.
2) Du willst angeben, was die breite Masse denkt.
3) Du möchtest ein Zitat anbringen.
4) Du möchtest ein Beispiel nennen.
5) Du möchtest mehrere Beispiele nennen.
6) Du möchtest Gründe für deine Einstellung nennen.

a) It is generally accepted …
b) Let me briefly illustrate this with the following example:
c) I would like to mention a few examples.
d) The figures show that …
e) There are several reasons for my position.
f) According to [Peter Brown], …

Aufgabe 9 | Lösung S. 96

Mit den folgenden Wendungen kannst du **Statistiken** erläutern und **Zitate** und **Vergleiche** einbringen. Setze die fehlenden Wörter in die Lücken ein!

to   tripled   twice as high   by   convey   of the opinion

1) This amount has ______________________ in the last two years.

2) This figure can be compared ______________________ …

3) This number is ______________________ as …

4) These figures ______________________ a clear message.

5) Who does not know the famous statement ______________________ [Peter Brown]:

6) [Peter Brown] is ______________________ that …

Aufgabe 10 | Lösung S. 96

Du möchtest eine allgemein **anerkannte Meinung** oder eine **eigene Erfahrung** angeben. Versuche, die folgenden Wendungen zu übersetzen.

1) ____

Es wird allgemein angenommen …

2) ____

Die Mehrheit vertritt die Ansicht, dass …

3) ____

In der heutigen Gesellschaft …

4) ____

Die Erfahrung zeigt …

5) ____

Ich habe häufig erlebt, dass …

6) ____

Vielleicht ist euch schon etwas Ähnliches passiert.

Abschließende Stellungnahme

Aufgabe 11 | Lösung S. 96

Welche der folgenden Wendungen sind geeignet, um abschließend **Stellung zu nehmen**, ein **Ergebnis festzuhalten** oder eine **Konsequenz zu ziehen**?

- a) The result is …
- b) Furthermore, one can of course claim that …
- c) On the other hand, you should bear in mind that …
- d) Basically, this is correct. In this case, however, …
- e) Therefore I suggest that …
- f) Neither of them could convince me. I think that …
- g) This could be the solution.

Aufgabe 12 | Lösung S. 96

Du hältst ein **Schlussplädoyer**. Welche Wendungen stärken deinen Standpunkt? Welche zeigen Kompromissbereitschaft? Kreuze an, was jeweils zutrifft!

	Standpunkt	Kompromiss
1) Perhaps this is where a solution can be found:	○	○
2) Perhaps we could work out a compromise.	○	○
3) It's nonsense to think that …	○	○
4) There's no doubt that …	○	○
5) The common ground of the positions is obvious.	○	○
6) I strongly believe that …	○	○
7) … seems particularly convincing to me.	○	○
8) Unlike Peter, I am of the opinion that …	○	○

Reagieren in unterschiedlichen Situationen

Aufgabe 13 | Lösung S. 96

Wenn du **mehr Zeit oder Informationen** brauchst, um eine Frage zu beantworten, helfen dir die folgenden Wendungen. Allerdings sind die Wörter durcheinander geraten. Versuche, diese wieder in die richtige Reihenfolge zu bringen!

a) ______________________________?
What/by that/you/do/mean

b) ______________________________?
Could/in more detail/explain/you/that

c) ______________________________.
I'm/your question/what/is aiming at/not quite sure

d) ______________________________.
It all/the circumstances/depends on

e) ______________________________.
I'll/some/need/time/about that/to think

f) ______________________________.
That's/good/a/question/very

Aufgabe 14 | Lösung S. 96

Versuche, die passende Reaktion zu den beschriebenen Situationen zu finden!

1)		Ein Sprecher vergleicht Dinge, die überhaupt nicht verglichen werden können.	a) Let's get back to the core of the matter.
2)		Du bist der Ansicht, dass die Aussage eines Spreches vielleicht vor langer Zeit Gültigkeit hatte, heute aber sicher nicht mehr.	b) You cannot deduce a universal rule from this.
3)		Du kannst eine Frage nicht sofort beantworten.	c) That's a difficult question because …
4)		Ein Sprecher schweift vom Thema ab.	d) This is your personal opinion, not a fact.
5)		Ein Sprecher leitet eine allgemeine Regel aus einem Sonderfall ab.	e) You are comparing apples and oranges.
6)		Ein Sprecher geht von einer falschen Annahme aus.	f) That might have been the case at one point in time, but …
7)		Ein Sprecher gibt seine persönliche Meinung als Tatsache aus.	g) Even the assumption that …, is incorrect.

Referate halten
Diskutieren
Stichwortverzeichnis
Landeskunde
Literatur

Aufgabe 15 | Lösung S. 96

Häufig musst du **unfaire Tricks** der Gegenseite durchschauen. Welche der folgenden Fragen sind unfair, weil sie den Zuhörer zu manipulieren versuchen? Kreuze diese an!

- a) Can a civilised human being really claim that …?
- b) Isn't it naive to believe that …?
- c) Are there any questions concerning this definition?
- d) What is the opposition's view on this matter?
- e) Why do we have to talk about this subject at all?
- f) Isn't it heartless to presume that …?

Moderieren

Aufgabe 16 | Lösung S. 96

Als Moderator kann man Fragen verwenden, um eine **Diskussion voranzubringen**. Versuche, die Fragen den Übersetzungen zuzuordnen!

1)	Warum genau hältst du das für wichtig?	a)	How exactly can we realise this?
2)	Warum lehnst du dieses Argument ab?	b)	Do you have a suggestion how …?
3)	Könntest du deinen Standpunkt näher erklären?	c)	Could you explain your position?
4)	Wie könnten wir das konkret umsetzen?	d)	What would be the consequence?
5)	Was wäre hier die Konsequenz?	e)	Could you give another example for this argument?
6)	Hast du vielleicht eine Idee, wie …?	f)	Why do you disagree with this argument?
7)	Hättest du vielleicht noch ein Beispiel für dein Argument?	g)	Why exactly do you think that this is important?

Aufgabe 17 | Lösung S. 96

Als Moderator musst du oft **in die Diskussion eingreifen**. Welche Wendungen sind höflich und zurückhaltend formuliert? Welche sind eher unhöflich? Kreuze an, was jeweils zutrifft!

	höflich	unhöflich
1) I'd like to ask you to keep it short.	●	●
2) Come to a conclusion.	●	●
3) I'm afraid this is moving away from the topic at hand.	●	●
4) Be objective.	●	●
5) That's not the point.	●	●
6) Our time is limited, therefore we should also let the others get a word in.	●	●

Feedback geben

Aufgabe 18 | Lösung S. 96

Du möchtest den Sprechern ein **konstruktives Feedback** geben. Welche der Wendungen kannst du in den verschiedenen Situationen sagen?

1)	☐	Der Sprecher hat Fachkompetenz bewiesen.	a) I could follow your arguments easily.
2)	☐	Du konntest der Argumentationsweise eines Sprechers gut folgen.	b) I think it would be useful if you could support your arguments by examples and evidence.
3)	☐	Dir hat es gefallen, wie deutlich ein Sprecher seine Meinung vertreten hat.	c) You demonstrated a good knowledge of the subject.
4)	☐	Du möchtest etwas hervorheben, das dir besonders gefallen hat.	d) Please try to refer clearly to your theory.
5)	☐	Du glaubst, dass ein Sprecher seine Argumente nicht genügend gestützt hat.	e) Please respond to the opposition's side, too.
6)	☐	Du glaubst, dass ein Sprecher nur ungenügend auf die Gegenseite ein-gegangen ist.	f) Your position became very clear.
7)	☐	Du glaubst, dass ein Sprecher zu sehr vom Thema abgewichen ist.	g) I was particularly impressed by …

Referate halten

Aufgaben zum Inhalt

Aufgabe 1
a) 4, b) 1, c) 3, d) 2

Aufgabe 2
richtig: b), c), e); falsch: a), d), f)

Aufgabe 3
a), c), e), g), i), j), k)

Aufgabe 4
1) a, c; 2) e, g; 3) i, j, k

Aufgabe 5
a) 5, b) 1, c) 2, d) 3, e) 4
Brown, Peter: Shakespeare. The greatest playwright ever. PONS, Stuttgart: 2014. S.12ff.

Aufgaben zum Wortschatz

Aufgabe 1
a), c), e), f), g), i), j)

Aufgabe 2
a), c), d), e), f), h), i)

Aufgabe 3
1) d, 2) c, 3) b, 4) e, 5) a

Aufgabe 4
1) feel free, 2) be, 3) distribute, 4) take,
5) ask, 6) answer, 7) put

Aufgabe 5
1) g, 2) c, 3) a, 4) d, 5) f, 6) e, 7) b

Aufgabe 6
a), d), e), g)

Aufgabe 7
1) This is based on the assumption that …;
2) The following aspect is a central one:;
3) I would like to emphasise two aspects (in particular):;
4) A clear development can be seen …;
5) Important aspects are …;
6) What I'm saying is …

Aufgabe 8
1) f, 2) c, 3) a, 4) b, 5) d, 6) e

Aufgabe 9
1) My first argument is …;
2) The first aspect I want to present is …;
3) However, I should mention that …;
4) First I would like to show that …;
5) In addition, it is important to …;
6) Thirdly, we should consider …;
7) We should also not ignore the following:

Aufgabe 10
a), b), d), g), j)

Aufgabe 11
1) can draw, 2) different issues, 3) this leads, 4) mentioned, 5) quite different, 6) should also look

Aufgabe 12
1) c, 2) f, 3) a, 4) g, 5) i, 6) b 7) h, 8) d, 9) e

Aufgabe 13
a), c), d), g), h)

Aufgabe 14
1) e, 2) i, 3) c, 4) a, 5) d, 6) b, 7) h, 8) f, 9) g

Aufgabe 15
a), b), d), e), f), h)

Aufgabe 16
Zustimmung: 1), 3), 4), 7);
Widerspruch: 2), 5), 6), 8)

Aufgabe 17
1) b, 2) c, 3) a, 4) d, 5) e

Aufgabe 18
1) a + c, 2) b + c, 3) a + c

Aufgabe 19
1) g, 2) a, 3) f, 4) d, 5) b, 6) e, 7) c

Diskutieren

Aufgaben zum Inhalt

Aufgabe 1
a) 4, b) 5, c) 2, d) 3, e) 1

Aufgabe 2
c)

Aufgabe 3
1) Modern texts help students to understand current events and are therefore more worthy of study than classic literature.
2) It is easier for young student to relate to modern texts because the language is easier to understand.
3) Schools should concentrate on subjects that are relevant for the economy and for the students' later career. Reading classics, however, doesn't make students more successful in the job market.

Aufgabe 4
1), 3), 6), 8), 10)

Aufgabe 5
1) b, 2) c, 3) a

Aufgabe 6
1) a, c, 2) b, e, 3) d

Aufgaben zum Wortschatz

Aufgabe 1
1) c, 2) d, 3) h, 4) a, 5) e, 6) g, 7) i, 8) b, 9) f

Aufgabe 2
1) c, 2) a, 3) b, 4) c

Aufgabe 3
1) c, 2) a, 3) b, 4) e, 5) d

Aufgabe 4
a), b), e), g)

Aufgabe 5
c), d), f), g)

Aufgabe 6
a) 1, b) 5, c) 2, d) 3, e) 4

Aufgabe 7
1) c, 2) c, 3) d, 4) b, 5) c

Aufgabe 8
1) d, 2) a, 3) f, 4) b, 5) c, 6) e

Aufgabe 9
1) tripled, 2) to, 3) twice as high,
4) convey, 5) by, 6) of the opinion

Aufgabe 10
1) It is generally accepted …;
2) The majority's opinion is that …;
3) In today's society …;
4) Experience shows …;
5) I have often experienced that …;
6) Perhaps something similar has happened to you, too.

Aufgabe 11
a), e), f), g)

Aufgabe 12
Standpunkt: 3), 4), 6),
Kompromiss: 1), 2), 5)

Aufgabe 13
1) What do you mean by that?
2) Could you explain that in more detail?
3) I'm not quite sure what your question is aiming at.
4) It all depends on the circumstances.
5) I'll need some time to think about that.
6) That's a very good question.

Aufgabe 14
1) e, 2) f, 3) c, 4) a, 5) b, 6) g, 7) d

Aufgabe 15
a), b), f)

Aufgabe 16
1) g, 2) f, 3) c, 4) a, 5) d, 6) b, 7) e

Aufgabe 17
höflich: 1), 3), 6),
unhöflich: 2), 4), 5)

Aufgabe 18
1) c, 2) a, 3) f, 4) g, 5) b, 6) e, 7) d

Referate halten

Zuhörer begrüßen

Good morning everybody.
Dear classmates …
Dear fellow students …
Ladies and gentlemen …
Welcome to …
I'd like to welcome you to …
Nice to see you all this morning.
I'm glad you could all make it.
I'm glad to be able to welcome so many of you …

Sich vorstellen

Most of you already know me, I'm …
For those of you who don't know me, I am …
Let me briefly introduce myself.
My name is …
I am …
I'm in year 10.
I'm a student in my third semester.
I'm doing work experience.
Here with me today is …
I think you all know …
I would like to introduce …
May I introduce …
We have been working together on this topic for a long time.
We prepared this presentation together.
We'll be taking turns in giving this presentation.
We have divided the presentation as follows:

Technische Fragen klären

Is the light too bright?
Should I close the blinds?
Should I turn the lights down?
Can you see the presentation clearly in the back rows, as well?
Can you all read the transparency?
There's still room here at the front. Perhaps you'd like to move forward a little.
Can you all understand me?
Am I speaking loudly enough?
One moment, please. The equipment is acting up.
The CD player (video recorder, computer) isn't working.
Things aren't quite going to plan, unfortunately, but perhaps we can carry on with … for the time being.
I apologize for this brief interruption, we can carry on in a second.

Organisatorische Fragen klären

Please feel free to interrupt me if anything is unclear.
Just put your hand up if you've got a question.
You can ask questions at any time during the presentation.
Please ask questions as soon as they arise.
I will answer your questions at the end of my presentation.
There'll be plenty of time for discussion at the end of the presentation.
The whole presentation will take roughly twenty minutes
The presentation will take about one hour.
There is a handout which I will pass round in a moment.
I will distribute the handout after the presentation.
There will be a handout, so there's no need to take notes.

Ins Thema einsteigen

Today I want to talk about …
Today I will talk about …
Today's topic is:
Today I want to introduce you to an interesting (an important, a central) topic.
In this presentation I would like to introduce a subject to you which …
… at first might sound a bit boring (old-fashioned). However, I hope to change your minds during the course of my presentation.
I was particularly fascinated (provoked, moved , interested) by this topic because ….
I've been interested in … for a long time.
This subject has recently become very relevant.
Again and again the media reports …
It's common sense that …

How does this topic actually relate to us?
Why do we have to talk about this subject at all?
You've probably asked yourselves before …
How can it be that …
Every day we come across …
This is an example of …
The purpose of this presentation is to …
I want to show that …
We want to prove that …
My aim is to …
It is important to inform people about …
I'd like to get you interested in …
I would like to focus on an issue which has been given little attention up to now.
It is necessary to get rid of prejudice against …
I hope that you will have a different view of … by the end of this presentation.

Referatsaufbau vorstellen

I would like to briefly present the structure of my presentation.
I have divided this presentation into four different parts.
I will present the following aspects:
My focus is on …
I will focus on …
First I will talk about … then … after which … will follow.
At the end I will mention …
In conclusion, I will talk about …
And then there'll be time for questions (a discussion).
After the presentation there'll be enough time for discussion.

Inhalte präsentieren

We can see clearly that …
The following aspect is a central one:
This is based on the assumption that …
In this context, the following points are most essential:
A crucial aspect is …
I would like to emphasize two aspects in particular:
Important aspects are …
What I'm saying is …
It is obvious that …
An obvious tendency can be identified.
It would make sense to interpret the statements as follows:
In contrast to the general opinion, a different development can be seen.
Considering these facts, …
However, a clear development can be seen …

Argumente vorstellen

Let's first assume that …
Initially, let me put forward the following hypothesis:
I argue that …
I'm going to disprove the following theory in the course of my presentation:
Let's start by assuming that …
I want to prove that …
In the course of my presentation I want to support this statement with new arguments.
First we'll assume that …
Based on the facts presented earlier, I assume that …
The current research results give reason to believe …
Up to now it has always been assumed that …
I consider the current assumptions to be wrong because …
I would like to put forward the following theory:
I believe that the discoveries of the recent years point to … rather than to …

Referate strukturieren

My first argument is:
The first aspect I want to present is:
Secondly, …
Thirdly, we should consider …
First I would like to show that …
A further argument supporting this theory is …
However, I should also mention that …
We should also not ignore the following:
Furthermore, …
Besides, …
In addition, it is important to …
Additionally, we should mention that …
Incidentally, …
By the way, …
In passing, let me mention that …

Orientierungshilfen geben

I will now move on to …
Having said that, I want to go on with …
We've already considered the first three aspects.
These issues are important for the next point.
The next part is also related to this aspect.

Zwischenfazits ziehen und überleiten

Before I move on to …, I'd like to repeat the following:
At this point we can draw the conclusion …
This has the effect …
On the one hand … on the other hand …
However, …
Nevertheless, …
This is all I want to say about …
Regarding …, the case is similar (different) …
It can also be stated that …
On the other hand, it can be seen that …
This brings me to a different issue.
This leads me to my next point.
The following aspect is another important one:
At this point it is also interesting to see that …
In this context we should also look at …
In this context … shouldn't be left out.
It is often said that …
In this case, however, …
In general, this is right but …
It should also be mentioned that …
A similar situation is …
The situation is quite different in the case of …

Auf Vorangegangenes verweisen

This is paralleled by …
This brings to mind the previous issue which dealt with …
As I have already mentioned …
This point was already discussed at the beginning.
To return to … once more:
And this is where the facts mentioned earlier become significant again.
This seems to contradict my original theory.
You may be asking yourselves whether I didn't just say something completely different.
I can assure you that this doesn't contradict …
After carefully examining and weighing up the arguments, it is not possible to uphold the initial hypothesis.
This supports the initial theory.
This proves our theory.

Beispiele einbauen

This example shows that …
This example illustrates …
A good example for this is …
I would like to mention a few examples.
Let me illustrate this with a little example.
There was, for example, a case …
Perhaps this will become clearer in the following example:

Biographische Daten nennen

[Peter Brown] was born in …
[Peter Brown] died in …
I'll give you some basic biographical facts about …
I'll give you a short résumé of [Peter Brown].
In the same year …
This incident was especially important for …
His aim in life was to …

Historische Ereignisse darlegen

In …
The situation was the following:
In … the situation was particularly difficult (favourable).
Many factors had an effect on …
The reasons for this development were manifold.
In other countries … also …
Unlike today, in those times there was …
Comparing the historical situation with today's, it becomes clear that …

Zahlen und Fakten einbauen

A few figures will illustrate these results.
The number is …
The number (figure) is twice as high as …

This amount (figure) can be compared to …
This quantity is comparable with …
The figure (number, amount) has tripled in the last two years.
That's as many (much) as …
That's less (fewer) than …

Statistiken erläutern

Here you can see …
the pie chart/the bar chart/the line chart
These statistics support …
This diagram shows that …
a quarter/a half/a third/three quarters
23 % of the people in [London] are …
[Stratford] has a lower percentage of … than [London].
The percentage of … in … is higher than the national average.
I would like to show you some detailed statistics:
The chart shows a clear tendency …
I would like to draw your attention to this diagram in particular.
In 2004, there was a marked increase (sharp fall).
This graph shows us how consumption continues to grow (fall).
If we compare the diagrams for 1998 and 2008, we can see that …
The balanced ratio between the red and green bars suggests that …
The encouraging (worrying) thing here is …
These figures convey a clear message.

Quellen angeben

I've based my assumptions on the following authors:
I base this statement on …
One of the sources of my presentation is …
The statistics were compiled by …
Here I would like to point out [Peter Brown's] study.

Meinungen angeben und zitieren

[Peter Brown] is of the opinion that …
According to [Peter Brown], …
According to [Peter Brown], …
[Peter Brown] thinks …
[Peter Brown] assumes …
[Peter Brown] is of the opinion that …
[Peter Brown] is in favour of (against) …
[Peter Brown] states:
As the minister made known …
[Peter Brown] repeatedly points out that …
In his article (book, publication) *[The British]*,
[Peter Brown] has already pointed out …
In this context I would like to quote [Peter Brown]:
In this context [Peter Brown] said:
[Peter Brown] also repeatedly puts forward this theory in his publications.
An important issue is addressed in *Newsweek's* leading article of 14.02.2008.
[Peter Brown] first made this observation in 1996.
On page 26 of [Peter Brown's] book *[The British]* from 2003, we can find the following comment:
This is in complete contradiction to …
Contrary to what [Peter Brown] says in his article *[The British]*, …
With this, [Peter Brown's] theory can be considered refuted.
An unsubstantiated assertion that is frequently made in the media by [Peter Brown] is …

Allgemeine Auffassungen angeben

It is generally accepted (assumed) that …
There can be no doubt that …
Many people believe …
It is often said that …
Public opinion is against (in favour of) …
The majority (minority) is of the opinion that …
The atmosphere is heated (chilly, friendly).
There is a strong tendency to see it this way.
In scientific (informed, political) circles, it is assumed that …

Eigene Meinung formulieren

In my opinion …
I believe …
I suspect …
In my view …
I am of the opinion that …
We think that …
We are of the opinion that …
As far as I'm concerned …
In my view there is no doubt that …

I think it is very likely that …
Like [Peter Brown], I think that …
I can only support [Peter Brown's] opinion.
… seems particularly convincing to me.
I simply must agree with that.
I very much doubt whether …
Personally, I think this is worth discussing.
This argument doesn't convince me because …
Unlike [Peter Brown], I am of the opinion that …

Hauptpunkte zusammenfassen

Allow me to summarize the basic facts.
It is important here that …
To summarize, we can say that …
Finally, I would like to …
After weighing up the arguments carefully, …
I arrive at the following conclusion:
The conclusion I draw is:
I conclude that …
Allow me now to make an assessment:

Referat beenden

Thank you for your attention.
Thanks for listening.
I've now come to the end of my presentation.
I hope that was helpful.
I hope that I have given you food for thought (something to discuss).
I hope that my presentation sheds a different light on …
I hope that I have presented this topic from a new perspective.

Fragen anregen und darauf reagieren

Are there any questions?
Is everything clear?
I will be happy to answer any questions.
If you have any questions, you can interrupt me at any time.
Please don't hesitate to ask questions.
Answering this question in detail would go too far.
If you would like to know more about this topic, I can recommend the following titles:
That's a question I would like to put to the audience.
And now I would like to start the discussion.

Diskutieren

Thema definieren

I would like to briefly define my topic …
This means …
That is …
This is my definition of …
With this expression I mean …
This includes … as well as …
This does not mean … but …
This excludes …

Linearer Argumentationsaufbau

First of all, …
Firstly, …
To begin with …
There are two points here:
Firstly, … . Secondly, …
There are two problems here.
Moreover, …
In addition, …
Also, …
And if it is also correct that …
Then …
This leads to …
This is due to the fact that …
The reason for this is …
For this reason …
This can be explained by …
This is obvious because …
Finally, …
The result is …
As a result, …
The consequence is …

Dialektischer Argumentationsaufbau

It is often said that …
Furthermore, one can of course claim that …
One could argue that …
One could make an objection here that …
A good reason for this argument is …
A good reason against this argument is …
On the one hand, …
On the other hand, …
This is basically correct, but …
On the other hand, you should bear in mind that …

By contrast, it must be said that …
However, it is true that …
However, it should be made clear that …
However, this is contradicted by …

Sonderfallargumentation

Usually, this is understood as …
It is often argued that …
However, in this particular case …
However, this is a very specific situation.
Even if … is normally considered as …
Here, however, … applies.
Basically, this is correct. In this case, however, …
This would apply to most cases, but …
Because firstly, …
And secondly, …
An argument for this is …
An argument against this is …
Therefore I suggest that …
In this case it would be best to …

Zwei Positionen vergleichen

[Peter Brown] is of the opinion that …
[Peter Brown], on the other hand, thinks that …
[Peter Brown] bases his opinion on …
[Peter Brown] supports this by …
His reasons for this are …
I'm convinced by [Peter Brown's] position because …
I would go along with [Peter Brown's] view because …
I think this point of view is less convincing because …
Neither of them could convince me. I think that …
Both positions are not conclusive because …

Einen Konsens finden

Several points concerning this issue were mentioned.
It was argued that …
In contrast, it was said that …
Certainly, … is also a solid argument.
You should bear in mind that …
The following similarities are apparent:
Both concur in the following point:
This results in a common point of view:
From this we can conclude that …
This could be the solution.
The following consequences could be drawn:

Standpunkt deutlich machen

My assumption is that …
… is true because …
… is correct because …
That's correct.
That's not correct.
It's wrong to …
… is good because …
… is bad because …
I claim that …
I would like to show that …
I would like to prove that …
My aim is to prove that …
I would like to convince you of the fact that …
… is of particular importance.

Gründe für den Standpunkt nennen

I will explain my reasons now.
There are several reasons for my position.
The most important reason is …
I would like to mention several aspects.
My first argument …
This is to show you …
… is also particularly important.
You also have to consider …

Beispiele einbauen

This example shows that …
This example illustrates …
A good example for this is …
I would like to mention a few examples.
Let me briefly illustrate this with the following example:
There was, for example, a case …
Perhaps this will become clearer in the following example:
Here are a few figures.
As you can see, …

Zahlen und Fakten nennen

A few figures will illustrate these results.
The number is …
This number is twice as high as …
This figure can be compared to …
This quantity is comparable with …
This amount (number) has tripled in the last two years.
That's as many (much) as …
That's fewer (less) than …
The encouraging thing here is …
What should worry us is …

Bezug zur These nehmen

To quickly return to …
As I pointed out at the beginning, …
As I claimed at the beginning, …
And this is where the issues mentioned initially become significant again.
This seems to contradict my original theory. But …
This point is of particular importance for our theory.
This supports the initial theory.
This proves our theory.

Mit Fragen umgehen

I can answer that immediately.
Well, …
That's an interesting question because …
That's a difficult question because …
That's a very good question. The thing is …
What do you mean by that?
I don't fully understand your question.
Could you explain that in more detail?
It depends on what you mean.
I'm not quite sure what your question is aiming at.
So you would like to know …
So you are asking why …
It all depends on the circumstances.
I'll need some time to think about that.

Autoritäten zitieren

In this context [Peter Brown] said:
[Peter Brown], too, puts forward this theory repeatedly in his publications.
[Peter Brown] repeatedly points out that …
[Peter Brown] is of the opinion too that …
According to [Peter Brown], …
[Peter Brown] thinks …
[Peter Brown] is of the opinion that …
[Peter Brown] is in favour of (against) …
Even [Peter Brown] said …
Let me quote [Peter Brown]:
Who does not know the famous statement by …

Tatsachen nennen

These statistics support …
As you can see, …
The figures show that …
These figures convey a clear message.
The following facts prove my theory:
It is scientifically proven that …
Prominent scientists in this field agree on …

Sich auf Werte und Normen berufen

It is generally accepted …
There can be no doubt that …
For us it is important that …
In today's society …
Public opinion is against (in favour of) …
The majority's opinion is that …
There is a strong tendency to see it this way.
There are certain rules …
This is the foundation of our community.

Erfahrungen einbringen

Experience shows …
I would like to give you an account of my personal experience.
I have often experienced that …
Again and again I see that …
Perhaps something similar has happened to you, too.

Vergleiche ziehen

Let me compare this with the following situation:
Let me draw a comparison.

Let's compare that with …
Perhaps a comparison is helpful to illustrate this.
Here we have also seen that …
This case is similar to ours.

An Gefühle appellieren

Isn't it outrageous that …
If we want to prevent …, we have to …
Don't we have to act?
Don't you also think that …
You must be aware of …
Isn't it our duty to …?

An den Verstand appellieren

No sensible person can deny that …
Every sensible person knows …
If you consider this issue objectively, you can no longer insist on ….
Nobody can seriously doubt that …
Every sensible person will agree on this.
Only a few unconvinceable traditionalists still believe that …

Zusammenfassen

Allow me once again to summarize the essential facts.
My main argument was …
My aim was to …
It is important here that …
Shouldn't we …?
We have to …
After carefully weighing up the arguments, …
All this clearly shows that …
That's why I reject …
I arrive at the following conclusion:
The conclusion I draw is:
I conclude that …
I'd now like to move on to an assessment:

Eigene Meinung formulieren

In my opinion …
In my opinion …
I strongly believe that …
I am convinced that …
It's nonsense to think that …
It's wrong to …
It's ideal for …
There's no doubt that …

Lösung vorschlagen

Perhaps this is where a solution can be found:
The following compromise is conceivable:
If we consider both views, …
The common ground of the positions is obvious.
Both sides agree on …

Kompromiss erarbeiten

Perhaps we could work out a compromise.
Perhaps we could agree on a compromise.
I think it is possible to reach a compromise.
I guess that …
I suppose that …
I expect that …
It's quite possible that …
That's probably a good argument for …
I'm beginning to think it would be a good thing to …
I doubt whether …
I doubt that …
I don't think that …

Argumenten widersprechen

That's not correct.
I disagree entirely.
What makes you say that?
I'm afraid I can't agree.
On the contrary, …
Rubbish!
This argument doesn't convince me because …

Einwände erheben

Oh, come on!
Do you really think so?
Come off it!
That's not the point.
That's highly debatable.
That's highly unlikely.

Zweifel anbringen

Well, I'm not quite sure …
Personally, I think this is worth discussing.
I'm not sure about that.
I don't think that is right.
I'm not sure that it works like that.
I very much doubt whether …
I wonder whether that's the case.
Not necessarily.
That doesn't necessarily follow.
That isn't strictly true.

Argumente einschränken

But who can say …
But why …
But surely, if …
Yes, but …
Remember that …
Yes, but isn't that …?
That may be so, but …
That may be partially true, but …
That might have been the case at one point in time, but …
You may be right about …, but …
Even so, …
Isn't it rather the case that …?
Don't you think that …?

Unfairen Tricks begegnen

Let's stick to facts.
If we consider this objectively, …
Personal criticism won't help us here.
You are comparing apples and oranges.
This individual case cannot be transferred quite so simply.
You cannot deduce a universal rule from this.
By saying …, you are completely ignoring that …
You can't just generalize this.
Even the assumption that …, is incorrect.
You cannot assume that …
Your conclusion is not quite correct.
This is your personal opinion, not a fact.
This cannot impress me.
Fact is that …
The opposition is trying to make us believe that …
The speaker's emotional point of view is preventing us from looking at the facts carefully.
Let's get back to the core of the matter.
Let's stick to our theory.

Als Moderator begrüßen

Good morning everybody.
Dear classmates …
Dear fellow students …
Ladies and gentlemen …
Welcome to …
I'd like to welcome you to …
Nice to see you all this morning.
I'm glad you could all make it.
I'm glad to be able to welcome so many of you …

Sich und das Thema vorstellen

My name is …
I am …
Let me briefly introduce myself:
Our topic is …
Today we'll discuss …
Welcome to today's interesting discussion about …
The topic of today's discussion is:
Our topic today is a very current one.
Today I'd like to discuss an important and interesting topic with you.
This subject has recently become very relevant.
Again and again the media reports …
How does this topic actually relate to us?
Why do we have to talk about this subject at all?
You've probably asked yourselves before …
How can it be that …
Every day we come across …
We've got about 30 minutes for the discussion.
The discussion as a whole should take roughly twenty minutes.

Diskussionsteilnehmer vorstellen

Let me introduce the participants of the discussion:
The participants of today's discussion are …
The opposition is represented by …
I welcome … representing the pros (the cons).
The participants are experts on this matter.

Auf Regelverstöße hinweisen

Please keep it short.
I'd like to ask you to keep it short.
Can you come to a conclusion now, please?
Let's hear what the others have to say to this.
It would also be interesting to hear the others' opinion.
Our time is limited, therefore we should also let the others get a word in.
I'd like to ask you to stick to the facts.
Please remain objective.
Please be objective.
Let's please not get personal.
As you indicated earlier, this aspect is also closely linked to …
Please comment on this statement.
Let's stick to the topic.
This is moving away from the topic at hand.

Vorfragen stellen

Has this position become clear?
Is there anything we need to clarify?
Is this term clear?
Has this term become clear?
Are there any questions concerning this definition?
Which of the arguments need to be explained in more detail?
What is the opposition's view on this matter?
Is there any need to explain the sources in more detail?
Are there any contradictions?

Offene Fragen stellen

What's your opinion on this matter?
What's your point of view?
What do you think about this?
Does anyone else have anything to say on this?
Now's your chance to comment on one of the mentioned aspects.
Are there any more comments?
How do you view the situation?

Gezielte Fragen stellen

What's the main statement in your opinion?
What's your theory?
What are the most convincing arguments for that claim?
Which aspects do you consider the most important?
Which of these arguments convinced you and why?
Which do you consider the most convincing argument and why?
Which of the options do you consider feasible?
For what reasons?
What do you think would be a good alternative?
What would you do if …?
How would you decide if …?

Entscheidungsfragen stellen

Which speaker do you consider more convincing: A or B?
Are you for A or B?
Do you believe that A or B applies?
What do you think is more convincing?

Mit Scheinfragen manipulieren

Don't we have to assume that …?
Isn't it obvious that …?
Can we seriously think that …?
Can a civilized human being really claim that …?
Isn't it heartless to presume that …?
Isn't it naive to believe that …?

Gegenfragen stellen

I would like to pass this question on to everyone.
Does everyone here think that …?
I would like to pass this question on to the opposition.
If we continue down this line of thought, where would that take us?
What do you mean by that?
What exactly do you mean when you say …?
Could you repeat that, please?
I'm not quite sure what you're getting at.
Could you possibly specify that further?
I'm not sure if I get that. Do you mean …?

Diskussionen versachlichen

If we consider only the facts, we can see …
Please remain objective in this matter.

Please remain objective.
Personal criticism isn't going to help us here.
That's not quite fair.
Could I ask you to not get personal but rather stick to the facts?
I understand that you aim to clarify your position, but please do so by sticking to the facts instead of criticizing individuals.
That doesn't have anything to do with our topic.
That is not even remotely related to our topic.

Vermittelnd eingreifen

These two positions are not as incompatible as they seem.
One similarity is …
I see a similarity here.
We agree on this point.
If we try to take both aspects into account, …
Let's move away from this matter and consider …
There's one aspect we haven't mentioned yet …

Diskussionen beleben

Why exactly do you think that this is important?
Why do you disagree with this argument?
Why don't you agree?
Could you explain your position?
How exactly can we realize this?
Which consequences would we have to face then?
What would be the consequence?
Do you have a suggestion how …?
Could you give another example for this argument?

Positives Feedback formulieren

I quite liked how …
Your reaction to … was good.
What I liked best, was …
I was particularly impressed by …
I liked the fact that …
… convinced me.
You expressed yourself very clearly.
You demonstrated a good knowledge of the subject.
Your arguments were conclusive.
I could follow your arguments easily.
Your examples and evidence were well chosen.
Your position became very clear.
You gave us useful input.
Your questions revealed that you have a sound knowledge of the topic.
Your questions were very precise.
It was good of you to intervene at that point.
You stayed on top of things throughout.
You made sure that the rules were observed.
You managed to summarize the important issues.

Negatives Feedback formulieren

I think you could work on …
I think it would be better if you …
I didn't like that …
At this point you …
At this point I couldn't follow …
I didn't find … very convincing.
It would be more convincing if …
I think it would be useful if you could support your arguments by examples and evidence.
I would have appreciated more examples.
Please avoid getting personal in future.
Please try to refer clearly to your theory.
Please respond to the opposition's side, too.
I would appreciate it if you reacted to the opposition's arguments, too.
Please observe the time limit.
Please speak more clearly and slow down.
You didn't speak loudly enough.
At that point you should have intervened.
I felt that the introduction to the topic was too short.
Sometimes I wasn't sure what your questions aimed at.
Maybe you could have made the opposition explain their point of view in more detail by asking more precise questions.
At that point I would have liked a helpful summary.
In my opinion you held yourself back too much.
You talked a lot. The participants hardly got a word in edgeways.
I had the feeling you weren't quite neutral.

Oberstufenwortschatz Landeskunde Englisch

Wortschatz Landeskunde

Politics

Government

government *n (BE)* ['gʌvᵊnmənt]	Regierung

Im amerikanischen Englisch benutzt man für *Regierung* das Wort **administration** [əd,mɪnɪ'streɪʃᵊn].

governor *n* ['gʌvᵊnəʳ]	Gouverneur(in)
form *v* [fɔːm]	formen, bilden
form a government	eine Regierung bilden
system *n* ['sɪstəm]	System
system of government	Regierungssystem
federal *adj* ['fedᵊrᵊl]	Bundes-, föderal
federal government	Bundesregierung
republic *n* [rɪ'pʌblɪk]	Republik
Federal Republic of Germany	Bundesrepublik Deutschland
royal *adj* ['rɔɪəl]	königlich
the Royals	*die Mitglieder der engl. Königsfamilie (ugs)*
kingdom *n* ['kɪŋdəm]	Königreich
monarch *n* ['mɒnək]	Monarch(in)
monarchy *n* ['mɒnəki]	Monarchie
crown *n* [kraʊn]	Krone
the Crown	die Krone, das Königshaus
imperial *adj* [ɪm'pɪəriəl]	kaiserlich, Kaiser-
emperor *n* ['empᵊrəʳ]	Kaiser(in), Herrscher(in)
empire *n* ['empaɪəʳ]	Kaiserreich, Weltreich
the British Empire	das Britische Weltreich
colony *n* ['kɒləni]	Kolonie
independence *n* [,ɪndɪ'pendən(t)s]	Unabhängigkeit
independent *adj* [,ɪndɪ'pendənt]	unabhängig
leader *n* ['liːdəʳ]	Leiter(in), Führer(in)
party leader	Parteichef(in)
president *n* ['prezɪdᵊnt]	Präsident(in)
the US President; Vice President	der Präsident der Vereinigten Staaten von Amerika; Vizepräsident
democracy *n* [dɪ'mɒkrəsi]	Demokratie
state *n* [steɪt]	Staat
type of state; head of state; the State of Montana	Staatsform; Staatsoberhaupt; der (US-Bundes-)Staat Montana
nation *n* ['neɪʃᵊn]	Nation
parliament *n* ['pɑːləmənt]	Parlament
represent *v* [,reprɪ'zent]	vertreten, repräsentieren
representation *n* [,reprɪzen'teɪʃᵊn]	Vertretung *(z.B. im Parlament)*, Mitspracherecht
representative *n* [,reprɪ'zentətɪv]	Abgeordnete(r), Repräsentant(in)
House of Representatives *n (AE)* [,haʊs əv reprɪ'zentətɪvz]	Repräsentantenhaus, Unterhaus des US-Kongresses
Senate *n (AE)* ['senɪt]	Senat, Oberhaus des US-Kongresses
senator *n* ['senətəʳ]	Senator(in)
Congress *n* ['kɒŋgres]	der amerikanische Kongress
Congressman/-woman	*Mitglied des amerikanischen Kongresses*
House of Commons *n (BE)* [,haʊs əv 'kɒmənz]	*Unterhaus des britischen Parlaments*
House of Lords *n (BE)* [,haʊs əv 'lɔːdz]	*Oberhaus des britischen Parlaments*
minister *n* ['mɪnɪstəʳ]	Minister(in)
prime minister	Premierminister(in)

secretary *n* ['sekrətᵊri]	Sekretär(in), Minister(in)
permanent secretary *(BE)*, undersecretary *(AE)*	Staatssekretär(in)
office *n* ['ɒfɪs]	Amt
be in office; the office of …	im Amt sein, amtieren; das Amt von/des …
appoint *v* [ə'pɔɪnt]	ernennen
appointed by the Crown	von der Krone ernannt
appointment *n* [ə'pɔɪntmənt]	Ernennung, Berufung
by appointment; an appointment as/to sth	mit Voranmeldung, nach Vereinbarung; eine Berufung auf/in etw
impeach *v* [ɪm'piːtʃ]	anklagen *(zum Zweck der Amtsenthebung)*
civil servant, public servant *(AE) n* ['sɪvl 'sɜːvᵊnt]	Staatsbeamter/-beamtin
opponent *n* [ə'pəʊnənt]	Gegner(in)
veto *v; n* ['viːtəʊ]	Veto einlegen; Veto

The British Government

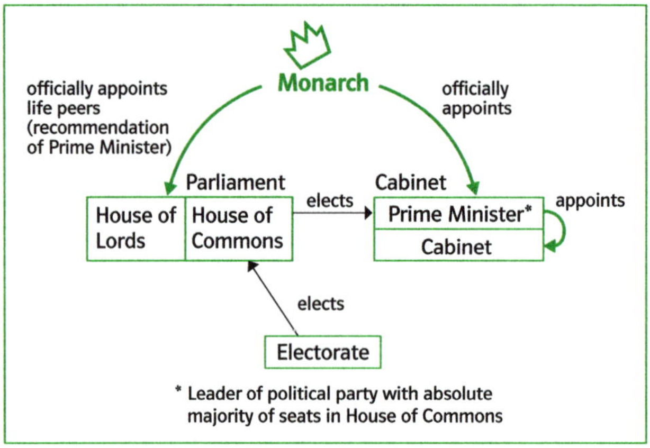

Elections and political parties

election *n* [ɪ'lekʃən]	Wahl
hold elections	Wahlen abhalten
elect *v* [ɪ'lekt]	in ein Amt wählen
campaign *n* [kæm'peɪn]	Kampagne, Aktion
election campaign	Wahlkampf/-kampagne
vote (for) *v* ['vəʊt fɔːʳ]	wählen, die Stimme abgeben (für jdn/etw)
vote *n* [vəʊt]	(Wähler-)Stimme
take a vote (on sth)	abstimmen (über etw)
voter *n* ['vəʊtəʳ]	Wähler(in), Wahlberechtigte(r)
poll *n* [pəʊl]	Wahl, Abstimmung; (Meinungs-)Umfrage
go to the polls; a public opinion poll	zur Wahl gehen; eine Umfrage zur öffentlichen Meinung
public *n; adj* ['pʌblɪk]	Öffentlichkeit; öffentlich
public opinion; public service	die öffentliche Meinung; öffentlicher Dienst
citizen *n* ['sɪtɪzᵊn]	Bürger(in), Staatsangehörige(r)
an American citizen	ein(e) amerikanische(r) (Staats-)Bürger(in)
constituency *n* [kən'stɪtjuən(t)si]	Wahlkreis
candidate *n* ['kændɪdət]	Kandidat(in)
presidential candidate	Präsidentschaftskandidat(in)
delegate *n* ['delɪgeɪt]	Delegierte(r)
political *adj* [pə'lɪtɪkᵊl]	politisch
politician *n* [ˌpɒlɪ'tɪʃᵊn]	Politiker(in)
party *n* ['pɑːti]	Partei
conservative *adj; n* [kən'sɜːvətɪv]	konservativ; Konservative(r)

liberal *adj; n* ['lɪbərəl]	liberal; Liberale(r)
the Liberal Democrats	die Liberaldemokraten *(von Großbritannien)*
republican *adj; n* [rɪ'pʌblɪkən]	republikanisch; Republikaner(in)
the Republican Party *(AE)*; the Republicans *(pl AE)*	*die Republikanische Partei (in den USA); die Republikaner (Mitglieder der Republikanischen Partei der USA)*
democratic *adj* [ˌdemə'krætɪk]	demokratisch
democrat *n* ['deməkræt]	Demokrat(in)
support *n; v* [sə'pɔːt]	Unterstützung; (unter)stützen
support sb in sth	jdn bei etw unterstützen
supporter *n* [sə'pɔːtəʳ]	Anhänger(in), Befürworter(in)
strong/firm supporter	starke(r) Befürworter(in)
opposition *n* [ɒpə'zɪʃᵊn]	Opposition
majority *n* [mə'dʒɒrəti]	Mehrheit
minority *n* [maɪ'nɒrəti]	Minderheit
power *n* ['paʊəʳ]	Macht
come to power; be in power	an die Macht kommen; an der Macht sein
defeat *n* [dɪ'fiːt]	Niederlage
capitalism *n* ['kæpɪtᵊlɪzᵊm]	Kapitalismus
communism *n* ['kɒmjənɪzᵊm]	Kommunismus
racism *n* ['reɪsɪzᵊm]	Rassismus
fascism *n* ['fæʃɪzᵊm]	Faschismus
socialism *n* ['səʊʃᵊlɪzᵊm]	Sozialismus

Constitution

constitution *n* [ˌkɒn(t)stɪ'tjuːʃᵊn]	Verfassung
constitutional *adj* [ˌkɒn(t)stɪ'tjuːʃᵊnᵊl]	verfassungsmäßig
constitutional monarchy; constitutional law	konstitutionelle Monarchie; Staatsrecht
unconstitutional *adj* [ʌnˌkɒn(t)stɪ'tjuːʃᵊnᵊl]	verfassungswidrig
civil *adj* ['sɪvᵊl]	öffentlich, staatlich
civil rights *(pl)*	Bürgerrechte, bürgerliche Rechte
amendment *n (AE)* [ə'men(d)mənt]	Zusatz, Änderung (*insbesondere der amerikanischen Verfassung)*
declaration *n* [ˌdeklə'reɪʃᵊn]	Erklärung
bill *n* [bɪl]	Gesetz(esentwurf)
the Bill of Rights; pass a bill	Bill of Rights *(amerikanischer Verfassungszusatz über die Grundrechte); eine Gesetzesvorlage verabschieden*
allow *v* [ə'laʊ]	erlauben, zulassen
permit *v* [pə'mɪt]	gestatten, erlauben
abolish *v* [ə'bɒlɪʃ]	abschaffen, aufheben
ban *n; v* [bæn]	Verbot; verbieten
a ban on sth/smoking	ein Verbot von etw/Rauchverbot
judicature *n* ['dʒuːdɪkətʃəʳ]	Rechtspflege, Rechtsprechung, (die) Richter
justice *n* ['dʒʌstɪs]	Gerechtigkeit, Recht
do justice to sb	gerecht sein gegenüber jdm
legislation *n* [ˌledʒɪ'sleɪʃᵊn]	Gesetzgebung, Gesetze
legislature *n* ['ledʒɪslətʃəʳ]	(der) Gesetzgeber, die Legislative
right *n* [raɪt]	Recht
by rights	rechtmäßig, von Rechts wegen
unalienable *adj* [ʌn'eɪliənəbl]	unveräußerlich
unalienable rights	unveräußerliche Rechte *(Bestandteil der amerikanischen Unabhängigkeitserklärung)*
law *n* [lɔː]	Gesetz
federal or state law *(AE)*; tax law	Bundes- oder Landesgesetz; Steuergesetz
pass *v* **a law** [pɑːs ə lɔː]	ein Gesetz verabschieden

force *n* [fɔːs]	Macht
come into/be in force	rechtskräftig werden/sein
enforcement *n* [ɪnˈfɔːsmənt]	Durchsetzung, Vollstreckung
law enforcement	Gesetzesvollzug
entitle *v* [ɪnˈtaɪtl]	berechtigen
executive *n; adj* [ˌɪgˈzekjʊtɪv]	vollziehende Gewalt, Exekutive; ausführend

A System of Checks and Balances

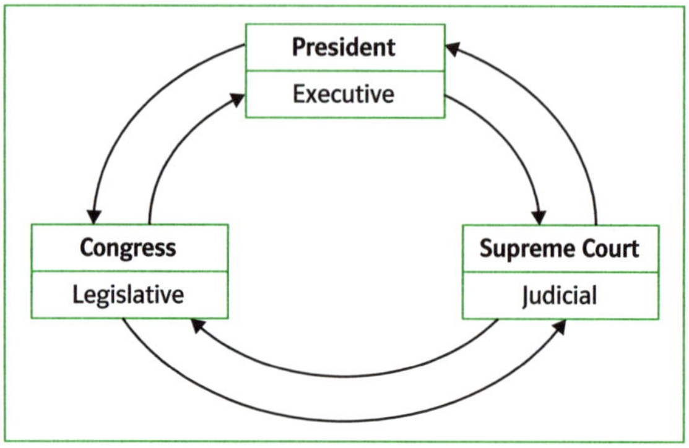

equality *n* [ɪˈkwɒləti]	Gleichheit
freedom *n* [ˈfriːdəm]	Freiheit
freedom of assembly; freedom of the press	Versammlungsfreiheit; Pressefreiheit
liberty *n* [ˈlɪbəti]	Freiheit
civil liberties *(pl)*; liberty of speech	bürgerliche (Ehren-)Rechte; Redefreiheit
separation *n* [ˌsepᵊrˈeɪʃᵊn]	Teilung, Trennung
separation of powers	Gewaltenteilung
oath *n* [əʊθ]	Eid
oath of office; swear/take/make an oath	Amtseid; einen Eid schwören/ablegen

Social justice

(the) **rich** *adj; n pl* [rɪtʃ]	reich; die Reichen
the rich pay more taxes	die Reichen zahlen mehr Steuern
(the) **poor** *adj; n pl* [poːʳ]	arm; die Armen
care for the poor	für die Armen sorgen
middle class *n* [ˈmɪdl ˌklɑːs]	Mittelstand, Mittelschicht
upper/lower middle class	obere/untere Mittelschicht *(der Gesellschaft)*
income *n* [ˈɪnkʌm]	Einkommen
income tax; income support *(BE)*, welfare (support) *(AE)*	Einkommenssteuer; Sozialhilfe
revenue *n* [ˈrevᵊnjuː]	Einkünfte
state revenue; Inland Revenue *(BE)*, IRS *abbrev of* Internal Revenue Service *(AE)*	Staatseinkünfte, öffentliche Einnahmen; Finanzamt
tax *n* [tæks]	Steuer
collect taxes; property tax	Steuern eintreiben; Vermögenssteuer
tax-free *adj* [ˈtæks friː]	steuerfrei
exempt *adj* [ɪgˈzempt]	befreit, ausgenommen
exempt from tax/taxation	steuerfrei, von den Steuern befreit
taxation *n* [tækˈseɪʃᵊn]	Besteuerung
taxpayer *n* [ˈtækspeɪəʳ]	Steuerzahler
taxable *adj* [ˈtæksəbl]	steuerpflichtig
tax refund, tax rebate *n* [ˈtæks ˌriːfʌnd, ˈtæks ˌriːbeɪt]	Steuerrückerstattung
tax collector *n* [ˈtæks kəˈlektəʳ]	Steuerbeamter/-beamtin
category *n* [ˈkætəgᵊri]	Kategorie, Klasse
tax category	Steuerklasse

declaration *n* [ˌdekləˈreɪʃᵊn]	Erklärung
tax declaration *(BE)*, tax return *(AE)*	Steuererklärung
prepare *v* [prɪˈpeəʳ]	*(die Steuererklärung)* vorbereiten, machen
tax preparer	Person, die bei der Steuererklärung hilft; Steuerberater
be required to, was/were, been *v* [biː rɪˈkwaɪərd tu, wɒz/wɜːr, biːn]	verpflichtet sein, etw zu tun
citizens are required to pay taxes	(alle) Bürger müssen Steuern bezahlen
increase *n* [ɪnˈkriːs]	Zunahme, Erhöhung, Steigerung
tax increase	Steuererhöhung
evasion *n* [ɪˈveɪʒᵊn]	Hinterziehung; Umgehung, Vermeidung
tax evasion	Steuerhinterziehung
living *n* [ˈlɪvɪŋ]	Lebensunterhalt
earn/make a living	sich seinen Lebensunterhalt verdienen
standard of living *n idiom* [ˌstændəd əv ˈlɪvɪŋ]	Lebensstandard
necessity *n* [nəˈsesəti]	Notwendigkeit
the bare necessities of life	die lebensnotwendigen Dinge
benefit *n* [ˈbenɪfɪt]	Unterstützung, Beihilfe; Nutzen
for public benefit; sickness/unemployment benefit	im öffentlichen Interesse; Kranken-/Arbeitslosengeld
security *n* [sɪˈkjʊərəti]	Sicherheit
(be on) social security *(BE)*	Sozialhilfe (bekommen)
social *adj* [ˈsəʊʃᵊl]	sozial, gesellschaftlich
receive social security *(AE)*	Rentenversicherung bekommen
welfare *n* [ˈwelfeəʳ]	Wohlergehen
welfare state; social welfare	Wohlfahrtsstaat, Sozialstaat; soziales Wohl
pension *n* [ˈpen(t)ʃᵊn]	Pension, Rente
company pension; be entitled to a pension	betriebliche Altersversorgung; Anspruch auf eine Pension haben
retirement *n* [rɪˈtaɪəmənt]	Pensionierung
retirement money; retirement age	Altersrente; Rentenalter

War and peace

war *n* [wɔːʳ]	Krieg
declare war; make/wage war on drugs/terror	den Krieg erklären; Krieg führen gegen Drogen/den Terrorismus
warfare *n* [ˈwɔːfeəʳ]	Kriegsführung
nuclear/modern warfare	nukleare/moderne Kriegsführung
peace *n* [piːs]	Friede, Frieden, Ruhe
peaceable *adj* [ˈpiːsəbl]	friedlich, friedliebend
country *n* [ˈkʌntri]	Land
home *adj* [ˈhəʊm]	einheimisch, inländisch, Heimat-
home country	Heimatland
border *n* [ˈbɔːdəʳ]	(Staats-)Grenze
closed/open border	offene/geschlossene Grenze
territory *n* [ˈterɪtᵊri]	(Staats-/Hoheits-)Gebiet, Territorium
foreign *adj* [ˈfɒrɪn]	fremd, Fremd-; ausländisch, auswärtig
foreign minister; foreign politics; foreign aid	Außenminister(in); Außenpolitik; Entwicklungshilfe
mighty *adj* [ˈmaɪti]	mächtig
power *n* [ˈpaʊəʳ]	(Groß-)Macht
come to power; superpower	an die Macht kommen; Supermacht
neutral *adj* [ˈnjuːtrᵊl]	neutral
neutral country; politically neutral	neutrales Land; politisch neutral
issue *n* [ˈɪʃuː]	(Streit-)Frage, Problem, Angelegenheit
diplomat *n* [ˈdɪpləmæt]	Diplomat(in)
diplomatic *adj* [ˌdɪpləˈmætɪk]	diplomatisch
diplomatic relations	diplomatische Beziehungen

ambassador, **ambassadress** *n* [æm'bæsədər, æm'bæsədres]	Botschafter, Botschafterin
conflict *n* ['kɒnflɪkt]	Konflikt
negotiate *v* [nɪ'gəʊʃieɪt]	verhandeln
negotiation *n* [nɪˌgəʊʃi'eɪʃᵊn]	Verhandlung
negotiations are under way	Verhandlungen sind im Gange
patriotic *adj* [ˌpætrɪ'ɒtik]	patriotisch
flag *n* [flæg]	Flagge, Fahne
national flag	Nationalflagge
enemy *n* ['enəmi]	Feind(in)
prisoner *n* ['prɪzᵊnəʳ]	Gefangene(r)
POW *abbrev of* prisoner of war	Kriegsgefangene(r)
army *n* ['ɑːmi]	Armee
join the army; be in the army	zum Militär gehen; beim Militär sein
conscription *n* [kən'skrɪpʃᵊn]	Wehrpflicht
military *adj* ['mɪlɪtri]	militärisch
soldier *n* ['səʊldʒəʳ]	Soldat(in)
officer *n* ['ɒfɪsəʳ]	Offizier(in)
lieutenant *n* [lef'tenənt, luː'tenənt *(AE)*]	Leutnant; Ober-/Kapitänleutnant
command *v* [kə'mɑːnd]	kommandieren, befehlen, führen
troops *n pl* ['truːps]	Soldaten, Truppen
navy *n* ['neɪvi]	Marine
air force *n* ['eəʳ ˌfɔːs]	Luftwaffe
battle *n* ['bætl]	Kampf, Schlacht
ceasefire *n* ['siːsˌfaɪəʳ]	Waffenruhe
rebellion *n* [rɪ'beliən]	Rebellion, Aufstand
rebel, rebelled, rebelled *v; adj; n* ['rebəl, 'rebəld]	rebellieren, sich auflehnen; rebellisch, aufständisch; Rebell(in)
rebel against sb/sth	gegen jdn/etw rebellieren
revolt *n* [rɪ'vəʊlt]	Revolte, Aufstand
civil war *n* [ˌsɪvᵊl 'wɔːʳ]	Bürgerkrieg
conquest *n* ['kɒŋkwest]	Eroberung
conquer *v* ['kɒŋkəʳ]	erobern
invasion *n* [ɪn'veɪʒᵊn]	Invasion, Einmarsch
invade (in) *v* [ɪn'veɪd ɪn]	besetzen, einmarschieren in
occupation *n* [ˌɒkjə'peɪʃᵊn]	Besetzung
occupy, occupied, occupied *v* ['ɒkjəpaɪ, 'ɒkjəpaɪd]	besetzen
kill *v* [kɪl]	töten
killed in action	*(im Dienst)* gefallen
wound sb *v* [wuːnd]	jdn verwunden
fire *v* ['faɪəʳ]	schießen
attack *v* [ə'tæk]	angreifen
resist *v* [rɪ'zɪst]	Widerstand leisten
surrender *v* [sər'endəʳ]	kapitulieren
secede *v* [sɪ'siːd]	sich abspalten
free *v* [friː]	befreien
force *v* [fɔːs]	zwingen
plunder *v* ['plʌndəʳ]	(aus)plündern
rub sb **out** *v* [rʌb 'aʊt]	auslöschen, massakrieren
annihilate *v* [ə'naɪəleɪt]	vernichten, auslöschen
violence *n* ['vaɪəlᵊn(t)s]	Gewalt
casualty *n* ['kæʒjuəlti]	(Kriegs-)Opfer
armaments *n pl* ['ɑːməmənts]	Waffen

weapon *n* ['wepən]	Waffe
nuclear weapon	Atomwaffe
machine gun *n* [mə'ʃi:n gʌn]	Maschinengewehr
bomb *n* [bɒm]	Bombe
missile *n* ['mɪsaɪl]	Rakete
nuclear *adj* ['nju:kliəʳ]	nuklear
nuclear deterrence; nuclear war	nukleare Abschreckung; Atomkrieg
disarmament *n* [dɪs'ɑ:məmənt]	Abrüstung

Terrorism

terrorism *n* ['terᵊrɪzᵊm]	Terrorismus
threat *n* [θret]	Drohung, Bedrohung
bomb threat	Bombendrohung
attack *n* [ə'tæk]	Angriff
terrorist attack	Terroranschlag
Ground Zero *n* [ˌgraʊnd 'zɪərəʊ]	Ground Zero *(Ort der Terroranschläge in New York vom 11. September 2001)*
Ground Zero Memorial	*Gedächtnisstätte am Ground Zero*
anti- *adj* ['ænti]	Anti-, Gegen-
anti-terrorist measures	Anti-Terror-Maßnahmen
suicide bombing *n* ['su:ɪsaɪd ˌbɒmɪŋ]	Selbstmordattentat
terror cell *n* ['terəʳ ˌsel]	Terrorzelle
assassin *n* [ə'sæsɪn]	Attentäter(in)
massacre *n* ['mæsəkəʳ]	Massaker
slaughter *v* ['slɔ:təʳ]	(ab)schlachten
execute *v* ['eksɪkju:t]	hinrichten
execution *n* [ˌeksɪ'kju:ʃᵊn]	Hinrichtung
savagery *n* ['sævɪdʒᵊri]	Brutalität
kidnap *v* ['kɪdnæp]	entführen
hijack sth *v* ['haɪdʒæk]	etw entführen
hostage *n* ['hɒstɪdʒ]	Geisel
hostage crisis	Geiseldrama
victim *n* ['vɪktɪm]	Opfer
identity card *n* [aɪ'dentɪti ˌkɑ:d]	(Personal-)Ausweis
security *n* [sɪ'kjʊərəti]	Sicherheit
Department of Homeland Security *(AE)*	US-Ministerium für Heimatschutz *(eingerichtet nach den Terroranschlägen des 11.09.2001)*
surveillance *n* [sɜ:'veɪləns]	Überwachung

The European Union

European *adj; n* [ˌjʊərə'piən]	europäisch, Europa-; Europäer(in)
the European Union/Parliament	die Europäische Union/das Europaparlament
union *n* ['ju:njən]	Vereinigung
economic and monetary union	Wirtschafts- und Währungsunion
official *adj* [ə'fɪʃᵊl]	offiziell, amtlich
official language	Amtssprache, Staatssprache
European Free Trade Association *n* [jʊərə'piən fri: treɪd əsəʊsɪ'eɪʃᵊn]	Europäische Freihandelszone
Common Agricultural Policy *n* ['kɑmən ægrɪ'kʌltʃərəl 'pɒləsɪ]	Gemeinsame Agrarpolitik
European Monetary Union *n* [jʊərə'piən 'mʌnɪtrɪ 'ju:njən]	Europäische Währungsunion
Council of the European Union *n* ['kaʊnsəl əv ðə jʊərə'piən 'ju:njən]	Rat der Europäischen Union

European Court of Justice *n* [jʊərə'piən kɔːt əv ʤʌstɪs]	Europäischer Gerichtshof
organization *n* [ˌɔːgᵊnaɪ'zeiʃᵊn]	Organisation
the United Nations Organization (UN)	die Vereinten Nationen (UN, UNO)
common policy *n* ['kɑmən 'pɒləsɪ]	gemeinsame Politik
Member State *n* ['membəʳ steɪt]	Mitgliedsstaat
enlarge *v* [ɪn'lɑːʤ]	erweitern
Member of the European Parliament *n* ['membə əv ðə jʊərə'piən 'pɑːləmənt]	Mitglied des Europäischen Parlaments
commissioner *n* [kə'mɪʃᵊnəʳ]	Kommissar *(EU)*
agreement *n* [ə'griːmənt]	Vereinbarung; Zustimmung
trade agreement; an agreement on sth	Handelsabkommen; ein Abkommen über etw
affair *n* [ə'feəʳ]	Angelegenheit, Sache
foreign affairs; home affairs *(BE)*	auswärtige Angelegenheiten, Außenpolitik; innere Angelegenheiten, Innenpolitik
summit *n; adj* ['sʌmɪt]	Gipfel(treffen); Gipfel-
summit conference	Gipfelkonferenz
talk over *v* ['tɔːk ˌəʊvəʳ]	bereden, besprechen
conference *n* ['kɒnfᵊrᵊn(t)s]	Konferenz
treaty *n* ['triːti]	Vertrag, Abkommen
sign a treaty; international treaty	einen Vertrag unterzeichnen; Staatsvertrag
border control *n* ['bɔːdə kən'trəʊl]	Grenzkontrolle
sanction *n* ['sæŋ(k)ʃᵊn]	Sanktion, Strafmaßnahme
impose sanctions	Sanktionen verhängen
immigrant *n* ['ɪmɪgrənt]	Einwanderer, Einwanderin
immigration *n* [ˌɪmɪ'greɪʃᵊn]	Einwanderung
exile *n* ['eksaɪl]	Exil
deportation *n* [ˌdɪpɔː'teɪʃᵊn]	Deportation, Abschiebung
permission *n* [pə'mɪʃᵊn]	Erlaubnis, Genehmigung

Society

History

history *n* ['hɪstᵊri]	Geschichte
historic *adj* [hɪ'stɒrɪk]	historisch
historic artefacts	historische Artefakte
historical *adj* [hɪ'stɒrɪkᵊl]	historisch, geschichtlich, Geschichts-
historical research	historische Forschung
contemporary *adj* [kən'tempᵊrᵊri]	modern, zeitgenössisch, heutig
archaeologist *n* ['ɑːki'ɒləʤɪst]	Archäologe/Archäologin
civilization *n* ['sɪvᵊlaɪ'zeɪʃᵊn]	Zivilisation
the Greek civilization	die griechische Kultur
origin *n* ['ɒrɪʤɪn]	Ursprung, Herkunft, Abstammung
original *adj* [ə'rɪʤɪnᵊl]	ursprünglich, erste/erster/erstes
tradition *n* [trə'dɪʃᵊn]	Tradition
tale *n* [teɪl]	Geschichte, Sage
legend *n* ['leʤənd]	Legende
legendary *adj* ['leʤəndᵊri]	legendär, sagenumwoben
century *n* ['sen(t)ʃᵊri]	Jahrhundert
AD *(anno domini)* *num* ['eɪ'diː]	nach Christus
in the first century AD	im ersten Jahrhundert nach Christus
BC *(before Christ)* *num* ['biː'siː]	vor Christus
the Stone Age *n* [ðə 'stəʊn eɪʤ]	die Steinzeit

Germanic *adj* [dʒə'mænɪk]	germanisch
Roman *adj; n* ['rəʊmən]	römisch; Römer(in)
imperialism *n* [ɪm'pɪəriəlɪzᵊm]	Imperialismus
emperor *n* ['empᵊrəʳ]	Kaiser, Herrscher
empire *n* ['empaɪəʳ]	(Kaiser-)Reich
the Roman Empire	das römische Reich
rule *n; v* [ru:l]	Herrschaft; herrschen
ruler *n* ['ru:ləʳ]	Herrscher(in)
a ruthless ruler	ein(e) rücksichtslose(r) Herrscher(in)
banish *v* ['bænɪʃ]	verbannen
banish sth from the history books	etw aus den Geschichtsbüchern verbannen
reign *v* [reɪn]	herrschen
camp *n* [kæmp]	(Heer-)Lager
the Dark Ages *n* [ðə 'dɑ:k 'eɪdʒɪz]	*das frühe Mittelalter (etwa 472 – 1000 n.Chr.) in Europa*
The Dark Ages was a declining period for European civilization.	Das frühe Mittelalter war eine Periode des kulturellen Niedergangs in Europa.
the Middle Ages *n* [ðə 'mɪdl 'eɪdʒɪz]	das Mittelalter
court *n* [kɔ:t]	(königlicher) Hof
succession *n* [sək'seʃᵊn]	Folge, Nach-/Erbfolge; Thronfolge
(sb's) succession to sb/to the throne	(jds) Nachfolge auf jdn/Thronfolge
throne *n* [θrəʊn]	Thron
aristocracy *n* [ˌærɪ'stɒkrəsi]	Adel, Aristokratie
duke *n* [dju:k]	Herzog
earl *n* [ɜ:l]	Graf
freeman *n* ['fri:mæn]	freier Mensch
behead *v* [bɪ'hed]	enthaupten, köpfen
subdue *v* [sʌb'dju:]	unterwerfen
knight *n* [naɪt]	Ritter
revival *n* [rɪ'vaɪvᵊl]	Wiederaufblühen, Renaissance
flourishing *n* ['flʌrɪʃɪŋ]	Blüte, Aufblühen
flourishing of arts during the Renaissance	Blüte der Kunst während der Renaissance
explorer *n* [ɪk'splɔ:rəʳ]	Entdeckungsreisende(r)
colony *n* ['kɒləni]	Kolonie
the Original 13 Colonies	die Gründungsstaaten der USA
colonist *n* ['kɒlənɪst]	Kolonist(in), Siedler(in)
decolonization *n* ['di:kɒlənaɪ'zeɪʃᵊn]	Abschaffung des Kolonialismus
independence *n* [ˌɪndɪ'pendən(t)s]	Unabhängigkeit
to gain independence	die Unabhängigkeit erlangen
sovereign state *n* ['sɒvᵊrɪn steɪt]	unabhängiger/souveräner Staat
settle *v* ['setl]	siedeln
settlement *n* ['setlmənt]	Siedlung
The British founded their first overseas settlement in Jamestown.	Die Briten gründeten ihre erste Siedlung in Übersee in Jamestown.
settler *n* ['setləʳ]	Siedler(in)
English/French/Spanish settlers	Siedler aus England/Frankreich/Spanien
indigenous people *n* [ɪn'dɪdʒɪnəs 'pi:pl]	Einheimische
inhabitant *n* [ɪn'hæbɪtənt]	Einwohner(in)
wagon *n* ['wægᵊn]	Planwagen
chief *n* [tʃi:f]	(Indianer-)Häuptling
slave *n* [sleɪv]	Sklave/Sklavin
slavery *n* ['sleɪvᵊri]	Sklaverei
whip, whipped, whipped *v* [(h)wɪp, (h)wɪpt]	(aus)peitschen, schlagen
mistreatment *n* [mɪs'tri:tmənt]	schlechte Behandlung

starvation *n* [stɑːˈveɪʃᵊn]	Hunger, Hungersnot
famine *n* [ˈfæmɪn]	Hungersnot
revolution *n* [ˌrevᵊˈluːʃᵊn]	Revolution
warlord *n* [ˈwɔːʳlɔːd]	Kriegsherr, Oberbefehlshaber, Anführer
civil war *n* [sɪvᵊl ˈwɔːʳ]	Bürgerkrieg
battleground *n* [ˈbætlgraʊnd]	Schlachtfeld
postwar *adj* [ˈpəʊstwɔːʳ]	Nachkriegs-

Immigration and multicultural society

migration *n* [maɪˈgreɪʃᵊn]	Zu- und Abwanderung
migrant *n* [ˈmaɪgrᵊnt]	Migrant(in)
economic migrant	Wirtschaftsflüchtling
immigrant *n* [ˈɪmɪgrənt]	Einwanderer, Einwanderin
illegal immigrant	illegale(r) Einwanderer(in)
immigration *n* [ˌɪmɪˈgreɪʃᵊn]	Einwanderung, Immigration
immigration officer	Beamter/Beamtin der Einwanderungsbehörde
emigrate *v* [ˈemɪgreɪt]	auswandern, emigrieren
first-generation emigrant/immigrant	Auswanderer/Einwanderer der ersten Generation
emigration *n* [ˌemɪˈgreɪʃᵊn]	Auswanderung, Emigration
cultural *adj* [ˈkʌltʃᵊrᵊl]	kulturell
origin *n* [ˈɒrɪʤɪn]	Herkunft
country of origin	Herkunftsland
homeland *n* [ˌhəʊmˈlænd]	Heimat
native *n* [ˈneɪtɪv]	Einheimische(r), Eingeborene(r)
be a native of	ein(e) Einheimische(r) sein von/aus
native *adj* [ˈneɪtɪv]	Heimat-, Mutter-, einheimisch
native language; native land/country; native speaker	Muttersprache; Heimatland; Muttersprachler(in)
refugee *n* [ˌrefjʊˈʤiː]	Flüchtling
asylum seeker *n* [əˈsaɪləm siːkəʳ]	Asylbewerber
flee, fled, fled *v* [fliː, fled]	fliehen
to flee a country	aus einem Land fliehen
exile *n* [ˈeksaɪl]	Exil
threat *n* [θret]	Bedrohung
persecution *n* [ˌpɜːsɪˈkjuːʃᵊn]	Verfolgung
immigration policy *n* [ˌɪmɪˈgreɪʃᵊn ˈpɒləsi]	Einwanderungspolitik
quota *n* [ˈkwəʊtə]	Quote
to set a quota	eine Quote festlegen
restrictive *adj* [rɪˈstrɪktɪv]	restriktiv, einschränkend
border *n* [ˈbɔːdəʳ]	Grenze
border crossing; border control	Grenzübergang; Grenzkontrolle
Ellis Island *n* [ˈelɪs ˈaɪlənd]	Insel vor Manhattan *(ehem. Durchgangslager)*
border patrol *n* [ˈbɔːdəʳ pəˈtrəʊl]	Grenzschutz, Grenzpolizei
visa *n* [ˈviːzə]	Visum
get a visa for (a country); extend a visa; entry/transit/exit visa	ein Visum für (ein Land) bekommen; ein Visum verlängern (lassen); Einreise-/Durchreise-/Ausreisevisum
customs *n* [ˈkʌstəmz]	Zoll
go through customs; customs officer	durch den Zoll gehen; Zollbeamter/-beamtin
inspect *v* [ɪnˈspekt]	inspizieren; kontrollieren, prüfen
duty *n* [ˈdjuːti]	Zoll(gebühren)
smuggler *n* [ˈsmʌgləʳ]	Schmuggler(in)
human trafficking *n* [ˈhjuːmən ˈtræfɪkɪŋ]	Menschenhandel
arrival *n* [əˈraɪvᵊl]	Einreise

departure *n* [dɪ'pɑːtʃəʳ]	Ausreise
residence *n* ['rezɪdᵊn(t)s]	Aufenthaltsort
place of residence	Wohnort
foreigner *n* ['fɒrɪnəʳ]	Ausländer(in)
citizen *n* ['sɪtɪzᵊn]	(Staats-)Bürger(in)
EU citizen, citizenship	EU-Bürger(in), Staatsbürgerschaft
embassy *n* ['embəsi]	Botschaft
consulate *n* ['kɒn(t)sjulət]	Konsulat
status *n* ['steɪtəs]	Status, Anerkennung
inhabitant *n* [ɪn'hæbɪtᵊnt]	Bewohner(in), Einwohner(in)
non-resident *n* [ˌnɒn'rezɪdᵊnt]	Nicht(orts)ansässige(r)
permanent *adj* ['pɜːmᵊnənt]	ständig
to be a permanent resident	einen festen Wohnsitz haben
naturalization *n* [ˌnætʃᵊrᵊlaɪ'zeɪʃᵊn]	Einbürgerung
civilization *n* [ˌsɪvᵊlaɪ'zeɪʃᵊn]	Zivilisation
demographic *adj; n* [ˌdeməʊ'græfɪk]	demographisch, Bevölkerungs-; Bevölkerungszahlen/-statistik
demographic developments	Bevölkerungsentwicklung
increase *n* ['ɪnkriːs]	Zunahme, Erhöhung, Steigerung
increase in population; an increase in the population of 5% per year	Bevölkerungszunahme; eine jährliche Bevölkerungszunahme um 5%
fall *n* [fɔːl]	Fall, Abnahme
fall in population	Bevölkerungsabnahme
populated *adj* [ˌpɒpjə'leɪtəd]	bevölkert
densely populated	dicht bevölkert
overpopulation *n* [ˌəʊvəʳpɒpjə'leɪʃᵊn]	Überbevölkerung
majority *n* [mə'dʒɒrəti]	Mehrheit
the majority of foreigners	die Mehrheit der Ausländer(innen)
minority *n* [maɪ'nɒrəti]	Minderheit, Minorität
ethnic *adj* ['eθnɪk]	ethnisch
race *n* [reɪs]	Rasse
background *n* ['bækgraʊnd]	Hintergrund; ethnische/soziale Herkunft
melting pot *n* ['meltɪŋ pɒt]	Schmelztiegel
African-American *adj; n* ['æfrɪkən ə'merɪkən]	afroamerikanisch; Afroamerikaner(in)
Hispanic-American *adj; n* [hɪ'spænɪk ə'merɪkən]	hispano-amerikanisch; Hispano-Amerikaner
Indo-Brit *n* [ˌɪndəʊ 'brɪt]	*in Großbritannien aufgewachsene(r) Inder(in)*
Asian *n; adj* ['eɪʒᵊn]	Asiate, Asiatin; asiatisch
Asian American; British Asian	*asiatisch-amerikanisch, Amerikaner(in) asiatischer Herkunft; in Großbritannien aufgewachsene(r) Asiate, Asiatin*
official language *n* [ə'fɪʃᵊl 'læŋgwɪdʒ]	Staatssprache; Amtssprache
standard *adj* ['stændəd]	korrekt, (allgemein) gebräuchlich
standard English	Standardenglisch
tongue *n* [tʌŋ]	Sprache; Zunge
mother tongue	Muttersprache
fluent *adj* ['fluːənt]	fließend
speak fluent German	fließendes Deutsch sprechen
accent *n* ['æksᵊnt]	Akzent
speak with/without an accent	mit/ohne Akzent sprechen
local *adj* ['ləʊkᵊl]	einheimisch
local dialect	einheimischer Dialekt
translate *v* [trænz'leɪt]	übersetzen
translate sth into sth	etw in etw übersetzen
cross-cultural *adj* [ˌkrɒs 'kʌltʃᵊrᵊl]	interkulturell
custom *n* ['kʌstəm]	Sitte, Brauch

it's the custom to do sth; local customs	es ist gebräuchlich/üblich, etw zu tun; einheimische Gebräuche
manners *n pl* ['mænəʳz]	Manieren, Umgangsformen
misunderstanding *n* [ˌmɪsʌndə'stændɪŋ]	Missverständnis
misunderstand, misunderstood, misunderstood *v* [ˌmɪsʌndə'stænd, ˌmɪsʌndə'stʊd]	missverstehen, falsch verstehen
racial intolerance *n* ['reɪʃᵊl ɪn'tɒlərən(t)s]	Intoleranz gegenüber anderen Rassen
racial prejudice *n* [ˌreɪʃᵊl 'predʒədɪs]	Vorurteile gegen andere Rassen
abuse *n* [ə'bju:s]	Beschimpfung, Beleidigung
harassment *n* ['hærəsmənt]	Schikane
respect *v* [rɪ'spekt]	respektieren, achten
respect the national culture	die Kultur eines Landes respektieren
experience *v* [ɪk'spɪəriən(t)s]	erleben, erfahren
experiencing problems	Probleme haben
hospitable *adj* ['hɒspɪtᵊbl]	gastfreundlich

Security and crime

bobby *n inf (BE)* ['bɒbi]	Polizist(in)
rozzer *n (BE) sl* ['rɒzəʳ]	Bulle
constable *n (BE)* ['kʌn(t)stəbl]	Gendarm, Polizist
guard *n* ['gɑ:d]	Wächter
call in the guards	Verstärkung holen
patrol *n* [pə'trəʊl]	Kontrollgang
be on patrol	auf Kontrollgang sein
neighbourhood/neighborhood *(AE)* **watch** *n* [ˌneɪbəhʊd 'wɒtʃ]	*Nachbarschaftshilfe zum Schutz vor Kriminalität*
illegal *adj* [ɪ'li:gᵊl]	illegal
illegal drugs	illegale Drogen
violence *n* ['vaɪəlᵊn(t)s]	Gewalt
domestic violence	häusliche Gewalt
victim *n* ['vɪktɪm]	Opfer
commit *v* [kə'mɪt]	begehen
commit a crime	ein Verbrechen begehen
crime *n* [kraɪm]	Kriminalität; Verbrechen
criminal *adj; n* ['krɪmɪnᵊl]	kriminell; Kriminelle(r), Verbrecher(in)
offence, offense *(AE) n* [ə'fen(t)s]	Straftat
first offence	erste Straftat
offender *n* [ə'fendəʳ]	Straftäter(in)
first-time offender; repeated offender	erstmalige(r) Straftäter(in); Wiederholungstäter(in), mehrfach straffällig Gewordene(r)
bandit *n* ['bændɪt]	Bandit, Räuber(in)
gangster *n* ['gæŋ(k)stəʳ]	Gangster, Verbrecher(in)
shorty *n sl* ['ʃɔ:ti]	*Kleinkrimineller, der für einen anderen Kriminellen arbeitet*
mugging *n* ['mʌgɪŋ]	Raubüberfall *(auf der Straße)*
mugger *n* ['mʌgəʳ]	Straßenräuber(in)
robbery *n* ['rɒbᵊri]	Raub
armed robbery	bewaffneter Raub
rob, robbed, robbed *v* [rɒb, rɒbd]	ausrauben
thief, *pl* **thieves** *n* [θi:f, θi:vz]	Dieb, Diebe
theft *n* [θeft]	Diebstahl
steal, stole, stolen *v* [sti:l, stəʊl, 'stəʊlᵊn]	stehlen
shoplifting *n* ['ʃɒpˌlɪftɪŋ]	Ladendiebstahl
burglary *n* ['bɜ:glᵊri]	Einbruch
burglar alarm	Alarmanlage

break into sth, broke, broken *v* ['breɪk 'ɪntə, brəʊk, 'brəʊkən]	einbrechen in/bei
drug-dealing *n* ['drʌg ˌdiːlɪŋ]	Drogenhandel, Drogengeschäfte
drug trafficking *n* [drʌg 'træfɪkɪŋ]	Drogenhandel
nark *n (AE) sl* [nɑːk]	Drogen-, Rauschgiftfahnder(in)
crack house *n* ['kræk ˌhaʊs]	*Haus, in dem Crack zubereitet und verkauft wird*
blackmail *n* ['blækmeɪl]	Erpressung
squeeze sb *v* [skwiːz]	jdn erpressen
fraud *n* [frɔːd]	Betrug
embezzlement *n* [ɪm'bezlmənt]	Unterschlagung, Veruntreuung
bribery *n* ['braɪbᵊri]	Bestechung
kidnap *v* ['kɪdnæp]	entführen
kidnapper *n* ['kɪdnæpəʳ]	Entführer(in)
arson *n* ['ɑːsᵊn]	Brandstiftung
sexual offence *n* [ˌsekʃʊəl ə'fen(t)s]	Sexualvergehen
rape *n* [reɪp]	Vergewaltigung
rapist *n* ['reɪpɪst]	Vergewaltiger
child abuse *n* [tʃaɪld ə'bjuːs]	Kindesmissbrauch
con artist *n* ['kɒn ˌɑːtɪst]	Hochstapler
pretend *v* [prɪ'tend]	so tun als ob, etw vorgeben
pretend to be sb (else)	vorgeben, jd (anderes) zu sein
hijacking *n* ['haɪˌdʒækɪŋ]	Entführung
hijacking a plane	Flugzeugentführung
carjacking *n* ['kɑːʳˌdʒækɪŋ]	*die gewaltsame Entführung eines PKWs samt Insassen*
hostage taking *n* ['hɒstɪdʒ ˌteɪkɪŋ]	Geiselnahme
ram raid *n* ['ræm ˌreɪd]	*Raubüberfall, bei dem eine Geschäftsfront mit einem Fahrzeug aufgebrochen wird*
assault *n* [ə'sɔːlt]	tätlicher Angriff, Körperverletzung
beating *n* ['biːtɪŋ]	Schlägerei
give sb/get a good beating	jdn zusammenschlagen/jd wird zusammengeschlagen
murder *n* ['mɜːdəʳ]	Mord
first-degree murder; second-degree murder	vorsätzlicher Mord; Mord im Affekt
murderer *n* ['mɜːdᵊrəʳ]	Mörder(in)
homicide *n* ['hɒmɪsaɪd]	Tötung, Mord
manslaughter *n no pl* ['mænslɔːtəʳ]	Totschlag
c.s. gas, tear gas *n* [ˌsiːes 'gæs, tɪəʳ 'gæs]	Tränengas
gun *n* [gʌn]	Schusswaffe, Pistole, Gewehr
shotgun *n* ['ʃɒtgʌn]	Schrotflinte
pistol *n* ['pɪstᵊl]	Pistole
loaded *adj* ['ləʊdɪd]	geladen
loaded weapon	geladene Waffe
shoot, shot, shot *v* [ʃuːt, ʃɒt]	schießen
shoot sb down in broad daylight	jdn am hellichten Tag niederschießen/erschießen
shot *n* [ʃɒt]	Schuss
shooting *n* ['ʃuːtɪŋ]	Schusswechsel, Schießen
shooting attack	Schießerei
bullet *n* ['bʊlɪt]	Kugel
hit, hit, hit *v* [hɪt]	schlagen
a hit and run accident	Unfall mit Fahrerflucht
grab, grabbed, grabbed *v* [græb, græbd]	greifen, schnappen
damage *v* ['dæmɪdʒ]	beschädigen, zerstören
vanish *v* ['vænɪʃ]	verschwinden
run off, ran, run *v* [rʌn 'ɒf, ræn, rʌn]	weglaufen

escape *n; v* [ɪs'keɪp]	Flucht, Ausbruch; fliehen, entkommen
escaped convict	geflüchteter Gefangener
run *n* [rʌn]	Lauf, Fahrt
on the run	auf der Flucht
runaway *n; adj* ['rʌnəˌweɪ]	Ausreißer(in); entlaufen
runaway prisoner	entflohener Sträfling
be on the lam *v (AE) sl* [ˌbiː ɒn ðə 'læm]	auf der Flucht sein
wanted *adj* ['wɒntɪd]	gesucht
wanted poster; wanted for	Steckbrief; gesucht wegen
search *n; v* [sɜːtʃ]	Suche; suchen
do a search (of sth); search for; search sb's luggage/flat	eine Suche (in etw) durchführen; (durch)suchen nach; jds Gepäck/Wohnung durchsuchen
search warrant *n* ['sɜːtʃ ˌwɒrᵊnt]	Durchsuchungsbefehl
investigate *v* [ɪn'vestɪgeɪt]	untersuchen, nachforschen; in einem Fall ermitteln
follow up sth *v* [ˌfɒləʊ 'ʌp]	(einer Sache) nachgehen
raid *v* [reɪd]	eine Razzia durchführen
surveillance *n* [sɜː'veɪlən(t)s]	Überwachung
keep sb under a 24 hour surveillance	jdn rund um die Uhr überwachen
suspect *n* ['sʌspekt]	Verdächtige(r)
prime suspect	Hauptverdächtige(r)
clue *n* [kluː]	Anhaltspunkt, Spur
have a/no clue; looking for clues	einen/keinen Anhaltspunkt haben; nach Spuren suchen
trace *n; v* [treɪs]	Spur; (zurück)verfolgen, aufspüren
without a trace	ohne Spur
finger print *n* ['fɪŋgəʳˌprɪnt]	Fingerabdruck
leave fingerprints	Fingerabdrücke zurücklassen
prove *v* [pruːv]	beweisen

Achtung **false friend** *(falscher Freund)*: Das Verb **prove** bedeutet nicht *prüfen*, sondern *beweisen*. *Prüfen* drückt man im Englischen mit **check** oder **investigate** aus.

involvement *n* [ɪn'vɒlvmənt]	Verwicklung
involve *v* [ɪn'vɒlv]	beteiligen, einbeziehen
catch, caught, caught *v* [kætʃ, kɔːt]	(rechtzeitig) erwischen, fangen
snatch *v* [snætʃ]	schnappen
arrest *v* [ə'rest]	verhaften
You're under arrest.	Sie sind verhaftet.
imprison *v* [ɪm'prɪzᵊn]	inhaftieren
prison *n* ['prɪzᵊn]	Gefängnis
witness *n* ['wɪtnəs]	Zeuge, Zeugin
Any witnesses?	Gibt es (irgendwelche) Zeugen?
recognize *v* ['rekəgnaɪz]	erkennen
recognize/identify sb in a line-up	jdn in einer Gegenüberstellung identifizieren
identify *v* [aɪ'dentɪfaɪ]	identifizieren
identify a corpse	eine Leiche identifizieren
John/Jane Doe *n* [ˌdʒɒn/ˌdʒeɪn 'dəʊ]	*unbekannte Leiche (männlich oder weiblich)*
videofit *n* ['vɪdiəʊˌfɪt]	*ein Phantombild, das am Bildschirm erstellt wird*
criminal law *n* ['krɪmɪnᵊl lɔː]	Strafgesetz
civil law *n* ['sɪvəl lɔː]	Zivilgesetz
protection *n* [prə'tekʃᵊn]	Schutz
protection against	Schutz vor
protect *v* sb [prə'tekt]	jdn schützen
innocent *adj* ['ɪnəsᵊnt]	unschuldig
innocent victim	unschuldiges Opfer
poor *adj* [pɔːʳ]	schwach, mangelhaft

poor security measures	mangelhafte Sicherheitsvorkehrungen
insufficient *adj* [ˌɪnsəˈfɪʃᵊnt]	ungenügend
insufficient evidence	ungenügendes Beweismaterial
security system *n* [sɪˈkjʊərəti ˌsɪstəm]	Alarmanlage
women's shelter *n* [ˈwɪmɪnz ˌʃəltəʳ]	Frauenhaus

Law and court

justice *n* [ˈdʒʌstɪs]	Gerechtigkeit
bring sb to justice; do sb justice	jdn vor Gericht bringen; jdm gerecht werden
court *n* [kɔːt]	Gericht
appear in court; (in) contempt of court	vor Gericht erscheinen; (unter) Missachtung des Gerichts
judicial process *n* [dʒuːˈdɪʃᵊl ˈprəʊses]	Gerichtsverfahren
just *adj* [dʒʌst]	gerecht
unjust *adj* [ʌnˈdʒʌst]	ungerecht
judge *n* [dʒʌdʒ]	Richter
juror *n* [ˈdʒʊərəʳ]	Geschworene(r)
the jury *n* [ˈdʒʊəri]	die Geschworenen
trial by jury; the jury is still deliberating	Schwurgerichtsverfahren; die Geschworenen beraten noch
bailiff *n* [ˈbeɪlɪf]	Gerichtsdiener(in); Vollzugsbeamter/-beamtIn
lawyer, attorney *(AE)*, **barrister** *(BE)* *n* [ˈlɔɪər, əˈtɜːrni, ˈbærɪstər]	(Rechts-)Anwalt/Anwältin
prosecution *n* [ˌprɒsɪˈkjuːʃᵊn]	*(strafrechtliche)* Verfolgung, Anklage
public prosecutor *(BE)*, **prosecuting attorney** *(AE)* *n* [ˈpʌblɪk ˈprɒsɪkjuːtər, ˈprɒsɪkjuːtɪŋ əˈtɜːrni]	Staatsanwalt
counsel for the defence *(BE)*, **defense attorney** *(AE)* *n* [ˈkaʊn(t)səl fɔːr ðə dɪˈfen(t)s, dɪˈfen(t)s əˈtɜːrni]	Verteidiger
blame *n*; *v* [bleɪm]	Schuld; die Schuld geben, beschuldigen
blame sb for sth; take the blame	jdm die Schuld an etw geben, jdn einer Sache beschuldigen; die Schuld auf sich nehmen

Achtung **false friend** *(falscher Freund)*: Das Verb **blame** bedeutet nicht *blamieren*, sondern die *Schuld geben.*

defend *v* sth/sb [dɪˈfend]	etw/jdn verteidigen
plaintiff *n* [ˈpleɪntɪf]	Kläger(in)
to appear as plaintiff; to find for the plaintiff	als Kläger auftreten; zugunsten des Klägers entscheiden
represent *v* sb [ˌreprɪˈzent]	jdn vertreten
case *n* [keɪs]	Fall
to take a case to court	einen Fall vor Gericht bringen
trial *n* [traɪəl]	Prozess
to preside over a trial	einen Prozess leiten
courtroom *n* [ˈkɔːtruːm]	Gerichtssaal
a closed courtroom	nicht öffentliches Verfahren
bail *n* [beɪl]	Kaution
on bail; to stand bail	gegen Kaution; eine Kaution stellen
accuse *v* [əˈkjuːz]	vorwerfen, anklagen
charge *v* sb [tʃɑːdʒ]	jdn anklagen
charge sb with a crime	jdn eines Verbrechens beschuldigen
charge *n* [tʃɑːdʒ]	Anklage
charges; to bring charges against sb; to face charges of sth	Anklagepunkte; Anklage gegen jdn erheben; wegen einer Sache unter Anklage stehen
testify *v* [ˈtestɪfaɪ]	aussagen
right to refuse to testify	Zeugnisverweigerungsrecht
cross-examine *v* [ˌkrɒsɪgˈzæmɪn]	jdn ins Kreuzverhör nehmen
refuse *v* [rɪˈfjuːz]	sich weigern

deny, denied, denied *v* [dɪ'naɪ, dɪ'naɪd]	abstreiten, leugnen
confession *n* [kən'feʃən]	Geständnis
proof *n* [pru:f]	Beweis, Nachweis
prove *v* [pru:v]	beweisen
prove (to be) true/false	sich als richtig/falsch herausstellen
evidence *n no pl* ['evɪdən(t)s]	Beweismaterial
piece of evidence; circumstantial evidence	Beweisstück; Indizienbeweise
premeditated *adj* [ˌpri:'medɪteɪtɪd]	vorsätzlich
premeditated crime	vorsätzlich begangenes Verbrechen
mitigating *adj* ['mɪtɪgeɪtɪŋ]	mildernd
to allow mitigating circumstances	mildernde Umstände zubilligen
guilty *adj* ['gɪlti]	schuldig
to plead (not) guilty; find sb guilty	sich (nicht) schuldig bekennen; jdn für schuldig befinden
innocent *adj* ['ɪnəsənt]	unschuldig
plead innocent	sich für unschuldig erklären
innocence *n* ['ɪnəsən(t)s]	Unschuld
to prove sb's innocence	jds Unschuld beweisen
doubt *n* [daʊt]	Zweifel
give sb the benefit of the doubt	im Zweifel zu jds Gunsten urteilen
convict *v* sb [kən'vɪkt]	jdn verurteilen
convict *n* ['kɒnvɪkt]	(Straf-)Gefangene(r), Sträfling
acquit *v* sb [ə'kwɪt]	jdn freisprechen
verdict *n* ['vɜ:dɪkt]	Urteil
to return a verdict; verdict of guilty/not guilty	ein Urteil fällen; Schuld-/Freispruch
sentence *n; v* ['sentən(t)s]	Urteil, Strafe; verurteilen
suspended sentence; custodial sentence	Bewährungsstrafe; Haftstrafe
condemn *v* [kən'dem]	verurteilen
penalty *n* ['penəlti]	Strafe
fine *n* [faɪn]	Geldstrafe
to pay a fine	eine Geldstrafe bezahlen
probation *n* [prə(ʊ)'beɪʃən]	Bewährung
to be on probation; probation officer	auf Bewährung sein; Bewährungshelfer
jail *n* [dʒeɪl]	Gefängnis
be sent to jail	ins Gefängnis kommen
community service *n* [kə'mju:nəti 'sɜ:vɪs]	Sozialdienst
death penalty *n* [deθ 'penəlti]	Todesstrafe
to sentence sb to death	jdn zum Tode verurteilen
capital punishment *n* ['kæpɪtəl 'pʌnɪʃmənt]	Todesstrafe
execution *n* [ˌeksɪ'kju:ʃən]	Hinrichtung
deterrent *n* [dɪ'terənt]	Abschreckung
appeal *v* [ə'pi:l]	Einspruch einlegen
to appeal against a verdict	ein Urteil anfechten
appeal (for) *n* [ə'pi:l]	dringende Bitte (um), Aufruf, Appell; Einspruch *(Gericht)*
lose one's appeal	die Berufung verlieren
reoffend *v* [ˌri:ə'fend]	wieder straffällig werden

Education and Work

School

compulsory schooling *n* [kəm'pʌlsᵊri 'skuːlɪŋ]	Schulpflicht
attend *v* [ə'tend]	teilnehmen, besuchen; beiwohnen
attend school	die Schule besuchen
attendance *n* [ə'tendᵊn(t)s]	Anwesenheit
take attendance	die Anwesenheit überprüfen

School systems in the UK and the US

<table>
<tr><th>Year</th><th>UK</th><th>US</th></tr>
<tr><td></td><td>Nursery School</td><td>Preschool / Kindergarten</td></tr>
<tr><td>1</td><td rowspan="6">Primary School</td><td rowspan="6">Elementary School</td></tr>
<tr><td>2</td></tr>
<tr><td>3</td></tr>
<tr><td>4</td></tr>
<tr><td>5</td></tr>
<tr><td>6</td></tr>
<tr><td>7</td><td rowspan="5">Secondary School
GSCE Exams</td><td rowspan="2">Middle School</td></tr>
<tr><td>8</td></tr>
<tr><td>9</td><td rowspan="4">High School
SAT
High School Diploma</td></tr>
<tr><td>10</td></tr>
<tr><td>11</td></tr>
<tr><td>12</td><td></td></tr>
<tr><td>13</td><td>A Levels</td><td></td></tr>
<tr><td></td><td colspan="2">University – College</td></tr>
</table>

nursery school *n* ['nɜːsᵊri ˌskuːl]	Kindergarten
primary school *(BE)*, **elementary school** *(AE) n* ['praɪməri ˌskuːl, ˌelɪ'mentəri ˌskuːl]	Grundschule
secondary school *(BE)*, **middle school, junior high** *(AE) n* ['sekəndəri ˌskuːl, 'mɪdl ˌskuːl, 'ʤuːniər ˌhaɪ]	weiterführende Schule
comprehensive school *(BE)*, **high school** *(AE) n* [ˌkɒmprɪ'hen(t)sɪv ˌskuːl, 'haɪ ˌskuːl]	Gesamtschule
grammar school *n* ['græmə(r) ˌskuːl]	*Gymnasium in Großbritannien*
boarding school, prep school *n* ['bɔːdɪŋ ˌskuːl, 'prep ˌskuːl]	Internat
academy *n* [ə'kædəmi]	Akademie, Schule
private *adj* ['praɪvɪt]	privat, Privat-
private school	Privatschule
public *adj* ['pʌblɪk]	öffentlich
all-day, full-day *adj* ['ɒːldeɪ, 'fʊldeɪ]	Ganztags-
grade *(AE)*, **form** *(BE) n* [greɪd, fɔːm]	Klasse
junior *adj* ['ʤuːniəʳ]	Unterstufen-
headteacher, principal *(AE) n* ['hedˌtiːtʃər, 'prɪn(t)səpəl]	Schuldirektor(in)
staff *n* [stɑːf]	Lehrkörper
staffroom	Lehrerzimmer
substitute *n; adj* ['sʌbstɪtjuːt]	Vertretung
substitute teacher	Vertretungslehrer
supply teacher *n* [sə'plaɪ 'tiːtʃər]	Vertretungslehrer

Wortschatz Landeskunde

student government, student council *(AE) n* ['stju:dənt ˌgʌvənmənt, 'stju:dənt ˌkaʊn(t)səl]	Schülermitverwaltung
summer school *(AE) n* ['sʌmə^r ˌsku:l]	Sommerferienkurse
assembly hall *n* [ə'sembli ˌhɔ:l]	Versammlungssaal, Aula
term *n* [tɜ:m]	Trimester, Schuljahresdrittel
timetable, schedule *(AE) n* ['taɪmˌteɪbl, 'skedʒʊəl]	Stundenplan
curriculum *n* [kə'rɪkjəˌləm]	Lehrplan, Stundenplan
geography *n* [dʒi:'ɒgrəfi]	Erdkunde, Geografie
history *n* ['hɪstᵊri]	Geschichte
science *n* ['saɪən(t)s]	Naturwissenschaft
humanities *n pl* [hju:'mænəti:z]	Geschichte und Erdkunde *(in der Schule)*
technology *n* [tek'nɒlədʒi]	Computerunterricht; Technisches Werken
mathematics *n* [ˌmæθᵊ'mætɪks]	Mathematikunterricht
biology *n* [baɪ'ɒlədʒi]	Biologie
computer science *n* [kəm'pju:tər ˌsaɪən(t)s]	Informatik
physics *n* ['fɪzɪks]	Physik
chemistry *n* ['kemɪstri]	Chemie
geometry *n* [dʒi:'ɒmɪtri]	Geometrie
physical education *abbrev* **PE** *n* [ˌfɪzɪkəl ˌedjʊ'keɪʃən]	Sportunterricht
progress *n no pl* ['prəʊgres]	Fortschritt
make good/some/any progress	gute/einige Fortschritte machen
repeat *v* [rɪ'pi:t]	wiederholen
repeat a year	eine Klasse wiederholen
revise *v* [rɪ'vaɪz]	überarbeiten, korrigieren
special help *n* [ˌspeʃᵊl 'help]	Förderunterricht
improve *v* [ɪm'pru:v]	(sich) verbessern
improvement *n* [ɪm'pru:vmənt]	Verbesserung
basics *n pl* ['beɪsɪks]	Grundlagen
gist *n* [dʒɪst]	das Wichtigste, die allgemeine Bedeutung
get the gist	das Wichtigste verstehen
grid *n* [grɪd]	Tabelle
recall *v* [rɪ'kɔ:l]	sich erinnern
multi-talented *adj* ['mʌlti ˌtæləntɪd]	vielseitig talentiert
promising *adj* ['prɒmɪsɪŋ]	viel versprechend
genius *n* ['dʒi:niəs]	besondere Gabe, Genie
knowledge *n* ['nɒlɪdʒ]	Kenntnis(se), Wissen
overhead projector *n* ['əʊvəhed prə(ʊ)ˌdʒektər]	Tageslichtprojektor
transparency *n* [træns'pærᵊn(t)si]	(Overhead-)Folie
wipe *v* [waɪp]	wischen
wipe the chalkboard	die Kreidetafel abwischen
effort *n* ['efət]	Anstrengung, Mühe
make an effort; put a lot of effort into sth	sich anstrengen; viel Mühe in etw stecken/Arbeit investieren
attention *n* [ə'ten(t)ʃᵊn]	Aufmerksamkeit
Attention, please!; pay attention (to sth/sb); centre/center *(AE)* of attention	Achtung!; aufpassen, etw/jdn beachten, aufmerksam zuhören; Mittelpunkt
task *n* [tɑ:sk]	Aufgabe
set sb a task; be set a task	jdm eine Aufgabe stellen; eine Aufgabe gestellt bekommen
assignment *n* [ə'saɪnmənt]	Aufgabe
instructions *n pl* [ɪn'strʌkʃᵊnz]	Anleitungen, (Arbeits-)Anweisungen
Follow the instructions on the sheet.	Folgt/Folgen Sie den Arbeitsanweisungen auf dem Blatt.
worksheet *n* ['wɜ:kʃi:t]	Arbeitsblatt

summary *n* ['sʌmᵊri]	Zusammenfassung
sum up, summed, summed *v* [sʌm 'ʌp, sʌmd]	zusammenfassen
scan, scanned, scanned *v; n* [skæn, skænd]	überfliegen, absuchen, abtasten; Überfliegen, Kontrolle
scan a text/task	einen Text/eine Aufgabe überfliegen
list off *v* [lɪst 'ɒf]	aufzählen, auflisten
figure *n* ['fɪgəʳ]	Zahl
division *n* [dɪ'vɪʒᵊn]	Teilung, Division
calculate *v* ['kælkjəleɪt]	berechnen, ausrechnen
calculation *n* [ˌkælkjə'leɪʃᵊn]	Berechnung
correct *v; adj* [kə'rekt]	berichtigen, verbessern; richtig, korrekt
overlook *v* [ˌəʊvəʳ'lʊk]	übersehen, hinwegsehen über
approve *v* [ə'pruːv]	billigen, schätzen
drop out, dropped, dropped *v* [drɒp 'aʊt, drɒpt]	(die Schule) abbrechen; ausscheiden, nicht mehr mitmachen
grind *n sl* [graɪnd]	streberhaftes Arbeitstier
no-brainer *adj* ['nəʊ ˌbreɪnəʳ]	sehr einfach/leicht
conduct *n* ['kɒndʌkt]	Benehmen
bad conduct	schlechtes Benehmen
distract *v* [dɪ'strækt]	ablenken
distraction *n* [dɪ'strækʃᵊn]	Ablenkung
trouble *n* ['trʌbl]	Ärger, Probleme, Beschwerden
get into trouble (with)	Ärger bekommen (mit)
disturb *v* [dɪ'stɜːb]	stören
bunk off, play hooky *(AE) v sl* [bʌŋk 'ɒf, ˌpleɪ 'hʊki]	Schule schwänzen
detention *n* [dɪ'ten(t)ʃᵊn]	Nachsitzen, Arrest

University

university *n* [ˌjuːnɪ'vɜːsəti]	Universität
study sth at university; go to university; university lecturer/teacher	etw an der Universität studieren; studieren; Hochschullehrer(in)
studies *n pl* ['stʌdiːz]	Hochschulstudium
study *v* ['stʌdi]	lernen, pauken; studieren
college *n* ['kɒlɪʤ]	Universität *(AE)*; Fach-/Hochschule *(BE)*; Teil einer Universität *(BE)*
education *n* [ˌedjʊ'keɪʃᵊn]	Ausbildung; Erziehung; Bildung
higher education; further education	Hochschulausbildung; Fort-/Weiterbildung
academic *adj* [ˌækə'demɪk]	akademisch
standard *n* ['stændəd]	Standard
standard of teaching/life; of a high/low standard; up to standard	Lehr-/Lebensstandard; auf hohem/niedrigem Niveau; dem Standard entsprechend
intellectual *adj* [ˌɪntᵊl'ektʃuəl]	intellektuell
intellect *n* ['ɪntᵊlekt]	Intellekt
faculty *n* ['fækᵊlti]	Fakultät *(BE)*; Lehrkörper *(AE)*
medical faculty/faculty of medicine; faculty of arts	medizinische Fakultät; geisteswissenschaftliche Fakultät
department *n* [dɪ'pɑːtmənt]	Abteilung, Fachbereich
Department of English	Fachbereich Englisch
course of studies *n* [ˌkɔːs ɒv 'stʌdiːz]	Studiengang
major (in) *v* ['meɪʤəʳ ˌɪn]	als Hauptfach belegen
I'm majoring in Business with a minor in Accounting.	Ich belege Betriebswirtschaft mit Buchhaltung als Nebenfach.
minor (in) *v* ['maɪnəʳ ˌɪn]	als Nebenfach belegen
grant *v* [grɑːnt]	gewähren
library *n* ['laɪbrᵊri]	Bibliothek

campus *n* [ˈkæmpəs]	Campus, Schul-/Universitätsgelände
cafeteria *n (AE)* [ˌkæfəˈtɪəriə]	Mensa
lecturer *n* [ˈlektʃᵊrəʳ]	Hochschuldozent(in)
lecture *n* [ˈlektʃəʳ]	Vorlesung, Vortrag
give a lecture on sth; a course of lectures	eine Vorlesung über etw halten; eine Vorlesungsreihe
registrar *n* [ˌredʒɪˈstrɑːʳ]	Kanzler(in)
dean *n* [diːn]	Dekan(in)
admissions *n pl* [ədˈmɪʃᵊnz]	Einschreibungsstelle
put one's name **down for** sth, put, put *v* [ˌpʊt ˈdaʊn fɔːr]	sich/seinen Namen *(in eine Liste)* für etw eintragen
notice board, bulletin board *(AE) n* [ˈnəʊtɪs ˌbɔːd, ˈbʊlətɪn ˌbɔːd]	schwarzes Brett
semester *n* [sɪˈmestəʳ]	Semester
semester finals	Semesterexamen
mid-term *adj* [ˈmɪdtɜːm]	Zwischen- *(im Semester)*
mid-term grades	Zwischennoten
spring break *n* [ˈsprɪŋ breɪk]	*vorlesungsfreie Zeit im März*
fee *n* [fiː]	Gebühr
living expenses *n* [ˈlɪvɪŋ ɪkˈspensɪs]	Lebensunterhaltskosten
financial aid *n (AE)* [faɪˌnæn(t)ʃᵊl ˈeɪd]	finanzielle Unterstützung
to be eligible for financial aid	einen Anspruch auf finanzielle Unterstützung haben
loan *n* [ləʊn]	Darlehen
to take out a loan	ein Darlehen aufnehmen
scholarship *n* [ˈskɒləʃɪp]	Stipendium
hall of residence, dormitory *(AE) n* [ˌhɔːl ɒv ˈrezɪdən(t)s, ˈdɔːmɪtəri]	Studentenwohnheim
commons *n pl* [ˈkɒmənz]	Aufenthaltsraum
fraternity *n (AE)* [frəˈtɜːnəti]	Burschenschaft *(Verbindung für Männer)*
sorority *n (AE)* [səˈrɔːrəti]	Schwesternschaft *(Verbindung für Frauen)*
school *n (AE)* [skuːl]	Abteilung, Fakultät
go to school *(AE)*; law/medical school	ins College/zur Universität gehen
art *n* [ɑːt]	Kunst
medicine *n* [ˈmedsᵊn]	Medizin
biology *n* [baɪˈɒlədʒi]	Biologie
law *n* [lɔː]	Recht, Jura
mathematics *n sg* [ˌmæθᵊˈmætɪks]	Mathe
teacher education *n* [ˈtiːtʃəʳ edjʊˌkeɪʃᵊn]	Pädagogik
degree in teacher education	Abschluss in Pädagogik
engineering *n* [ˌendʒɪˈnɪəʳɪŋ]	Maschinenbau
electrical engineering	Elektrotechnik
economics *n sg* [ˌiːkəˈnɒmɪks]	Volkswirtschaft
business studies *n pl* [ˈbɪznɪs ˌstʌdiːz]	Betriebswirtschaft
computer science *n* [kəmˈpjuːtəʳ ˌsaɪən(t)s]	Informatik
architecture *n* [ˈɑːkɪtektʃəʳ]	Architektur
theology *n* [θiˈɒlədʒi]	Theologie
archaeology *n* [ˌɑːkiˈɒlədʒi]	Archäologie
art history *n* [ˈɑːt ˌhɪstᵊri]	Kunstgeschichte
social sciences *n pl* [ˌsəʊʃᵊl ˈsaɪən(t)sɪz]	Sozialwissenschaften
natural sciences *n pl* [ˌnætʃᵊrᵊl ˈsaɪən(t)sɪz]	Naturwissenschaft
aerospace *n* [ˈeərə(ʊ)ˌspeɪs]	(Luft- und) Raumfahrt
aerospace research	Raumforschung
journalism *n* [ˈdʒɜːnᵊlɪzᵊm]	Journalistik
philosophy *n* [fɪˈlɒsəfi]	Philosophie

political science *n* [pəˌlɪtɪkᵊl ˈsaɪən(t)s]	Politikwissenschaft
psychology *n* [saɪˈkɒlədʒi]	Psychologie

Exams and qualifications

examination, exam *(inf) n* [ɪgˌzæmɪˈneɪʃən, ɪgˈzæm]	Prüfung, Examen
take an exam; oral examination	eine Prüfung machen; mündliche Prüfung
examiner *n* [ɪgˈzæmɪnəʳ]	Prüfer(in)
board of examiners	Prüfungsausschuss
examinee *n* [ɪgˌzæmɪˈniː]	Prüfling, Examenskandidat(in)
mark, grade *(AE) n* [mɑːk, greɪd]	Note *(in der Schule)*
school report *n* [ˈskuːl rɪˌpɔːt]	Schulzeugnis
report card *n (AE)* [rɪˈpɔːt ˌkɑːd]	Schulzeugnis
result *n* [rɪˈzʌlt]	Ergebnis, Resultat; Folge
certificate *n* [səˈtɪfɪkət]	Zeugnis, Urkunde
GCSE, *abbrev of* **General Certificate of Secondary Education** *n* [ˌdʒiːsiːesˈiː, ˌdʒenərəl səˈtɪfɪkət əv ˈsekəndəri ˌedjʊˈkeɪʃən]	*allgemeiner Abschluss der weiterführenden Schulen in Großbritannien*
A Level(s), *abbrev of* **Advanced Level(s)** *n (BE)* [ˈeɪ ˌlevəls, ədˈvɑːn(t)st ˌlevəls]	britische Abiturprüfung *(ein A Level ist jeweils die Prüfung in einem Fach)*
pass *v* [pɑːs]	bestehen
pass a test	eine Prüfung bestehen
cheat *v* [tʃiːt]	mogeln
excellent *adj* [ˈeksᵊlᵊnt]	ausgezeichnet, hervorragend
document *n* [ˈdɒkjəmənt]	Dokument; Urkunde
deserve *v* [dɪˈzɜːv]	verdienen
honour, honor *(AE) n* [ˈɒnəʳ]	Ehre
award *n; v* [əˈwɔːd]	Preis, Auszeichnung; zusprechen, zuerkennen
win the school award; be awarded sth for sth; award sb sth	den Schulpreis gewinnen; etw für etw zuerkannt bekommen; jdm etw zuerkennen/zusprechen
cram *v inf* [kræm]	pauken, büffeln *(inf)*
cram for exams	für Prüfungen büffeln
fail *v* [feɪl]	versagen, scheitern
fail a test; sb failed (in doing sth); fail in one's attempt (to do sth)	durch eine Prüfung fallen; jdm gelang es nicht (etw zu tun); jds Versuch schlägt fehl/missglückt
valedictorian *n* [ˌvælɪdɪkˈtɔːriən]	Klassenbeste(r) des Abschlussjahrgangs
SAT, *abbrev of* **Scholastic Aptitude Test** *n (AE)* [ˌeseɪˈtiː, skəˌlæstɪk ˌæptɪtjuːd ˈtest]	*Bezeichnung für eine Reihe von standardisierten Aufnahmeprüfungen für das amerikanische College*
GPA, *abbrev of* **grade point average** *n (AE)* [ˌdʒiːpiːˈeɪ, ˌgreɪd pɔɪnt ˈævərɪdʒ]	*Punktzahl des Notendurchschnitts*
diploma *n* [dɪˈpləʊmə]	Diplom, Abschlusszeugnis
get/hold a diploma in …; high school diploma	ein Diplom in … machen/haben; Abschlusszeugnis der High School
degree *n* [dɪˈgriː]	akademischer Grad
get a degree	einen akademischen Grad erhalten
college degree *n* [ˈkɒlɪdʒ dɪˌgriː]	*allgemeine Wendung für Ausbildung/Universitätsabschluss*
you need a college degree to get ahead	man braucht eine (gute) Ausbildung, um voranzukommen
graduate *v* [ˈgrædʒueɪt]	promovieren, einen (Studien-)Abschluss machen
graduate *n* [ˈgrædʒuət]	*Student(in) nach dem 1. akademischen Grad (Bachelor's), der/die weiter studiert*
graduate work	Diplomarbeit
graduation *n* [ˌgrædʒuˈeɪʃᵊn]	Abschlussfeier, (Universitäts-) Abschluss, Erlangung eines akadem. Grades
Bachelor *n* [ˈbætʃᵊləʳ]	Bakkalaureus
bachelor's degree	unterster akademischer Grad/Abschluss

Master *n* ['mɑːstəʳ]	Magister
master's thesis; master's degree	Magisterarbeit; 2. akadem. Grad/Abschluss *(allg.)*
Cum Laude *adj; adv* [ˌkʊm 'laʊdeɪ]	*(Abschluss)* mit Auszeichnung
Magna Cum Laude *adj; adv* [ˌmægnɑː kʊm 'laʊdeɪ]	*(Abschluss)* mit großer Auszeichnung
Summa Cum Laude *adj; adv* [ˌsʊmɑː kʊm 'laʊdeɪ]	*(Abschluss)* mit höchster Auszeichnung
doctorate *n* ['dɒktᵊrət]	Doktorwürde
doctorate in science/philosophy; get/do one's doctorate	Doktor(titel) in Naturwissenschaften/Philosophie; die Doktorwürde verliehen bekommen/ seinen Doktor machen
PhD *n* [ˌpiːeɪtʃ'diː]	Doktor, Dr.
do/get one's PhD; have a PhD in …; PhD thesis	seinen Doktor machen/promovieren, den Doktortitel bekommen; in … promoviert haben; Doktorarbeit

Vocational training

vocational training *n* [və(ʊ)'keɪʃənəl ˌtreɪnɪŋ]	Berufsausbildung
vocational training as a dental assistant	Berufsausbildung zum Zahnarzthelfer/zur Zahnarzthelferin
vocational school *n* [və(ʊ)'keɪʃənəl ˌskuːl]	Gewerbeschule
train *v* [treɪn]	einarbeiten; anweisen
training *n* ['treɪnɪŋ]	Ausbildung, Schulung; Training
trainer *n* ['treɪnəʳ]	Trainer(in), Ausbilder(in)
trainee *n* [ˌtreɪ'niː]	Auszubildende(r); Praktikant(in); Trainee
be a trainee; take on trainees	sich in der Ausbildung befinden; Auszubildende aufnehmen
apprenticeship *n* [ə'prentɪsʃɪp]	Lehre, Lehrzeit
serve one's apprenticeship	seine Lehre machen/absolvieren
apprentice *n* [ə'prentɪs]	Lehrling, Auszubildende(r)
be an apprentice; apprentice plumber/electrician	bei jdm in die Lehre gehen; Klempner-/Elektrikerlehrling
internship *n* [ɪn'tɜːnʃɪp]	Praktikum
journeyman *n* ['dʒɜːnimæn]	Geselle
appropriate *adj* [ə'prəʊpriət]	passend, geeignet
appropriate job/school …; be appropriate to/for	angemessene Arbeitsstelle/Schule …; passend/geeignet sein für
skill *n* [skɪl]	Fähigkeit, Fertigkeit
computer skills; a skilled worker	Computerfertigkeiten; ein(e) Facharbeiter(in)
unskilled *adj* [ʌn'skɪld]	ungelernt
semi-skilled	angelernt
ability *n* [ə'bɪləti]	Begabung, Fähigkeit
the ability to learn quickly	die Begabung, schnell zu lernen
enable *v* [ɪ'neɪbl]	ermöglichen, befähigen
capable *adj* ['keɪpəbl]	fähig, in der Lage
be capable of doing sth; capable of sth	fähig/in der Lage sein, etw zu tun; etw können, zu etw fähig sein
achieve *v* [ə'tʃiːv]	zu Stande bringen; erreichen, verwirklichen

Application

job market *n* [dʒɒb 'mɑːkɪt]	Arbeitsmarkt
application *n* [ˌæplɪ'keɪʃᵊn]	Bewerbung
application form; application documents	Bewerbungsformular; Bewerbungsunterlagen
apply, applied, applied *v* [ə'plaɪ, ə'plaɪd]	sich bewerben
apply for a new job; apply (to sb)	sich um eine neue Stelle bewerben; bewerben (bei)
job advert *n* [dʒɒb 'ædvɜːt]	Stellenanzeige
CV, *abbrev of* **curriculum vitae/ resumé** *(AE)* [ˌsiː'viː, kəˌrɪkjələm 'viːtaɪ, 'rezjuːmeɪ]	Lebenslauf
candidate *n* ['kændɪdət]	Bewerber
select *v* [sɪ'lekt]	(aus)wählen
select sb to do sth	jdn für etw auswählen

flaw *n* [flɔː]	Fehler, Loch
flaw in the CV	Lücke im Lebenslauf
interview *n* ['ɪntəvjuː]	Interview, (Bewerbungs-)Gespräch
have a job interview	ein Vorstellungsgespräch haben
face to face *adv* [ˌfeɪs tuː 'feɪs]	persönlich, direkt, vis-a-vis
jobcentre *(BE)*, **unemployment agency** *(AE) n* ['ʤɒb ˌsentər, ʌnɪmˌplɔɪmənt 'eɪʤən(t)si]	Arbeitsamt
employee *n* [ɪm'plɔɪiː]	Angestellte(r)
employment *n* [ɪm'plɔɪmənt]	Arbeit, Anstellung; Beschäftigung
trial *n* [traɪəl]	Versuch
work on a trial basis	jdm eine (berufliche) Chance geben
probation period *n* [prə(ʊ)'beɪʃᵊn ˌpɪəriəd]	Probezeit
3 month probation period	3 Monate Probezeit
vacancy *n* ['veɪkᵊn(t)si]	offene/freie Stelle
vacancy for an apprentice	Ausbildungsplatz
hire *v* [haɪəʳ]	einstellen
recruit *v* [rɪ'kruːt]	einstellen
replace *v* [rɪ'pleɪs]	ersetzen
turn sb/sth **down** *v* [tɜːn 'daʊn]	jdn/etw ablehnen
reskill *v* ['riːskɪl]	umschulen
retrain *v* [rɪ'treɪn]	umschulen
occupation *n* [ˌɒkjə'peɪʃᵊn]	Beschäftigung, Tätigkeit
experience *n* [ɪk'spɪəriən(t)s]	Erlebnis, Erfahrung
work experience	berufliche Erfahrung
suitability *n* [ˌsuːtə'bɪləti]	Eignung, Angemessenheit
test one's suitability	die Eignung testen
working knowledge *n pl* ['wɜːkɪŋ ˌnɒlɪʤ]	Grundkenntnisse
references *n pl* ['refᵊrᵊn(t)sᵊz]	Referenzen
evaluation *n* [ɪ'vælju'eɪʃᵊn]	Bewertung, Beurteilung
offer *v; n* ['ɒfəʳ]	anbieten; Angebot
offer sb a job; job offer	jdm eine Stelle anbieten; Stellenangebot
accomplishment *n* [ə'kʌmplɪʃmənt]	Leistung; Erfolg
qualify, qualified, qualified *v* ['kwɒlɪfaɪ, 'kwɒlɪfaɪd]	geeignet sein
qualification *n* [ˌkwɒlɪfɪ'keɪʃᵊn]	Qualifikation
achievement *n* [ə'tʃiːvmənt]	Vollendung, Ausführung; Leistung, Errungenschaft
career *n* [kə'rɪəʳ]	Karriere
hardworking *adj* ['hɑːdˌwɜːkɪŋ]	fleißig
responsible *adj* [rɪ'spɒn(t)səbl]	verantwortlich
fluent *adj* ['fluːənt]	fließend
speak fluent German; speak French fluently	fließendes Deutsch sprechen; fließend Französisch sprechen
computer literacy *n sg* [kəm'pjuːtər 'lɪtərəsi]	Computerkenntnisse
tech-savvy *adj inf* ['tekˌsævi]	computererfahren
salary *n* ['sælᵊri]	Gehalt
expected salary	Gehaltsvorstellungen
relocation *n* [ˌriːlə(ʊ)'keɪʃᵊn]	Standortwechsel
willing to relocate	bereit für einen Ortswechsel

At work

workplace *n* ['wɜːkpleɪs]	Arbeitsstation, Arbeitsort
condition *n* [kən'dɪʃᵊn]	Verhältnis; Bedingung; Verfassung
working conditions; be in good condition	Arbeitsbedingungen; in guter Verfassung sein
section *n* ['sekʃᵊn]	Abteilung
section of; in my section	Abteilung/Teil von; in meiner Abteilung
shift *n* [ʃɪft]	Schicht

the plant has 2 shifts	die Fabrik arbeitet im 2-Schicht-Betrieb
full-time *adj; adv* [ˌfʊl ˈtaɪm]	ganztags, Vollzeit(-)
work full-time; a full-time job	Vollzeit arbeiten; eine Vollzeitstelle
part-time *adj; adv* [ˌpɑːt ˈtaɪm]	Teilzeit(-)
work part-time; a part-time job	Teilzeit arbeiten; eine Teilzeitstelle
flexitime *n* [ˈfleksitaɪm]	Gleitzeit
work flexitime	mit Gleitzeit arbeiten
freelancer *n* [ˈfriːlɑːn(t)sər]	Freiberufler(in)
to go freelance	freiberuflich tätig werden
colleague, co-worker *(AE) n* [ˈkɒliːg, ˈkəʊ ˌwɜːkər]	Kollege, Kollegin
labour force, labor force *(AE) n* [ˈleɪbəʳ ˌfɔːs]	Belegschaft
head-count *n sl* [ˈhedkaʊnt]	Belegschaft *(in Zahlen)*
labor union *(AE)*, **trade union** *(BE) n* [ˈleɪbər ˌjuːnjən, ˈtreɪd ˌjuːnjən]	Gewerkschaft
income *n* [ˈɪnkʌm]	Einkommen
income tax	Einkommenssteuer
benefits, perks *(AE) n* [ˈbenɪfɪts, pɜːks]	Vorsorgeleistungen, Sozialleistungen
fringe benefits	Zusatzleistungen
salary *n* [ˈsæləri]	Gehalt
wages *n pl* [ˈweɪʤɪz]	Lohn, Löhne
hourly wages	Stundenlohn
earnings *n pl* [ˈɜːnɪŋz]	Verdienste
overtime rates *n pl* [ˈəʊvətaɪm reɪts]	Überstundentarife
co-payment *n* [ˈkəʊ ˌpeɪmənt]	Arbeitgeber- oder Arbeitnehmeranteil an Arztrechnungen
paid sick leave *n sg* [peɪd ˈsɪkliːv]	bezahlte Krankheitstage
welfare contributions *n pl* [ˈwelfeəʳ ˌkɒntrɪˈbjuːʃənz]	Sozialabgaben
annual holidays *n* [ˈænjuəl ˈhɒlədeɪz]	Jahresurlaub
reward *n; v* [rɪˈwɔːd]	Belohnung; belohnen
rewarding	befriedigend
pay rise *(BE)*, **pay raise** *(AE) n* [ˈpeɪ ˌraɪz, ˈpeɪ ˌreɪz]	Gehaltserhöhung
advancement *n* [ədˈvɑːn(t)smənt]	Beförderung
promotion *n* [prəˈməʊʃən]	Aufstieg
possibilities for promotion	Aufstiegschancen
promoted *adj* [prəˈməʊtəd]	beruflich aufgestiegen
promoted to department manager	zum Abteilungsleiter befördert
commute, commuter *v; n* [kəˈmjuːt, kəˈmjuːtər]	pendeln; Pendler(in)
commute 2 hours a day	täglich 2 Stunden pendeln
labour, labor *(AE) v* [ˈleɪbəʳ]	hart arbeiten, schuften
manufacturing process *n* [ˌmænjəˈfæktʃərɪŋ ˈprəʊses]	Herstellungsprozess
assembly line *n* [əˈsembli laɪn]	Fließband
machinery *n sg* [məˈʃiːnəri]	Maschinen
unfit *adj* [ʌnˈfɪt]	unfähig
unfit for work	arbeitsunfähig
stressful *adj* [ˈstresfʊl]	stressig, anstrengend
a stressful situation/job	eine angespannte Lage/eine stressige Arbeit(sstelle)
burnt out *adj* [bɜːnt ˈaʊt]	ausgebrannt *(z. B. durch zu viel Arbeit)*
see to sth, saw, seen *v* [ˈsiː tuː, sɔː, siːn]	für etw sorgen
see to the matter	sich um die Sache kümmern
put off sth, put, put *v* [pʊt ˈɒf, pʊt]	etw verschieben
put off visitors/a meeting	Besuchern absagen/ein Meeting verschieben
duty *n* [ˈdjuːti]	Aufgabe, Pflicht; Dienst
be on duty	im Dienst sein
carry out, carried, carried *v* [ˌkæri ˈaʊt, ˈkærid]	ausführen, befolgen

strike *n; v* [straɪk]	Streik; streiken
go on strike; be on strike	in Streik treten; streiken, sich im Streik befinden
workplace bullying *n* [ˈwɜːkpleɪs ˌbʊliɪŋ]	Mobbing
work climate, work atmosphere *n* [ˈwɜːk ˌklaɪmət, ˈwɜːk ˌætməsfɪər]	Arbeitsklima
job security *n* [dʒɒb sɪˈkjʊərəti]	sicherer Arbeitsplatz
dismiss, lay off, laid off, laid off *(AE) v* [dɪsˈmɪs, leɪˈɒf, leɪd ˈɒf]	entlassen
dismissal *n* [dɪsˈmɪsᵊl]	Entlassung
to claim unfair dismissal	sich wegen ungerechtfertigter Entlassung beschweren
severance package *n* [ˈsevᵊrən(t)s ˈpækɪdʒ]	Abfindungsabkommen
pension *n* [ˈpen(t)ʃᵊn]	Pension, Rente
company pension; be entitled to a pension	betriebliche Altersversorgung; Anspruch auf eine Pension haben/rentenberechtigt sein
retire *v* [rɪˈtaɪəʳ]	in Rente gehen
retirement *n* [rɪˈtaɪəmənt]	Pensionierung
resign, quit, quit, quit/quitted, quitted *v* [rɪˈzaɪn, kwɪt, kwɪtɪd]	(selbst) kündigen
fire, give sb **notice,** gave, given *v* [ˈfaɪər, ˌgɪv ˈnəʊtɪs, geɪv, ˈgɪvən]	feuern, entlassen
downsizing *n* [ˌdaʊnˈsaɪzɪŋ]	Stellenabbau
unemployment *n* [ˌʌnɪmˈplɔɪmənt]	Arbeitslosigkeit
corporate culture *n* [ˌkɔːpᵊrət ˈkʌltʃəʳ]	Unternehmenskultur
corporate image *n* [ˌkɔːpᵊrət ˈɪmɪdʒ]	Image eines Unternehmens

Economy and Ecology

Nature and environment

nature *n* [ˈneɪtʃəʳ]	Natur
Mother Nature	Mutter Natur
natural *adj* [ˈnætʃᵊrᵊl]	natürlich
natural resources	natürliche Rohstoffe
environment *n* [ɪnˌvaɪ(ə)rᵊnˈmənt]	Umwelt
environmental *adj* [ɪnˌvaɪ(ə)rᵊnˈmentᵊl]	Umwelt-
environmental issues; Environmental Protection Agency *(AE)*	Umweltfragen; Umweltschutzbehörde
pollution *n* [pəˈluːʃᵊn]	Verschmutzung
pollute *v* [pəˈluːt]	verschmutzen
threaten *v* [ˈθretᵊn]	bedrohen
massive *adj* [ˈmæsɪv]	riesig, Riesen-
have massive effects on the environment	massive Auswirkungen auf die Umwelt haben
devastating *adj* [ˈdevəsteɪtɪŋ]	verheerend
resource *n* [rɪˈzɔːs]	Ressource, Rohstoff
new resources for energy	alternative Energiequellen
air *n* [eəʳ]	Luft
air pollution	Luftverschmutzung
oxygen *n* [ˈɒksɪdʒən]	Sauerstoff
smog *n* [smɒg]	Smog *(Kombination aus Rauch und Nebel)*
water *n* [ˈwɔːtəʳ]	Wasser
dirty water, wastewater; water supply	Abwasser; Wasserversorgung
dam *n* [dæm]	Damm
acid rain *n* [ˌæsɪd ˈreɪn]	saurer Regen

industrial *adj* [ɪn'dʌstriəl]	industriell, Industrie-
contaminate *v* [kən'tæmɪneɪt]	vergiften
contamination *n* [kənˌtæmɪ'neɪʃən]	Verseuchung, Vergiftung; Kontamination
radioactive contamination; asbestos contamination	Strahlenverseuchung; Asbestverseuchung
toxic chemicals *n pl* [ˌtɒksɪk 'kemɪkəlz]	giftige Chemikalien
insecticide *n* [ɪn'sektɪsaɪd]	Insektenbekämpfungsmittel
herbicide *n* ['hɜːbɪsaɪd]	Unkrautvernichtungsmittel
fertilizer *n* ['fɜːtɪlaɪzər]	Dünger
mercury *n* ['mɜːkjəri]	Quecksilber
lead *n* [led]	Blei
sewage water *n* [ˌsuːɪdʒ 'wɔːtəʳ]	Abwasser
sewage water system, sewage treatment works	Abwassersystem, Kläranlage
foul *adj* [faʊl]	stinkend, übel riechend
oil spill *n* ['ɔɪlspɪl]	Ölteppich
pest *n* [pest]	Plage
mark *n* [mɑːk]	Spur
leave marks	Spuren hinterlassen
climate *n* ['klaɪmət]	Klima
greenhouse effect *n* ['griːnhaʊs ɪˌfekt]	Treibhauseffekt

The greenhouse effect

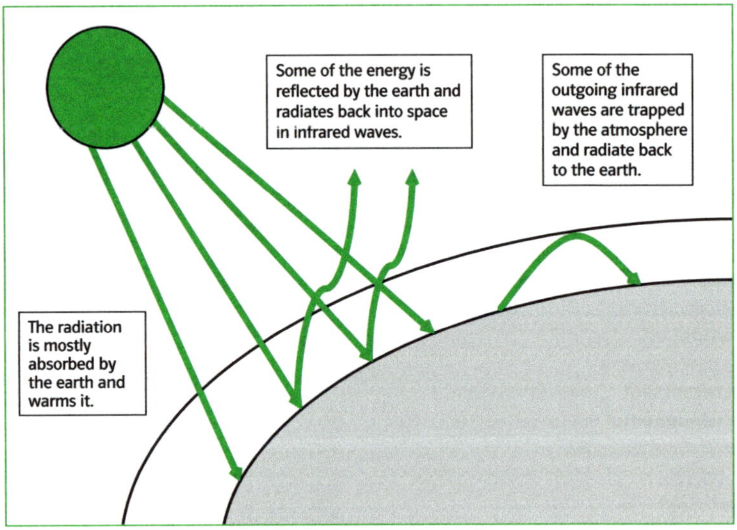

atmosphere *n* ['ætməsfɪəʳ]	Atmosphäre
ozone *n* ['əʊzəʊn]	Ozon
(hole in the) ozone layer; ozone level	Ozonschicht (-loch); Ozonwert
exhaust fumes *n pl* [ɪgˌzɔːst 'fjuːmz]	Abgase
invisibility *n* [ɪnˌvɪzə'bɪləti]	Unsichtbarkeit
invisibility of effects	Unsichtbarkeit der Auswirkungen
effect *n* [ɪ'fekt]	Wirkung, Resultat
have no/an effect; be of effect	keine/eine Wirkung haben; Wirkung zeigen, wirksam sein
melt *v* [melt]	schmelzen
melting away of the icecaps	Abschmelzen der Polkappen
ice sheet *n* ['aɪsʃiːt]	Eisschicht
glacier *n* ['glæsiər]	Gletscher
sea level *n* ['siːˌlevəl]	Meeresspiegel
flooding *n* [flʌdɪŋ]	Überschwemmung

heatwave *n* ['hiːtweɪv]	Hitzewelle
drought *n* [draʊt]	Dürreperiode
wildlife *n* ['waɪldlaɪf]	wild lebende Tiere
wildlife conservation	Artenschutz
deforestation *n* [diːˌfɒrɪ'steɪʃᵊn]	Waldraubbau, Entwaldung
unexploited *adj* [ˌʌnɪk'splɔɪtɪd]	ursprünglich, unverdorben
preserve unexploited areas	ursprünglich gebliebene Gebiete bewahren
commissioner *n* [kə'mɪʃᵊnəʳ]	Leiter(in), Verwalter(in)
parks commissioner	Parkverwalter(in)
ranger *n* ['reɪndʒəʳ]	Aufseher(in), Ranger(in)
park ranger	Aufseher(in) eines Nationalparks
species *n sg + pl* ['spiːʃiːz]	(Tier-/Pflanzen-)Art, Arten
endangered species	vom Aussterben bedrohte Art(en)
hunt *v* [hʌnt]	jagen
hunt *n* [hʌnt]	Jagd
whale hunting	Walfang
capture *v* ['kæptʃəʳ]	einfangen
capture endangered animals	gefährdete Tiere fangen
die, died, died *v* [daɪ, daɪd]	sterben
die out, die off	aussterben
extinct *adj* [ɪk'stɪŋ(k)t]	ausgestorben
become extinct; animal extinction	aussterben; Artensterben bei Tieren
disappearance *n* [ˌdɪsə'pɪərᵊn(t)s]	Verschwinden
protect *v* [prə'tekt]	(be)schützen
protect the rain forest	den Regenwald schützen
sustain *v* [sə'steɪn]	erhalten, aushalten
to sustain life	(das) Leben erhalten
power *n* ['paʊəʳ]	Energie
wind power; solar power	Windenergie; Solarenergie
power station/plant *n* [ˌpaʊər'steɪʃən/'plɑːnt]	Kraftwerk
nuclear power plant	Atomkraftwerk
unpredictable *adj* [ˌʌnprɪ'dɪktəbl]	unvorhersagbar
unpredictable effects	unvorhersagbare Auswirkungen
energy *n* ['enədʒi]	Energie
conserve energy	Energie sparen
renewable *adj* [rɪ'njuːəbl]	erneuerbar
renewable energy	erneuerbare Energie
electricity *n* [ˌelɪk'trɪsəti]	Strom, Elektrizität
green electricity	*grüner Strom (d.h. umweltfreundlich erzeugt)*
nuclear power *n* [ˌnjuːkliəˈˈpaʊəʳ]	Kernkraft, Atomkraft
fossil fuel *n* [ˌfɒsᵊl 'fjuːəl]	fossiler Brennstoff
biomass *n* ['baɪəʊˌmæs]	Biomasse *(organischer Abfall zur Energiegewinnung)*
limit *n* ['lɪmɪt]	Beschränkung, Grenzwert
exist *v* [ɪg'zɪst]	existieren
existing regulations are not enough	existierende Grenzwerte sind nicht ausreichend
regulate *v* ['regjəleɪt]	regulieren
waste *v* [weɪst]	verschwenden
waste energy/water	Wasser/Energie verschwenden
waste *n* [weɪst]	Abfall
rubbish *(BE) n* ['rʌbɪʃ]	Abfall, Müll
to sort rubbish	Müll trennen

Vergiss nicht: Im amerikanischen Englisch benutzt man für *Müll* die Wörter **trash** [træʃ] oder **garbage** ['gɑːbɪdʒ].

dump *v* [dʌmp]	abladen
dumping ground	Müllabladeplatz
management *n* ['mænɪdʒmənt]	Management, Leitung
waste management	Abfallbewirtschaftung
landfills *n pl* ['lændfɪlz]	Deponie
reduce landfills; landfill sites	Deponien reduzieren; Deponien
tip *n* [tɪp]	(Müll-)Kippe
a rubbish tip *(BE)*	eine Müllkippe
recycle *v* [rɪ'saɪkl]	wieder verwenden
bottle bank *n* [ˌbɒtl 'bæŋk]	Glascontainer
purify; purification *v; n* ['pjʊərɪˌfai, ˌpjʊərɪfɪ'keɪʃᵊn]	reinigen; Reinigung
decompose *v* [ˌdiːkəm'pəʊz]	sich zersetzen; verwesen
garbage decomposing	Müllkompostierung
organic farming *v* [ɔː'gænɪk 'fɑːmɪŋ]	ökologischer Landbau
incinerate *v* [ɪn'sɪnəreɪt]	verbrennen
incinerate waste	Müll verbrennen

Agriculture

agriculture *n* ['ægrikʌltʃəʳ]	Landwirtschaft
farm *n* [fɑːm]	Bauernhof
run a turkey farm	einen Truthahnhof betreiben
factory farming *n* [ˌfæktᵊri 'fɑːmɪŋ]	(voll)automatisierte Viehhaltung
ranch *n* [rɑːn(t)ʃ]	Ranch, Viehfarm
rancher *n* ['rɑːn(t)ʃəʳ]	Rancher(in), Viehzüchter(in)
cattle rancher	Rinder-/Viehzüchter(in)
fishing *n* ['fɪʃɪŋ]	Fischerei
fishing industry	Fischereibranche
fish *v* [fɪʃ]	fischen, angeln
live by fishing; set off to catch fish	vom Fischfang leben; zum Fischfang auslaufen
fisherman *n* ['fɪʃəʳˌmæn]	Fischer
fish culture, fish-farming *n* [ˌfɪʃ 'kʌltʃər, ˌfɪʃ 'fɑːmɪŋ]	Fischzucht
salmon *n* ['sæmən]	Lachs
tuna fish *n* ['tjuːnə ˌfɪʃ]	Thunfisch
tuna fish nets	Thunfisch(fang)netze
trout *n* [traʊt]	Forelle
lobster *n* ['lɒbstəʳ]	Hummer
hunt *v* [hʌnt]	jagen
oil rig *n* ['ɔɪl rɪg]	Ölbohrplattform
pipeline *n* ['paɪplaɪn]	Rohrleitung, Pipeline
pipe *v* [paɪp]	in Rohren leiten, pumpen
refinery *n* [rɪ'faɪnᵊri]	Raffinerie
mining *n* ['maɪnɪŋ]	Bergbau
the mining industry; mining engineer	die Bergbauindustrie; Bergbauingenieur(in)
miner *n* ['maɪnəʳ]	Bergarbeiter(in)
digger *n* ['dɪgəʳ]	Goldgräber(in); Bergmann/-frau
gold digger	Goldgräber(in)
coal *n* [kəʊl]	Kohle
coal-mining; layer of coal; coal power station	Kohlebergbau; Kohlenflöz; Kohlekraftwerk
iron *n* ['aɪən]	Eisen
ironworks *(pl)*; iron ore	Eisenhütte; Eisenerz
ground *n* [graʊnd]	Boden, Erde
soil *n* [sɔɪl]	Erde
field *n* [fiːld]	Feld, Wiese, Weide, Acker
corn field/field of corn	Maisfeld

barn *n* [bɑːn]	Scheune
barnyard	Bauernhof
grow, grew, grown *v* [grəʊ, gruː, grəʊn]	wachsen; (an)pflanzen

Denke daran, dass das unregelmäßige Verb **grow** sehr vielseitig verwendet werden kann:
wachsen (z. B. **The boy grows fast.**), *züchten* (z. B. **He grows cattle.**), *(Wein) anbauen* (z. B. **He grows wine.**), *alt werden* (**to grow old**), *aufwachsen* (**to grow up**).
Das Sprichwort *Unkraut vergeht nicht* kann man im Englischen mit **Bad weeds grow tall** wiedergeben.

plough, plow *(AE) v* [plaʊ]	pflügen
sow, sowed, sown/sowed *v* [səʊ, səʊd, səʊn/səʊd]	aussäen
sow seed	Samen aussäen
prosper *v* ['prɒspəʳ]	gedeihen, blühen
plant *n* [plɑːnt]	Pflanze
grain *n* [greɪn]	(Samen-/Getreide-)Korn; Getreide
corn *n* [kɔːn]	Getreide, Korn
wheat *n* [(h)wiːt]	Weizen
corn *n (AE)* [kɔːrn]	Mais
sweet corn	Zuckermais
crop *n* [krɒp]	Ernte; Getreide, Feldfrucht/-früchte
bring in the crop(s); corn crops; plant crops	die Ernte einbringen; die Getreideernte; Getreide anpflanzen
harvest *n; v* ['hɑːvɪst]	Ernte(zeit); ernten
bad harvest; harvest festival	Missernte; Erntedankfest
reap *v* [riːp]	ernten; mähen; schneiden
He who will reap, must sow. *(idiom)*	Wer ernten will, muss säen.
rice *n* [raɪs]	Reis
fruit *n* [fruːt]	Obst, Frucht, Früchte
vegetable *n* ['vedʒtəbl]	(ein) Gemüse
cattle *n sg + pl* ['kætl]	Rind(-vieh)
breed *n; v* [briːd]	Rasse, Zucht; züchten
horse-breeder	Pferdezüchter
graze *v* [greɪz]	grasen, weiden
herd *v* [hɜːd]	zusammentreiben
herded together	zusammengetrieben
turkey *n* ['tɜːki]	Truthahn
feed, fed, fed *v; n* [fiːd, fed]	füttern; Futter, Fütterung

Industry and economic growth

economy *n* [ɪ'kɒnəmi]	Wirtschaft
economic growth	Wirtschaftswachstum
industry *n* ['ɪndəstri]	Industrie
chamber of industry and commerce	Industrie- und Handelskammer
industrial *adj* [ɪn'dʌstriəl]	industriell, Industrie-
industrial fair; industrial technologies	Industriemesse; industrielle Verfahren
industrialize *v* [ɪn'dʌstriəlaɪz]	industrialisieren
trade *n* [treɪd]	Gewerbe, Branche, Handwerk
branch *n* [brɑːn(t)ʃ]	Branche; Filiale
branch of industry	Industriezweig
craft *n* [krɑːft]	Kunstgewerbe, Handwerk
work *n* [wɜːk]	Arbeit
piece of work; works; water works	(eine) Arbeit; Werk(e), Industrieanlage, Fabrik; Wasserwerk(e)
engineering *n* [ˌendʒɪ'nɪəʳɪŋ]	Technik
mechanical engineering; industrial engineering	Maschinenbau; Fertigungstechnik
engineer *n; v* [ˌendʒɪ'nɪəʳ]	Ingenieur(in), Techniker(in); planen, bauen, konstruieren

aerospace *n* ['eərəʊˌspeɪs]	Raumfahrt-
(the) aerospace industry	(die) Raumfahrtindustrie
aeronautic(al) *adj* [ˌeərə(ʊ)'nɔːtɪkᵊl]	aeronautisch, Luftfahrt-
aeronautic(al) engineering	Luftfahrttechnik
automobile *n* ['ɔːtəmə(ʊ)biːl]	Automobil *(formell)*
(the) automobile industry	(die) Auto(mobil)industrie
textile *n* ['tekstaɪl]	Textil-
textile mill	Textilfabrik
mill *n* [mɪl]	Fabrik, Mühle
paper mill; cotton mill; saw mill	Papierfabrik; Spinnerei/Weberei; Sägemühle/-werk
shipyard *n* ['ʃɪpjɑːd]	(Schiffs-)Werft
factory, plant *(AE)* *n* ['fæktᵊri, plɑːnt]	Fabrik
industrial plant	Industriebetrieb
engine *n* ['endʒɪn]	Motor, Maschine
engine failure	Maschinen-/Motorschaden
assembly line *n* [əˌsembli 'laɪn]	Fließband
assemble *v* [ə'sembl]	zusammenbauen, montieren
material *n* [mə'tɪəriəl]	Material, Stoff
raw materials	Rohstoffe/-materialien
steel *n* [stiːl]	Stahl
steel mill	Eisenhütte
technology *n* [tek'nɒlədʒi]	Technologie, Technik
use high technology	hochentwickelte Technik/Technologie verwenden
advance *n; v* [əd'vɑːn(t)s]	Fortschritt; voran-/weiterbringen *(Arbeit)*
advanced technology	fortschrittliche Technik
produce *v* [prə'djuːs]	herstellen, produzieren
product *n* ['prɒdʌkt]	Produkt
our product; new product; trial product	unser Produkt; neues Produkt; Versuchsprodukt
production *n* [prə'dʌkʃᵊn]	Produktion, Herstellung
mass-produce *v* [ˌmæs prə'djuːs]	in Massenproduktion/-fabrikation herstellen
item *n* ['aɪtəm]	Gegenstand, Stück; Posten
fast-selling item; item in a list	gut gehender Artikel; Posten auf einer Liste
type *n* [taɪp]	Art, Sorte; Typ
prototype	Prototyp
create *v* [kri'eɪt]	kreieren, (er)schaffen, erfinden
create new products/jobs	neue Produkte/Stellen schaffen
producer *n* [prə'djuːsəʳ]	Produzent(in), Hersteller(in)
producer's documentation/manual	Gebrauchsanweisung/Handbuch des Herstellers
instructions *n pl* [ɪn'strʌkʃᵊnz]	Gebrauchsanweisung; Anweisungen
instructions for use; give sb instructions	Gebrauchsanweisung; jdm Anweisungen geben
function *v* ['fʌŋ(k)ʃᵊn]	funktionieren
maintain *v* [meɪn'teɪn]	unterhalten, instand halten, warten, pflegen
maintain a (high-)quality assurance	(Maßnahmen zur) Qualitätssicherung betreiben
be wrong, was/were, been *v* [biː 'rɒŋ, wɒz/wɜːr, biːn]	nicht in Ordnung sein
There is sth wrong with …	Da stimmt etwas nicht mit …
out of order *adj idiom* [ˌaʊt əv 'ɔːdəʳ]	außer Betrieb
complete *v* [kəm'pliːt]	fertig stellen, beenden
finished *adj* ['fɪnɪʃt]	fertig (gestellt/bearbeitet)
finished goods	Fertigteile/-güter
store *v* [stɔːʳ]	lagern
store sth in a warehouse	etw in einem Lagerhaus lagern
stock *n; v* [stɒk]	Vorrat, Bestand; führen, ausstatten
stock of; take stock; stock up (on sth)	Bestand an; Inventur machen; einen Vorrat (von etw) anlegen

shift *n* [ʃɪft]	(Arbeits-) Schicht
operating on two shifts	in zwei Schichten arbeiten
effective *adj* [ɪ'fektɪv]	effektiv, wirksam
effective operations	effektive Arbeitsweise
efficiency *n* [ɪ'fɪʃən(t)si]	Effizienz, Leistungsfähigkeit
increased efficiency	Leistungssteigerung
input *n no pl* ['ɪnpʊt]	Beitrag, Zufuhr, Aufwand
output *n no pl* ['aʊtpʊt]	Produktion, Ausstoß
increase output to …	den Ausstoß erhöhen auf …

Business and commerce

business *n* ['bɪznɪs]	Sache; Geschäft
be in business; on business; How's business?	als Geschäft existieren; geschäftlich; Wie läuft das Geschäft?
trade *v; n* [treɪd]	tauschen, Geschäfte machen, handeln; Handel
trade in sth; trade with sb; Board of Trade *(AE)*; trading partner	mit einer Sache handeln; mit jdm handeln; Handelskammer; Handelspartner
firm *n* [fɜːm]	Firma
law firm	Kanzlei
company *n* ['kʌmpəni]	Firma, Unternehmen, Gesellschaft
family-owned company	Familienbetrieb
run, ran, run *v* [rʌn, ræn, rʌn]	anbieten, organisieren; betreiben
run a business	ein Geschäft betreiben
managing director *n (BE)* [ˌmænɪdʒɪŋ dɪ'rektər]	Geschäftsleiter(in), Präsident(in)
president *n (AE)* ['prezɪdənt]	Geschäftsleiter(in), Präsident(in)
management *n* ['mænɪdʒmənt]	Management, Leitung, Führung
proprietor *n* [prə'praɪətəʳ]	Geschäftsinhaber(in), Besitzer(in)
sole-proprietorship	Einzelinhaber(in)
agency *n* ['eɪdʒən(t)si]	Agentur
section *n* ['sekʃən]	Abteilung
fair *n* [feəʳ]	Messe
trade fair	Handelsmesse
meeting *n* ['miːtɪŋ]	Treffen, Besprechung
AGM *abbrev of* Annual General Meeting	Jahreshauptversammlung
partner *n* ['pɑːtnəʳ]	Partner(in)
business partners	Geschäftspartner
market *n* ['mɑːkɪt]	(Absatz-)Markt; Absatzgebiet; Börse
analyse/analyze *(AE)* the market; selling market	eine Marktanalyse durchführen; Absatzmarkt
market research *n* [ˌmɑːkɪt rɪ'sɜːtʃ]	Marktforschung
marketing *n* ['mɑːkɪtɪŋ]	Marketing, Vertrieb, Absatz
marketing agreement	Marktabsprache
advertising *n* ['ædvətaɪzɪŋ]	Werbung, Reklame
advertising campaign; advertising firm	Werbekampagne; Werbeagentur
customer *n* ['kʌstəməʳ]	Kunde, Kundin
consumer *n* [kən'sjuːməʳ]	Verbraucher(in)
consumer-goods; consumer protection	Konsum-/Verbrauchsgüter; Verbraucherschutz
service *n* ['sɜːvɪs]	Dienst(leistung)
customer service; service provider	Kundendienst, Dienstleistung; Dienstleister
price *n* [praɪs]	(zu zahlender) Preis
bill *n* [bɪl]	Rechnung; Geldschein *(AE)*
dollar bill *(AE)*	Dollarnote

> Das Wort **bill** hat zahlreiche Bedeutungen, hier die wichtigsten: *Abrechnung, Rechnung* (im Restaurant), *Gesetz* oder *Gesetzentwurf*, und im amerikanischen Englisch auch *Geldschein* oder *Banknote*.

deposit *n* [dɪ'pɒzɪt]	Anzahlung

percentage *n* [pə'sentɪdʒ]	Prozentsatz
payment *n* ['peɪmənt]	Zahlung; Bezahlung
bank *n* [bæŋk]	Bank
bank clerk; direct bank	Bankangestellte(r); Direktbank
cash *n* [kæʃ]	Bargeld
in cash; cash a cheque; cash on delivery *(abbrev* COD)	(in) bar; einen Scheck einlösen; per Nachnahme
account *n* [ə'kaʊnt]	(Bank-)Konto; Bericht
bank account; account number; savings account	Bankkonto; Kontonummer; Sparkonto
rate *n* [reɪt]	Preis, Rate, Satz
rate of return; rate of revenue; rate of interest	Rendite; Absatzrate; Zinssatz
overdue *adj* [ˌəʊvə'djuː]	überfällig
interest *n* ['ɪntrəst]	Zinsen, Zins-
pay interest on sth; interest rate; interest-free	Zinsen für/auf etw bezahlen; Zinssatz; zinslos
assets *n pl* ['æsets]	(Aktiv-)Vermögen, Aktiva, Vermögensstand
capital assets; assets and liabilities	Anlagevermögen; Aktiva und Passiva
capital *n* ['kæpɪtᵊl]	Kapital, Vermögen
share capital	Aktienkapital
stock exchange *n* ['stɒk ɪksˌtʃeɪndʒ]	Börse *(Gebäude, Börsenplatz)*
listed on the stock exchange	börsennotiert *(Firma)*
stocks *n pl (AE)* [stɒks]	Aktien, Anteile
stocks and shares; stock price; stockmarket (crash)	Wertpapiere; Aktienkurs; Börse(nkrach)
share *n* [ʃeəʳ]	Anteil; Aktie, Wertpapier *(BE)*
share of/in; share index; share price; market share	Anteil von/an; Aktienindex; Aktienkurs; Marktanteil
shareholder *(BE)*, **stockholder** *(AE) n* ['ʃeərˌhəʊldər, 'stɒkˌhəʊldər]	Aktionär(in)
slump *n* [slʌmp]	Konjunktureinbruch, dramatischer Rückgang
insurance *n* [ɪn'ʃʊərᵊn(t)s]	Versicherung
take out insurance; insurance company; insurance agent	eine Versicherung abschließen; Versicherungsgesellschaft; Versicherungsvertreter(in)
insure *v* [ɪn'ʃʊəʳ]	versichern
insure against sth; insured *(n; adj)*	gegen etw versichern; Versicherte(r), versichert

Globalization

globalization *n* [ˌgləʊbᵊlaɪ'zeɪʃᵊn]	Globalisierung
globalize *v* ['gləʊbᵊlaɪz]	globalisieren; weltweit ausgerichtet sein
global *adj* ['gləʊbᵊl]	weltweit, umfassend, global
global change; global player	globale Veränderungen; Global Player *(weltweit tätiges Unternehmen)*
worldwide *adj; adv* [ˌwɜːld'waɪd]	weltweit
economy *n* [ɪ'kɒnəmi]	(Volks-)Wirtschaft
free-market economy; state of the economy	freie Marktwirtschaft; wirtschaftliche Lage/Situation
economic *adj* [ˌiːkə'nɒmɪk]	wirtschaftlich
downward economic trend; economic system/growth	fallende Konjunktur; Wirtschaftssystem/-wachstum
international *adj* [ˌɪntə'næʃᵊnᵊl]	international
international financial system	internationales Finanzsystem
cosmopolitanism *n* [ˌkɒzmə'pɒlɪtᵊnɪzm]	Kosmopolitismus
recession *n* [rɪ'seʃᵊn]	Wirtschaftskrise, Rezession
a worldwide recession	eine weltweite Wirtschaftskrise
overseas *adj; adv* ['əʊvəsiːz]	(in) Übersee, Übersee-, überseeisch
overseas trade	Überseehandel
importation *n* [ˌɪmpɔː'teɪʃᵊn]	Einfuhr, Import
export *n; adj* ['ekˌspɔːt]	Ausfuhr(-), Export(-)
ban on exports; export duty/licence/trade	Ausfuhr-/Exportverbot; Exportzoll/-genehmigung/-handel
export *v* [ɪk'spɔːt]	exportieren
subsidized ['sʌbsɪdaɪzd]	subventioniert

Referate halten
Diskutieren
Stichwortverzeichnis
Landeskunde
Literatur

protective tariff *n* [prəˈtektɪv ˈtærɪf]	Schutzzoll
strategy *n* [ˈstrætədʒi]	Strategie; Vorgehensweise
current economic strategy	aktuelle Wirtschaftsstrategie
expense *n* [ɪksˈpens]	Kosten
at sb's expense	auf jds Kosten
the Third World *n* [ðə ˌθɜːd ˈwɜːld]	die Dritte Welt
exploitation *n* [ˌeksplɔɪˈteɪʃᵊn]	Ausbeutung
condition *n* [kənˈdɪʃᵊn]	Verhältnis; Bedingung
terms and conditions (of a contract); poor economic conditions *(pl)*	(Vertrags-)Bedingungen; schlechte wirtschaftliche Verhältnisse
prospect *n* [ˈprɒspekt]	Aussicht
development *n* [dɪˈveləpmənt]	Entwicklung
economic development	wirtschaftlicher Aufbau
develop *v* [dɪˈveləp]	entwickeln
developing country	Entwicklungsland
non-profit organization, abbrev **NPO** *n* [nɒnˌprɒfɪt ɔːgənaɪˈzeiʃən, enpiːˈəʊ]	gemeinnützige Organisation
supply *n* [səˈplaɪ]	Versorgung, Angebot
be in short supply	knapp sein
availability *n* [əˌveɪləˈbɪləti]	Vorrätigkeit, Verfügbarkeit
demand *n* [dɪˈmɑːnd]	Nachfrage
increased demand	erhöhte/verstärkte Nachfrage
spread, spread, spread *v* [spred]	weitersagen; verbreiten, ausbreiten
go up/down, went, gone *v* [gəʊ ˈʌp/ˈdaʊn, went, gɒn]	steigen/sinken
prices go up	die Preise steigen
increase *n* [ˈɪnkriːs]	Zunahme, Erhöhung, Steigerung
be on the increase	ständig zunehmen
increase *v* [ɪnˈkriːs]	steigen, anwachsen; vergrößern
increased standard of living	höherer Lebensstandard
fall, fell, fallen *v* [fɔːl, fel, ˈfɔːlən]	fallen
prices have fallen hard	die Preise sind stark gesunken
lend, lent, lent *v* [lend, lent]	leihen, verleihen
borrow *v* [ˈbɒrəʊ]	(aus)leihen
borrow (sth) from sb; borrowing on credit	(sich etw) von jdm ausleihen; Kreditaufnahme
unprofitable *adj* [ʌnˈprɒfɪtəbl]	keinen Profit bringend, unrentabel
speculate *v* [ˈspekjəleɪt]	spekulieren
investment *n* [ɪnˈves(t)mənt]	Anlage, Investition
foreign investment	Auslandsinvestition
long-term *adj* [ˌlɒŋ ˈtɜːm]	Langzeit-
long-term planning/investment	Langzeitplanung/-investitionen
take, took, taken *v* [teɪk, tʊk, ˈteɪkᵊn]	erfordern
take time/money	Zeit/Geld erfordern
risk *n* [rɪsk]	Risiko
commercial risk; run the risk of	Unternehmerrisiko; Gefahr laufen zu
risky *adj* [ˈrɪski]	riskant
risky business	riskantes Geschäft/Unternehmen
safely *adv* [ˈseɪfli]	sicher
take over, took, taken *v* [teɪk ˈəʊvər, tʊk, ˈteɪkən]	übernehmen, wegnehmen
takeover *n* [ˈteɪkəʊvəʳ]	Übernahme
takeover bid	Übernahmeangebot
afford *v* [əˈfɔːd]	sich leisten
sb can/could (not)/is (not) able to afford to do sth	jd kann/könnte es sich (nicht) leisten, etw zu tun
wealth *n* [welθ]	Reichtum; Vermögen
wealth based on	Reichtum aufgrund von

wealthy *adj* ['welθi]	wohlhabend, reich
wealthy nation	reiches Land
riches *n pl* ['rɪtʃəz]	Reichtum; Reichtümer
amass riches	Reichtümer anhäufen
success *n* [sək'ses]	Erfolg
standard of living *n* [ˌstændəd əv 'lɪvɪŋ]	Lebensstandard
gross *adj* [grəʊs]	brutto, Brutto-
GNP, *abbrev of* gross national product	Bruttosozialprodukt
debt *n* [det]	Schuld; Schulden
National Debt; repay a debt; be in/out of debt (to sb)	Staatsschulden; eine Schuld begleichen; (jdm gegenüber) verschuldet/schuldenfrei sein
debt relief *n* [det rɪ'li:f]	Schuldenerlass
owe *v* [əʊ]	schulden
owe sth to chance	etw dem Zufall verdanken
pay off, paid, paid *v* [peɪ 'ɒf, peɪd]	abzahlen
pay off debt	Schuld/Schulden abzahlen
repay, repaid, repaid *v* [ri:'peɪ, ri:'peɪd]	zurückzahlen; entschädigen
repay sb sth; repay sb for sth	jdm etw zurückzahlen; jdn für etw entschädigen
refund *v* [ri:'fʌnd]	zurückerstatten
overcome, overcame, overcome *v* [ˌəʊvə'kʌm, ˌəʊvə'keɪm, ˌəʊvə'kʌm]	überwinden
overcome difficulties (in sth)	Schwierigkeiten (bei etw) überwinden
bootlegging *n (AE)* ['bu:tˌlegɪŋ]	*illegale/r Herstellung/Verkauf von Waren*
rival *n; adj* ['raɪvᵊl]	Konkurrent(in), Rivale/Rivalin; Konkurrenz-
business rivals	geschäftliche Rivalen/Konkurrenten
boycott *n; v* ['bɔɪkɒt]	Boykott; boykottieren
boycotting the fur trade industry/foreign imports	die Pelzhandelsindustrie/Auslandsimporte boykottieren

Technology and Progress

Science

progress *n no pl* ['prəʊgres]	Fortschritt
make good progress in/with sth	gute Fortschritte mit/bei etw machen
technology *n* [tek'nɒlədʒi]	Technologie, Technik
medical technology	medizinische Technik
technical *adj* ['teknɪkəl]	technisch
technological *adj* [ˌteknə'lɒdʒɪkᵊl]	technologisch
achieve a technological breakthrough	einen technologischen Durchbruch erreichen
research *n* [rɪ'sɜ:tʃ]	Forschung
do research into sth	Forschungen über etw betreiben
project *n* ['prɒdʒekt]	Projekt
long-term project	langfristiges Projekt
develop *v* [dɪ'veləp]	(sich) entwickeln
Research and Development	Forschung und Entwicklung
examine *v* [ɪg'zæmɪn]	untersuchen
discover *v* [dɪ'skʌvəʳ]	entdecken
discovery *n* [dɪ'skʌvᵊri]	Entdeckung
breakthrough *n* ['breɪkθru:]	Durchbruch
a medical breakthrough	ein Durchbruch auf medizinischem Gebiet
create *v* [kri'eɪt]	kreieren, (er)schaffen, erfinden
invent *v* [ɪn'vent]	erfinden
invention *n* [ɪn'ven(t)ʃᵊn]	Erfindung

inventor *n* [ɪn'ventəʳ]	Erfinder(in)
promising *adj* ['prɒmɪsɪŋ]	viel versprechend
promising results	viel versprechende Ergebnisse
launch *v* [lɔːn(t)ʃ]	beginnen
improve *v* [ɪm'pruːv]	(sich) verbessern
state *n* [steɪt]	Zustand
state-of-the-art technology	der neueste Stand der Technik
continuous *adj* [kən'tɪnjuəs]	(an)dauernd, laufend
continuous improvements	ständige Verbesserungen
effect *n* [ɪ'fekt]	Wirkung, Effekt
to have a lasting effect; to good effect; the overall effect	nachhaltig wirken; mit Erfolg; das Gesamtresultat

Achte darauf, dass du das Substantiv **effect** *(Wirkung)* nicht mit dem Verb **affect** *(wirken auf, betreffen, beeinflussen)* verwechselst.

electricity *n* [ɪlekt'rɪsɪti]	Strom, Elektrizität
electronic *adj* [ɪlekt'rɒnɪk]	elektronisch
electrical *adj* [ɪ'lektrɪkᵊl]	elektrisch, Elektro-
electrical appliance	Elektrogerät
space *n* [speɪs]	Raum, Weltraum
space program; from outer space	Raumfahrtprogramm; aus den Tiefen des Weltraums
lunar *adj* ['luːnəʳ]	Mond-
lunar eclipse	Mondfinsternis
solar *adj* ['səʊləʳ]	Sonnen-
solar energy; the Solar System	Sonnenenergie; das Sonnensystem
the **Milky Way** *n* [ðə ˌmɪlki 'weɪ]	die Milchstraße
universe *n* ['juːnɪvɜːs]	Universum, All, Kosmos
observatory *n* [əb'zɜːvətri]	Observatorium, Sternwarte
telescope *n* ['telɪskəʊp]	Fernrohr
astronomer *n* [ə'strɒnəməʳ]	Astronom(in), Himmelsforscher(in)
engineer *n* [ˌendʒɪ'nɪəʳ]	Ingenieur(in)
aerospace engineer	Luft- und Raumfahrtingenieur(in)
NASA *abbrev of* **National Aeronautics and Space Administration** *n no pl* ['næsə, ˌnæʃənəl eərə(ʊ)ˌnɔːtɪks ænd ˌspeɪs ədmɪnɪ'streɪʃən]	*amerikanische Weltraumbehörde*

Medicine

disease *n* [dɪ'ziːz]	Krankheit
incurable disease	unheilbare Krankheit
specialist *n* ['speʃᵊlɪst]	Spezialist(in)
laboratory, *abbrev* **lab** *n* [lə'bɒrətᵊri, læb]	Labor
research lab	Forschungslabor
cure *n* [kjʊər]	Heilmittel
to cure sb of a disease	jdn von einer Krankheit heilen
vaccine *n* ['væksiːn]	Impfstoff
allergy *n* ['ælədʒi]	Allergie
an allergic response to, allergic to	eine allergische Reaktion auf, allergisch gegen
cancer *n* ['kæn(t)səʳ]	Krebs
cancer research	Krebsforschung

Research ist – genau wie **evidence** *(Beweis(e))*, **proof** *(Beweis(e))*, **information** *(Information(en))*, **knowledge** *(Kenntnis(se))* und **progress** *(Fortschritt(e))* – ein unzählbares Substantiv und wird deshalb nie im Plural oder mit unbestimmtem Artikel verwendet.

cancer screening *n* ['kæn(t)səʳ ˌskriːnɪŋ]	Krebsvorsorgeuntersuchung

chemotherapy *n* [ˌkiːmə(ʊ)ˈθerəpi]	Chemotherapie
CAT (Computed Axial Tomography) scan machine *n* [ˌkæt (kəmˌpjuːtɪd ˌæksiəl təˈmɒgrəfi) skæn məˈʃiːn]	Computertomograph
X-ray *n* [ˈeksreɪ]	Röntgenaufnahme
chest X-ray	Röntgenbild des Oberkörpers
ray *n* [reɪ]	(Licht-)Strahl
ultraviolet rays	ultraviolette Strahlung
radioactive *adj* [ˌreɪdiəʊˈæktɪv]	radioaktiv
surgeon *n* [ˈsɜːdʒᵊn]	Chirurg(in)
operate on sb *v* [ˈɒpᵊreɪt]	jdn operieren
microsurgery *n* [ˌmaɪkrəʊˈsɜːdʒəri]	Mikrochirurgie
keyhole surgery *n* [ˈkiːhəʊl ˌsɜːdʒᵊri]	Minimal-Invasive Chirurgie (*Abk.* MIC)
liquid bandage *n* [ˌlɪkwɪd ˈbændɪdʒ]	Wundkleber
device *n* [dɪˈvaɪs]	Gerät, Vorrichtung
a useful device	ein hilfreiches Werkzeug
implant sth into sth *v* [ɪmˈplɑːnt]	etw in etw verpflanzen
implant *n* [ˈɪmplɑːnt]	Implantat
transplant *n* [ˈtræn(t)splɑːnt]	Transplantation, Transplantat
organ donor *n* [ˈɔːgən ˌdəʊnəʳ]	Organspender
rejection *n* [rɪˈdʒekʃᵊn]	Abstoßung

Biotechnology

genetics *n sg* [dʒəˈnetɪks]	Genetik
genetic *adj* [dʒəˈnetɪk]	genetisch
to take a genetic test, genetic defect	sich einem Gentest unterziehen, genetischer Defekt
gene *n* [dʒiːn]	Gen
trait *n* [treɪt]	Eigenschaft
predisposition *n* [ˌpriːdɪspəˈzɪʃᵊn]	Anfälligkeit
be predisposed to sth *v* [ˌpriːdɪˈspəʊzd]	anfällig für etw sein
DNA (deoxyribonucleic acid) *n* [ˌdiːenˈeɪ]	DNS (Desoxyribonukleinsäure), DNA
DNA fingerprinting	genetischer Fingerabdruck
molecule *n* [ˈmɒlɪkjuːl]	Molekül
cell *n* [sel]	Zelle
core *n* [kɔːʳ]	Kern
core of the earth/an apple; core of a cell	Erdkern/Apfelkern; Zellkern
nucleus, *pl* **nuclei** *n* [ˈnjuːkliəs]	Kern, Nukleus
protein *n* [ˈprəʊtiːn]	Protein
family balancing *n* [ˈfæmᵊli ˌbælən(t)sɪŋ]	*Auswahl der Embryonen nach Geschlecht (um einen Ausgleich des Geschlechtsverhältnisses innerhalb der Familie zu wahren)*
determine *v* [dɪˈtɜːmɪn]	bestimmen
location *n* [lə(ʊ)ˈkeɪʃᵊn]	Position
decode *v* [dɪˈkəʊd]	entziffern
reproductive cloning *n* [riːprəˌdʌktɪv ˈkləʊnɪŋ]	Klonen von Menschen
clone *v*; *n* [kləʊn]	klonen; Klon
therapeutic cloning *n* [θerəˌpjuːtɪk ˈkləʊnɪŋ]	therapeutisches Klonen
reproductive technology *n* [ˌriːprəˈdʌktɪv tekˈnɒlədʒi]	Fortpflanzungstechnologie
infertile *adj* [ɪnˈfɜːtaɪl]	unfruchtbar
in vitro fertilization *n* [ɪnˈviːtrəʊ ˌfɜːtɪlaɪˈzeɪʃən]	künstliche Befruchtung
embryonic stem cell *n* [ˌembriˈɒnɪk stem sel]	embryonale Stammzelle
fuse *v* **sth with sth** [fjuːz]	etw mit etw verschmelzen
bioengineered *adj* [ˌbaɪəʊˌendʒɪˈnɪəʳd]	genmanipuliert
resistance *n* [rɪˈzɪstᵊn(t)s]	Widerstandsfähigkeit

modify *v* ['mɒdɪfaɪ]	verändern
to modify sth genetically	etw gentechnisch verändern
alter *v* ['ɔːltəʳ]	verändern
controversial *adj* [ˌkɒntrəˈvɜːʃəl]	kontrovers
ethics *n pl* ['eθɪks]	Ethik

Mathematics and computer science

Computer Science, Quantitative Methods *(AE) n (pl)* [kəmˌpjuːtər ˈsaɪən(t)s, ˌkwɒntɪtətɪv ˈmeθədz]	Informatik
language *n* ['læŋgwɪdʒ]	Sprache
programming language	Programmiersprache
programme *(BE)*, **program** *(AE) n* ['prəʊgræm]	(Computer-)Programm
programmable *adj* ['prəʊgræməbl]	programmierbar
complex *adj* ['kɒmpleks]	komplex
large-scale *adj* ['lɑːdʒˌskeɪl]	umfangreich
obsolete adj ['ɒbsəliːt]	veraltet
microprocessor *n* [ˌmaɪkrəʊ'prəʊsesər]	Mikroprozessor
floppy disc *n* ['flɒpi dɪsk]	Diskette
operating system *n* ['ɒpəreɪtɪŋ ˈsɪstəm]	Betriebssystem
word processing *n* ['wɔːd ˌprəʊsesɪŋ]	Textverarbeitung
worm *n* [wɜːm]	Wurm
infiltration *n* [ˌɪnfɪl'treɪʃən]	Befall
crash *v* [kræʃ]	Absturz
data theft *n* ['deɪtə θeft]	Datenraub
logic *n* ['lɒdʒɪk]	Logik
logical *adj* ['lɒdʒɪkəl]	logisch
expert *n* ['ekspɜːt]	Experte, Expertin
be an expert on sth	ein Experte/eine Expertin für etw sein
digit *n* ['dɪdʒɪt]	Ziffer
a 10 digit number	eine zehnstellige Zahl
point *n* [pɔɪnt]	Punkt *(bei Zahlen; im dt. Gebrauch: Komma)*
1.5 (one point five) million	1,5 (eins komma fünf) Millionen
definition *n* [ˌdefɪ'nɪʃən]	Definition
by definition	per Definition
define *v* [dɪ'faɪn]	definieren
probability *n* [ˌprɒbə'bɪlətl]	Wahrscheinlichkeit
high/low probability	hohe/geringe Wahrscheinlichkeit
equal *adj; v* ['iːkwəl]	gleich; gleichen
x equals y	x ist gleich y
equation *n* [ɪ'kweɪʒən]	Gleichung
result *n* [rɪ'zʌlt]	Ergebnis, Resultat
positive/negative result; check one's results	positives/negatives Ergebnis; seine Resultate überprüfen
multiplication *n* [ˌmʌltiplɪ'keɪʃən]	Multiplikation, Malnehmen
multiplication sign	Mal-Zeichen
division *n* [dɪ'vɪʒən]	Division, Teilen
exponent *n* [ɪk'spəʊnənt]	Exponent
countless *adj* ['kaʊntləs]	zahllos, unzählig
analyse, analyze *(AE) v* ['ænəlaɪz]	analysieren, untersuchen
calculated *adj* ['kælkjəleɪtɪd]	berechnet, kalkuliert
combine *v* [kəm'baɪn]	kombinieren
combination *n* [ˌkɒmbɪ'neɪʃən]	Kombination
diagram *n* ['daɪəgræm]	Diagramm, Schaubild
grid *n* [grɪd]	Tabelle

pie chart *n* ['paɪˌtʃɑːt]	Kreisdiagramm
bar chart *n* ['bɑːˌtʃɑːt]	Säulendiagramm
statistics *n pl* [stə'tɪstɪks]	Statistik
statistics on illness	Krankheitsstatistiken
statistical *adj* [stə'tɪstɪkᵊl]	statistisch
statistical returns	statistische Angaben
insight *n* ['ɪnsaɪt]	Einblick, Verständnis
survey *n* ['sɜːveɪ]	Untersuchung, Umfrage
a survey of/on sth	eine Untersuchung über etw

Internet and communication

medium, *pl* **media** *n* ['miːdiəm, 'miːdiə]	Medium, Medien
laptop, notebook *n* ['læptɒp, 'nəʊtbʊk]	Laptop-/Notebook-Computer
artificial *adj* [ˌɑːtɪ'fɪʃᵊl]	künstlich
artificial intelligence (*abbrev* AI)	Künstliche Intelligenz (KI)
screen *n* [skriːn]	Bildschirm, Leinwand
flat-screen	Flachbildschirm
keyboard *n* ['kiːbɔːd]	Tastatur
cordless keyboard	drahtlose Tastatur
microchip *n* ['maɪkrəˌtʃɪp]	Mikrochip
disk *n* [dɪsk]	Scheibe
hard disk; compact disc (*abbrev* CD)	Festplatte; CD
hardware *n* ['hɑːdweəʳ]	Hardware
module *n* ['mɒdjuːl]	Modul
system *n* ['sɪstəm]	System
operating system	Betriebssystem
application *n* [ˌæplɪ'keɪʃᵊn]	Anwendung(sprogramm)
function *v* ['fʌŋ(k)ʃᵊn]	funktionieren
install *v* [ɪn'stɔːl]	installieren
directory *n* [dɪ'rektᵊri]	Ordner, Verzeichnis
file *n* [faɪl]	Datei, (virtuelle) Akte
data *n pl (with sg or pl v)* ['deɪtə]	Daten
a piece of data	eine Angabe, eine Dateninformation
bit *n* [bɪt]	Bit
Eight bits make a byte.	Acht Bit ergeben ein Byte.
save *v* [seɪv]	speichern *(Daten)*
word *n* [wɜːd]	Wort
word processing/processor	Textverarbeitung(sprogramm)
process *v* [prə(ʊ)'ses]	verarbeiten
data is processed by an application	Daten werden von einer Anwendung verarbeitet
display *n* [dɪ'spleɪ]	Demonstration; Anzeige
upgrade *v* [ʌp'greɪd]	aufrüsten
erase, delete *v* [ɪ'reɪz, dɪ'liːt]	löschen
delete a file	eine Datei löschen
erasure *n* [ɪ'reɪʒəʳ]	(Aus-)Löschen
burn, burnt, burnt *(BE)*/ burned, burned *(AE)* *v* [bɜːn, bɜːnt / bɜːnd]	(ver)brennen
burn a CD	eine CD brennen
error *n* ['erəʳ]	Fehler
error message	Fehlermeldung
communication *n* [kəˌmjuːnɪ'keɪʃᵊn]	Kommunikation; Verständigung
telecommunications *(pl)*	Telekommunikation
communicate *v* [kə'mjuːnɪkeɪt]	kommunizieren
interactive *adj* [ˌɪntəʳ'æktɪv]	interaktiv

interactive computer game	interaktives Computerspiel
World Wide Web *abbrev* **WWW** *n* [ˌwɜːld waɪd ˈweb, ˌdʌbljuː ˌdʌbljuː ˌdʌbljuː]	Internet
network *n* [ˈnetwɜːk]	Netz(-werk)
site *n* [saɪt]	Ort, Platz
website *n* [ˈwebsaɪt]	Internetadresse, Webseite *(gesamter Internetauftritt einer Firma, Person usw.)*
to design/create a website	eine Website gestalten/erstellen
dot *n* [dɒt]	Punkt, Tupfen
dotcom (.com) company	*Internetfirma, die hauptsächlich über ihre Internetadresse identifiziert wird*
online *adj* [ˌɒnˈlaɪn]	online, im Internet
online shop	virtuelles Geschäft im Internet
access *n; v* [ˈækses]	Zugang; zugreifen, aufrufen
internet access; to access a web page	Internetzugang; eine Website aufrufen
connection *n* [kəˈnekʃᵊn]	Verbindung, Beziehung
a direct connection	eine Direktverbindung
connect *v* [kəˈnekt]	verbinden
connect a computer to the Internet	einen Computer mit dem Internet verbinden
broadband *adj* [ˈbrɔːdbænd]	Breitband-
broadband internet connection	Breitband-Internetverbindung
hotspot *n* [ˈhɒtspɒt]	*drahtloser Internetzugangspunkt*
link *v* [lɪŋk]	verbinden
link a website	eine Verbindung zu einer Internetseite herstellen
search *n; v* [sɜːtʃ]	Suche; suchen
search engine; search term	Suchmaschine; Suchbegriff
browse *v* [braʊz]	stöbern, schmökern
Internet browser	Internetbrowser *(Programm zum Lesen/Anzeigen von Internetseiten)*
cyberspace *n* [ˈsaɪbəspeɪs]	virtueller Raum, das Internet
news junkie *n sl* [ˈnjuːz ˌdʒʌŋki]	Nachrichtenjunkie
webzine *n* [ˌwebˈziːn]	*elektronische Zeitschrift im Internet*
pop up, popped, popped *v* [pɒp ʌp, pɒpt]	in die Höhe fahren, hochfahren; plötzlich auftauchen
pop-up window	Popup-Fenster *(Hinweismeldung eines Computerprogramms)*
virtual *adj* [ˈvɜːtʃuəl]	virtuell
virtual communication in a chatroom	virtuelle Kommunikation in einem Chatroom
visual *adj* [ˈvɪʒuəl]	visuell, bildlich
chatroom *n* [ˈtʃætruːm]	Chatroom
screen name *n* [ˈskriːn neɪm]	Codename im Internet
message *n* [ˈmesɪdʒ]	Nachricht, Mitteilung
give sb a message	jdm eine Nachricht zukommen lassen/etw ausrichten
transmit *v* [trænzˈmɪt]	übertragen, senden
transmit a message via e-mail; transmit data	eine Nachricht per E-Mail übertragen; Daten übertragen
retrieve *v* [rɪˈtriːv]	zurückholen
retrieve data	Daten abrufen
reply *n* [rɪˈplaɪ]	Antwort(-Brief); Erwiderung
in reply to your e-mail/letter	in Beantwortung Ihrer E-Mail/Ihres Briefes *(form)*
reply, replied, replied *v* [rɪˈplaɪ, rɪˈplaɪd]	antworten, erwidern
reply to an e-mail; wait for a reply	auf eine E-Mail antworten; auf eine Antwort warten
recipient *n* [rəˈsɪpiənt]	Empfänger(in)
re *prep* [riː]	betreffs
re: your request	Betr.: Ihre Anfrage
attach *v* [əˈtætʃ]	anheften, befestigen; beifügen *(Schriftstück)*
e-mail attachment	E-Mail-Anhang

spam *v* [spæm]	*jdm Junkmail zusenden*
firewall *n* ['faɪəʳˌwɔːl]	Firewall
spyware *n* ['spaɪweəʳ]	Spyware
hack *v* [hæk]	hacken
hack into a computer system	in ein Computersystem eindringen
e-generation *n* ['iː ʤenəˌreɪʃᵊn]	Internet-/Computergeneration
Generation D *n* [ʤenəˌreɪʃᵊn 'diː]	digitale Generation

Television and radio

cable/satellite TV *n* [ˌkeɪbl/ˌsætᵊlaɪt tiː'viː]	Kabel-/Satellitenfernsehen
big-screen TV *n* [ˌbɪg skriːn tiː'viː]	Großbildfernseher
frequency *n* ['friːkwən(t)si]	Frequenz
tune in to a frequency	eine Frequenz einstellen
transmitter *n* [trænz'mɪtəʳ]	Sender
tune in to *v* [ˌtjuːn 'ɪn tə]	einstellen (eines Senders)
receive *v* [rɪ'siːv]	erhalten, empfangen
receive a TV channel	einen Fernsehsender empfangen
receiver *n* [rɪ'siːvəʳ]	Empfänger
regional *adj* ['riːʤᵊnᵊl]	regional, Regional-
regional radio station	regionaler Radiosender
broadcast, broadcast, broadcast *v* ['brɔːdkɑːst, 'brɔːdkɑːst]	ausstrahlen
British Broadcasting Corporation (*abbrev* BBC)	Britische Rundfunkgesellschaft (BBC)
public *n* ['pʌblɪk]	Öffentlichkeit
audience *n* ['ɔːdiən(t)s]	Zuhörer, Zuschauer, Publikum; Leserschaft
listener *n* ['lɪsᵊnəʳ]	Zuhörer(in)
ratings *n pl* ['reɪtɪŋz]	Einschaltquoten
switch on/off *v* [swɪtʃ 'ɒn/'ɒf]	ein-/ausschalten
entertain *v* [ˌentə'teɪn]	unterhalten
entertainment *n* [ˌentə'teɪnmənt]	Unterhaltung
presenter *n* [prɪ'zentəʳ]	Moderator(in)
appear *v* [ə'pɪəʳ]	erscheinen
appear on the TV screen	auf dem Fernsehschirm erscheinen
interview *n; v* ['ɪntəvjuː]	Interview; interviewen
talk-show host *n* [ˌtɔːk ʃəʊ 'həʊst]	Talkmaster(in)
report *v* [rɪ'pɔːt]	berichten
TV documentary *n* [tiː'viː dɒkjəˌmentᵊri]	TV-Dokumentarsendung
(TV) series *n pl* [tiː'vi ˌsɪəriːz]	Fernsehserie(n)
soap (opera) *n* ['səʊp ˌɒpᵊrə]	Seifenoper
sequel *n* ['siːkwᵊl]	Folge, Fortsetzung
reality series *n pl* [riˌæləti 'sɪəriːz]	Reality-Serie
feature *n* ['fiːtʃəʳ]	Beitrag
a special feature on sth	ein Sonderbeitrag über etw
première *n* ['premieəʳ]	Premiere
rerun *n* ['riːrʌn]	Wiederholung *(im Fernsehen)*
repeat showing *n* [rɪˌpiːt 'ʃəʊɪŋ]	Wiederholung im Fernsehen
commercial *n* [kə'mɜːʃᵊl]	Werbespot, Werbung
infomercial *n* [ˌɪnfə(ʊ)'mɜːʃᵊl]	*als Informationssendung getarntes Werbevideo*
jingle *n* ['ʤɪŋgl]	*Erkennungsmelodie in der Werbung*
interrupt *v* [ˌɪntə'rʌpt]	unterbrechen
interrupted by commercials	durch Werbung unterbrochen
interruption *n* [ˌɪntə'rʌpʃᵊn]	Unterbrechung, Störung
late-breaking *adj* ['leɪt ˌbreɪkɪŋ]	brandaktuell

late-breaking news	*(Unterbrechung durch)* brandaktuelle Nachrichten
announcement *n* [ə'naʊn(t)smənt]	Durchsage, Ansage, Ankündigung, Bekanntmachung
special announcement	Sonderdurchsage
announce *v* [ə'naʊn(t)s]	ankündigen
announcer *n* [ə'naʊn(t)sər]	Radio-/Fernsehsprecher(in)
incredible *adj* [ɪn'kredɪbl]	unglaublich
exaggerated *adj* [ɪg'zædʒᵊreɪtɪd]	übertrieben
director *n* [dɪ'rektəʳ]	Regisseur(in)
direct *v* [dɪ'rekt]	Regie führen
script *n* [skrɪpt]	Drehbuch
screenplay *n* ['skriːnpleɪ]	Drehbuch
soundtrack *n* ['saʊndtræk]	Tonspur eines Films
session *n* ['seʃᵊn]	Aufnahme
scenery *n* ['siːnᵊri]	Landschaft, Szenerie
spotlight *n* ['spɒtlaɪt]	Rampenlicht
in the spotlight this week	diese Woche im Fokus
close-up *n* ['kləʊsʌp]	Nahaufnahme
cut, cut, cut *v* [kʌt, kʌt]	überblenden zu
cross-cutting *n* ['krɒsˌkʌtɪŋ]	Ein- und wieder Ausblenden
star, starred, starred *v* [stɑːʳ, stɑːʳd]	als Hauptdarsteller(in) auftreten
celebrity *n* [sə'lebrəti]	berühmte Persönlichkeit, Prominente(r)
TV guide *n* [tiːˌviː 'gaɪd]	TV-Programm, -Zeitschrift
remote control *n* [rɪˌmeʊt kən'trəʊl]	Fernbedienung
zap, zapped, zapped *v* [zæp, zæpt]	zappen, ständig umschalten
channel-surf *v inf* [ˌtʃænᵊl 'sɜːf]	zappen

Press

printing press *n* ['prɪntɪŋ ˌpres]	Druckerpresse
newspaper, paper *n* ['njuːzˌpeɪpəʳ, 'peɪpəʳ]	Zeitung
online newspaper	Onlinezeitung
daily *adj* ['deɪli]	täglich
daily newspaper	Tageszeitung
writer *n* ['raɪtəʳ]	Schriftsteller(in), Schreiber(in)
editor *n* ['edɪtəʳ]	Herausgeber(in); Redakteur(in)
editor in chief; letter from the editor; letter to the editor	Chefredakteur(in); Editorial; Leserbrief
publish *v* ['pʌblɪʃ]	veröffentlichen, herausbringen, publizieren
publishing company	Verlag
issue *v; n* ['ɪʃuː]	herausgeben, veröffentlichen; Ausgabe
the current issue	die aktuelle Ausgabe
copy *n* ['kɒpi]	Ausgabe, Kopie, Version
content *n* ['kɒntent]	Inhalt
table of contents; content of a book	Inhaltsverzeichnis; Inhalt eines Buches
index *n* ['ɪndeks]	Stichwortverzeichnis, Register
chapter *n* ['tʃæptəʳ]	Kapitel
outline *n* ['aʊtlaɪn]	Entwurf, Skizze, Umriss
article *n* ['ɑːtɪkl]	Artikel
newspaper article	Zeitungsartikel
editorial *n* [ˌedɪ'tɔːriəl]	Leitartikel, Editorial
current affairs *n pl* [ˌkʌrᵊnt ə'feəʳz]	aktuelle Themen
need-to-know *adj* ['niːd tə ˌnəʊ]	(unbedingt) wissenswert
need-to-know reporting	notwendige Berichterstattung
quotation *n* [kwə(ʊ)'teɪʃᵊn]	Zitat
fact *n* [fækt]	Tatsache
stick to the facts	sich an die Fakten halten

factual *adj* ['fæktʃʊəl]	faktisch, auf Tatsachen beruhend
critical *adj* ['krɪtɪkᵊl]	kritisch
critical issue	kritische Angelegenheit
account *n* [ə'kaʊnt]	Bericht
newspaper account; give an account of sth	Zeitungsbericht; über etw Bericht erstatten
comment *n* ['kɒment]	Kommentar
comment on sth *v* [kə'ment ˌɒn]	etw kommentieren
review *n* [rɪ'vjuː]	Besprechung, Rezension; Rückblick
weekly review	Wochenrückblick
cartoon *n* [kɑː'tuːn]	Karikatur, Bilderwitz
political cartoon	politische Karikatur
comic strip *n* ['kɒmɪk ˌstrɪp]	Comicstrip
extract *n* ['ekstrækt]	Auszug
extract from a book	Auszug aus einem Buch
abridged *adj* [ə'brɪdʒd]	gekürzt
unabridged version	ungekürzte Fassung
gagging order *n* ['gægɪŋ ˌɔːdəʳ]	Nachrichtensperre
yellow press *n* [ˌjeləʊ 'pres]	Klatschpresse
sensational *adj* [sen'seɪʃᵊnᵊl]	sensationell, Sensations-
headline *n* ['hedlaɪn]	Titel, Schlagzeile
heading *n* ['hedɪŋ]	Überschrift
advertising *n* ['ædvətaɪzɪŋ]	Werbung, Reklame
advertorial *n* [ˌædvə'tɔːriəl]	*Werbetext in Form eines Leitartikels*
advertisement, *abbrev* **ad** *n* [ˌəd'vɜːtɪsmənt, æd]	Anzeige, Werbung
advert *n (BE)* ['ædvɜːt]	Anzeige, Werbung, Annonce, Inserat
photographer *n* [fə'tɒgrəfəʳ]	Fotograf(in)

Oberstufenwortschatz Literatur Englisch

Wortschatz Literatur

What is Literature?

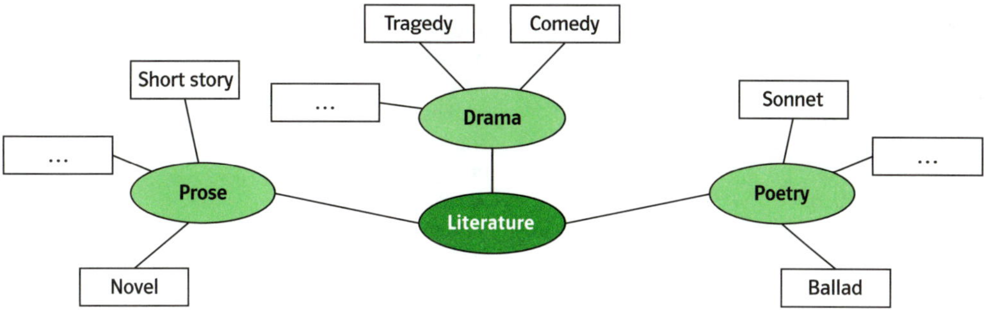

General literary terms

literature *n* ['lɪtrətʃəʳ] — Literatur
text *n* — Text
medium *n* — Medium
message *n* — Nachricht
literary communication *n* ['lɪtᵊrᵊri kəˌmjuːnɪ'keɪʃᵊn] — Kommunikation durch/mit Literatur
author *n* — Autor
reader *n* — Leser
diction *n* ['dɪkʃᵊn] — Redestil, Ausdrucksweise, Diktion
tone *n* [təʊn] — Ton
style *n* — Stil
stylistic level *n* ['staɪlɪstɪk 'levəl] — Stilebene
register *n* ['redʒɪstəʳ] — Sprachebene

Literary communication

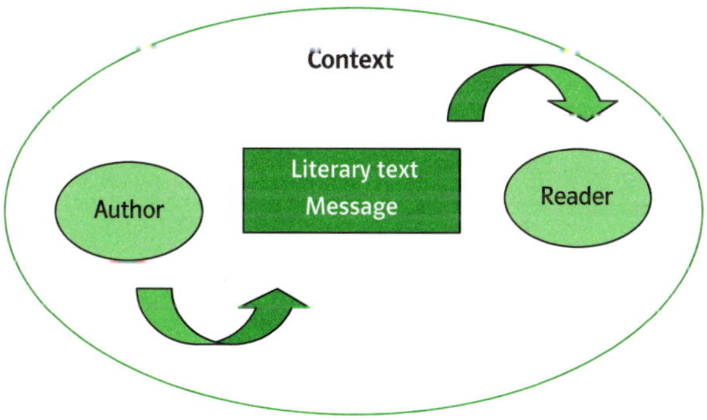

reader's attention *n* — die Aufmerksamkeit des Lesers
draw the reader's attention to sth — die Aufmerksamkeit des Lesers auf etw lenken
simple *adj* — einfach
complex *adj* — komplex
abstract *adj* — abstrakt
concrete *adj* — konkret
neutral *adj* ['njuːtrᵊl] — neutral
emotional *adj* [ɪ'məʊʃᵊnᵊl] — emotional
formal *adj* — förmlich, formal
informal *adj* — formlos, informell
vulgar *adj* ['vʌlgəʳ] — ordinär, gewöhnlich
refined *adj* — gebildet, gehoben
dialect *n* — Dialekt

sociolect *n* ['səʊʃiəʊlekt]	Soziolekt
slang *n*	Slang
jargon *n* ['dʒɑːgən]	Jargon
humour *n* ['hjuːməʳ]	Humor
taboo word *n*	Tabu
technical language *n*	technische Sprache
appropriate *adj* [ə'prəʊpriət]	angemessen
inappropriate *adj*	unangemessen
word combination *n*	Wortkombination
unusual word combinations	unübliche Wortkombinationen
lexical *adj*	lexikalisch
noun *n*	Nomen, Substantiv
verb *n*	Verb
pronoun *n*	Pronomen
adjective *n*	Adjektiv
adverb *n*	Adverb
auxiliary *n* [ɔːg'zɪliᵊri]	Hilfsverb
syntax *n*	Syntax, Satzstruktur
ordinary syntax	normale Satzstruktur
syntactic *adj* [sɪn'tæktɪk]	syntaktisch
paratactic *adj* [ˌpærə'tæktɪk]	parataktisch
hypotactic *adj* [ˌhaɪpə(ʊ)'tæktɪk]	hypotaktisch
inversion *n*	Inversion
word order *n*	Wortstellung
statement *n*	Aussage
exclamation *n* [ˌeksklə'meɪʃᵊn]	Ausruf
question *n*	Frage
command *n*	Befehl
sentence *n*	Satz
sentence cohesion	Satzzusammenhang
clause *n*	Gliedsatz, Halbsatz
reference *n*	Bezug, Verweis
cross references	Querverweise
connection *n*	Verbindung
connected *adj*	verbunden
link *n*	Verbindung
logical links	logische Verbindungen
association *n* [əˌsəʊʃi'eɪʃᵊn]	Assoziation
repetition *n*	Wiederholung
context *n*	Zusammenhang
collocation *n* [ˌkɒlə'keɪʃᵊn]	Kollokation
denotation *n* [ˌdɪnə(ʊ)'teɪʃᵊn]	Denotation

Drama

General terms

theatre *(BE)*, **theater** *(AE) n*	Theater
go to the theatre	ins Theater gehen
playhouse *n*	Schauspielhaus
drama *n*	Dramatik
dramatic *adj*	dramatisch
dramatic illusion; dramatic text	dramatische Illusion; dramatischer Text

dramatis personae *n pl* [ˌdrɑːmətɪs pɜːˈsəʊnaɪ]	dramatisches Personal, Personen der Handlung
dramatist *n*	Dramatiker(in), Bühnendichter(in)
script *n*	Drehbuch, Manuskript
play *n*	Schauspiel
playwright *n* [ˈpleɪraɪt]	Stückeschreiber(in), Dramatiker(in)
box office *n*	Theaterkasse
theatre production *(BE)*, **theater production** *(AE) n*	Theaterproduktion
produce *v*	produzieren
produce a stage play	ein Bühnenstück produzieren
stage *v*	inszenieren
put *v* sth **on stage**	etw inszenieren
primary text *n*	Primärtext
secondary text *n*	Sekundärtext

Der Text, der von den Figuren gesprochen wird, wird als **primary text** bezeichnet. Alles, was diesen Text umgibt, wie zum Beispiel Titel, Liste des Personals, Regieanweisungen etc. wird **secondary text** genannt.

story *n*	lineare Handlung
plot *n*	nicht-lineare Handlung
action *n*	Aktion, Handlung
motivated action	motivierte Handlung
first night *n*	Premiere
first night nerves	Premierenfiber
night of the première [ˈpremieə]	Premierenabend
stage fright *n*	Lampenfieber

Elements of drama

prologue *n* [ˈprəʊlɒg]	Prolog
epilogue *n* [ˈepɪlɒg]	Epilog
the three unities *n pl*	die drei Einheiten
unity *n* **of plot**	Einheit der Handlung
subplot *n*	Nebenhandlung
plot line *n*	Handlungsstrang
one single plot line	ein einzelner Handlungsstrang
unity *n* **of place**	Einheit des Ortes
unity *n* **of time**	Einheit der Zeit
mimesis *n* [ˈmɪməsɪs]	Mimesis (Nachahmung)
Mimesis aims at reflecting life as authentically as possible.	Mimesis zielt darauf ab, das Leben so authentisch wie möglich abzubilden.
act *n*	Akt
first act	erster Akt
scene *n*	Szene, Auftritt
The scene takes place at Lear's house.	Die Szene spielt in Lears Haus.
division *n*	Unterteilung
divide *v*	unterteilen, aufteilen
A play is normally divided into acts and scenes.	Normalerweise ist ein Theaterstück in Akte und Szenen unterteilt.
be set *v usu passive*	spielen (in)
The scene is set in London in 1668.	Die Szene spielt 1668 in London.
order *n*	Abfolge
structure *n*	Struktur
overall structure	übergeordnete Struktur
closed structure *n*	geschlossene Form
open structure *n*	offene Form
logical sequence *n*	logische Abfolge

logical sequence of events	logische Abfolge von Ereignissen
closed ending *n*	geschlossenes Ende
conclusive *adj* [kən'klu:sɪv]	eindeutig, endgültig
conclusive ending	eindeutiges, endgültiges Ende
open ending *n*	offenes Ende
opaque *adj* [ə(ʊ)'peɪk]	undurchsichtig
The ending remains open and opaque.	Das Ende bleibt offen und undurchsichtig.
Freytag's Pyramid *n* ['fraɪtægz 'pɪrəmɪd]	Freytags Dramendreieck

Freytag's pyramid

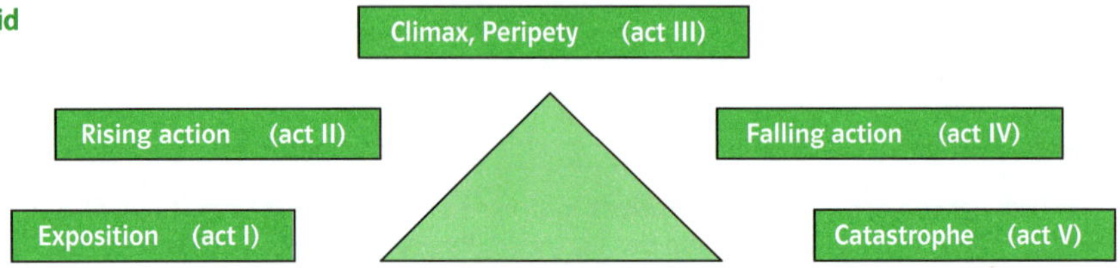

exposition *n*	Exposition

> Die Zuschauer werden zu Beginn des Stückes (in der **exposition**) über die sogenannten *W*-Fragen informiert: **who, what, where, when** und **why**.

complicating action *n*	erregendes Moment
rising action *n*	steigende Handlung
climax *n*	Klimax (Höhepunkt)
peripety *n* [pə'rɪpəti]	Peripetie (Wendepunkt)
falling action *n*	fallende Handlung
catastrophe *n* [kə'tæstrəfi]	Katastrophe
denouement *n* [dəɪ'nu:mɑ̃]	Ende, Ausgang
perspective *n* [pə'spektɪv]	Perspektive
adopt a perspective	eine Perspektive einnehmen
outcome *n*	Ausgang
outcome of the story	Ausgang der Geschichte
conflict *n*	Konflikt
main conflict *n*	Hauptkonflikt
topic *n*	Thema
action *n*	Handlung
The action is carried forward by what the characters say.	Durch die Äußerungen der Charaktere wird die Handlung vorangetrieben.

The play on stage

stage *n*	Bühne
The empty stage was the first thing the audience saw.	Die leere Bühne war das erste, was das Publikum sah.
stage *v*	aufführen
apron stage *n*	Vorbühne
picture frame stage *n*	Guckkastenbühne
proscenium stage *n* [prə(ʊ)'si:niəm steɪʤ]	Vorbühne
amphitheatre *n* [æmfɪˌθɪətəʳ]	Amphitheater

Types of stages

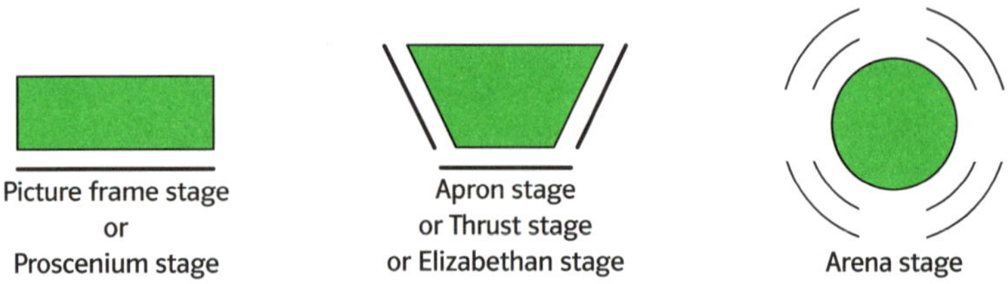

backstage *n, adv*	Hinterbühne, hinter den Kulissen
curtain *n*	Vorhang
director *n*	Direktor, Intendant
theatre manager *(BE)*, **theater manager** *(AE)*	Theaterintendant
stage director *n*	Regisseur(in)
stage direction *n*	Regieanweisung
artistic director *n*	künstlerische(r) Leiter(in)
actor *n*	Schauspieler
actress *n*	Schauspielerin
troupe *n* **of actors**	Schauspielgruppe
company *n*	Ensemble
act *v*	(schau)spielen
enact *v*	(ein Stück) aufführen, inszenieren; (eine Person, Rolle) darstellen, spielen
mime *v*	mimen, nachahmen
present *v*	präsentieren
perform *v*	aufführen
performance *n*	Vorstellung
rehearse *v*	üben, proben
rehearse a play	ein Stück üben, proben
rehearsal *n* [rɪ'hɜːsᵊl]	Probe
full dress rehearsal *n*	Generalprobe
gesture *n*	Geste
facial expression *n*	Gesichtsausdruck
cast *n; v*	Rollenbesetzung; (ein Stück) besetzen, (Rollen) verteilen
The play is well casted.	Die Rollen des Stücks sind gut besetzt.
character *n*	Charakter, Figur
main character *n*	Hauptdarsteller
minor character *n*	Nebendarsteller
character constellation	Figurenkonstellation
protagonist *n* [prəʊ'tægənɪst]	Protagonist
antagonist *n* [æn'tægənɪst]	Gegenspieler
hero *n*	Held
heroine *n*	Heldin
eponymous hero *n* [ɪ'pɒnɪməs 'hɪərəʊ]	*wörtlich:* namensgebender Held
Hamlet is an eponymous hero.	Hamlet ist der namensgebende Held des Dramas.
type *n*	Typ
Characters with only few character traits are referred to as types.	Figuren mit nur wenigen Charaktereigenschaften werden als Typen bezeichnet.
foil *n*	Kontrastfigur
telling name *n*	sprechender Name
impersonate *v*	verkörpern
appear *v*	erscheinen
characters appear on stage	Figuren erscheinen auf der Bühne
sympathetic *adj* [ˌsɪmpə'θetɪk]	mitfühlend
feel sympathetic towards a character	mit einer Figur mitfühlen
part *n*	Rolle
slip into a part	in eine Rolle schlüpfen
cue *n*	Stichwort, Einsatz
lines *n pl*	Rolle, Text
learn the lines by heart	den Text auswendig lernen
feed *v* **sb his/her lines**	jdm (den Text) soufflieren

prompter *n*	Souffleur, Souffleuse
prompt *v*	soufflieren
prompt box *n*	Souffleurkasten
motive *n*	Motiv, Anlass, Beweggrund
a character's motives to act in a certain way	die Motive einer Figur für ihre Handlung
auditorium *n* [ˌɔːdɪ'tɔːriəm]	Zuschauerraum
audience *n*	Publikum
have an effect on the audience	einen Effekt auf das Publikum haben
public *n*	Öffentlichkeit
spectator *n*	Zuschauer(in)
perception *n*	Wahrnehmung
perceive *v*	wahrnehmen
involve *v*	einbeziehen
get the audience involved	das Publikum einbeziehen
imagination *n*	Vorstellungskraft
use one's imagination	seine Vorstellungskraft bemühen
tension *n*	Spannung
suspense *n*	Spannung
costume *n*	Kostüm
costume designer *n*	Kostümbildner
dress up *v*	sich verkleiden
disguise *n; v*	Verkleidung; verkleiden
appearance *n*	Erscheinung, Auftreten
make-up artist *n*	Maskenbildner
music *n*	Musik
lighting *n*	Beleuchtung
sound effect *n*	Klangeffekt
technical machinery *n* [mə'ʃiːnᵊri]	technische Ausstattung
audiovisual effects *n*	audiovisuelle Effekte
setting *n*	Umgebung
audition *n*	Vorsprechen
audition *v*	vorsprechen, jdn vorsprechen lassen

Types of utterance

utterance *n* ['ʌtᵊrᵊn(t)s]	Sprechweise, Aussprache, Vortrag
deliver *v*	äußern, verkünden, vermitteln
aside *n*	Nebenbemerkung, zur Seite gesprochene Worte
teichoscopy *n* [ˌtaɪkəʊ'skɒpi]	Mauerschau
speech style *n*	Rede/Sprechstil
everyday conversation *n*	Alltagsunterhaltung
communicate *v*	kommunizieren
reveal *v*	enthüllen, preisgeben
reveal plans in speeches	Pläne in Äußerungen preisgeben
dialogue *n* ['daɪəlɒg]	Dialog
monologue *n* ['mɒnəlɒg]	Monolog
comment *v*	kommentieren
comment on the action	die Handlung kommentieren
convey *v*	übermitteln
convey an idea	eine Idee vermitteln
verse *n*	Reim
blank verse	Blankvers
soliloquy *n* [sə'lɪləkwi]	Selbstgespräch
dialect *n*	Dialekt

colloquialism *n* [kə'ləʊkwiəlɪzᵊm]	Umgangssprache
standard language *n*	Hochsprache
dramatic language *n*	dramatische Sprache
Dramatic language is often rhetorical and poetic.	Die dramatische Sprache ist häufig rhetorisch und poetisch.
wordplay *n*	Wortspiel
wit *n*	Witz, Geist, Esprit
dramatic irony *n*	dramatische Ironie

Der Wissensvorsprung des Publikums bzw. die Tatsache, dass es oftmals anderes oder mehr weiß als die Figuren selbst, führt oft zu komischen Situationen, auch **dramatic irony** genannt.

Space

space *n*	Raum, Ort
The stage is a space where action is presented.	Die Bühne ist ein Raum, in dem Handlung präsentiert wird.
symbolic space *n*	symbolischer Ort, Raum
Symbolic spaces interrelate with and point to other meanings in the text.	Symbolische Orte stehen in Verbindung mit und verweisen auf andere Bedeutungen im Text.
setting *n*	Umgebung, Handlungsort
create a setting	eine (Bühnen-)Umgebung gestalten
atmosphere *n*	Atmosphäre
create a certain atmosphere	eine bestimmte Stimmung erzeugen
description *n*	Beschreibung
detailed description of the setting	detaillierte Beschreibung des Handlungsortes
spatio-temporal *adj* [ˌspeɪtiəʊ'tempərəl]	raumzeitlich
scenery *n* ['siːnəri]	Bühnenbild, -ausstattung
word scenery *n*	*wörtlich:* Kulisse aus Worten
stage *n*	Bühne
The scene presented on stage can be as realistic as possible or aim to present a general scenario.	Die auf der Bühne dargestellte Szene kann so realistisch wie möglich sein oder versuchen, ein allgemeines Szenario darzustellen.
stage set *n*	Bühnengestaltung
detailed stage set; minimal stage set	detaillierte Bühnengestaltung; minimalistische Bühnengestaltung
stage props *n pl*	(Bühnen)requisiten
theatrical equipment *n*	Theaterausstattung
furniture *n*	Möbel
properties *n* ['prɒpətiz]	Requisiten
background painting *n*	Hintergrundgemälde
bare *adj*	schlicht
bareness *n*	Schlichtheit
extravagant *adj* [ɪk'strævəgənt]	extravagant
pretentious *adj* [prɪ'ten(t)ʃəs]	pompös
detailed *adj*	detailliert

Time

time reference *n*	Verweis auf Zeit, Zeitbezug
perception *n* **of time**	Wahrnehmung von Zeit
allusion *n* **to time**	Anspielung auf Zeit
time frame *n*	Zeitrahmen
temporal frame *n*	zeitlicher Rahmen
time span *n*	Zeitspanne
played time *n*	gespielte Zeit
playing time *n*	Spielzeit
concept *n* **of time**	Zeitkonzept
succession *n* [sək'seʃᵊn]	Abfolge

successively *adv*	sukzessiv, nacheinander
Some actions take place successively, meaning one after another.	Manche Handlungen geschehen nacheinander, also eine nach der anderen.
simultaneity *n* [ˌsɪmᵊltəˈneɪəti]	Gleichzeitigkeit
simultaneous *adj* [ˌsɪmᵊlˈteɪniəs]	simultan, gleichzeitig
Some events take place simultaneously, meaning all at the same time.	Manche Ereignisse geschehen gleichzeitig.
temporal order *n*	zeitliche Reihenfolge
last *v*	dauern
speed *n; v*	Tempo, Geschwindigkeit; beschleunigen
slow-down *v* [ˌsləʊ ˈdaʊn]	verlangsamen
stretch *n; v*	Dehnung; dehnen
duration *n*	Dauer
chronology *n* [krɒnˈɒlədʒi]	Chronologie
ellipsis *n*	Auslassung
flashback *n*	Rückblick
analepsis *n* [ˌænəˈlepsɪs]	Analepse (Rückblick)
flashforward *n*	Vorausschau
prolepsis *n* [ˌprəʊˈlepsɪs]	Prolepse (Vorausschau)
frequency *n*	Häufigkeit

Subgenres

comedy *n*	Komödie
romantic comedy *n*	romantische Komödie
satiric comedy *n*	satirische Komödie
comedy *n* **of manners**	Gesellschaftsstück
tragedy *n*	Tragödie
revenge tragedy *n*	Rachetragödie
tragicomedy *n*	Tragikomödie
history play *n*	Historie, Historienstück

Shakespeare
the great dramatist

Some of his Tragedies
- Romeo and Juliet
- Hamlet
- Othello
- King Lear
- Macbeth

Some of his Comedies
- Love's Labour's Lost
- Taming of the Shrew
- A Midsummer Night's Dream
- Much Ado about Nothing
- The Comedy of Errors

Some of his Histories
- Richard II
- Richard III
- King Henry V
- King Henry VIII
- King John

one-act play *n*	Einakttheaterstück
epic theatre *n*	episches Theater
mediator *n*	Vermittler
alienation effect *n* [ˌeɪliəˈneɪʃᵊn ɪˈfekt]	Verfremdungseffekt
critical distance *n*	kritische Distanz
gain critical distance	kritische Distanz erlangen
rational *adj*	rational
judge rationally	rational beurteilen

chorus *n*	Chor
postmodernist play *n*	postmodernes Stück
contemporary play *n* [kənˈtempᵊrᵊri ˌpleɪ]	zeitgenössisches Stück
modern play *n*	modernes Stück
theatre of the absurd *n*	absurdes Theater
absurdity *n* [əbˈzɜːdəti]	Absurdität
human existence *n*	menschliche Existenz
enact the absurdity of human existence	die Absurdität menschlicher Existenz inszenieren
melodramatic play *n*	melodramatisches Stück
morality play *n* [məˈræləti pleɪ]	Moralstück

Prose

General terms

prose *n* [prəʊz]	Prosa
fiction *n*	Fiktion
non-fictional text *n*	nicht fiktionaler Text
prose fiction *n*	Prosaliteratur
narration *n* [nəˈreɪʃᵊn]	Erzählung
narrative text *n* [ˈnærətɪv ˌtekst]	erzählender Text
narrative communication *n* [ˈnærətɪv kəˌmjuːnɪˈkeɪʃən]	narrative Kommunikation

Narrative communication

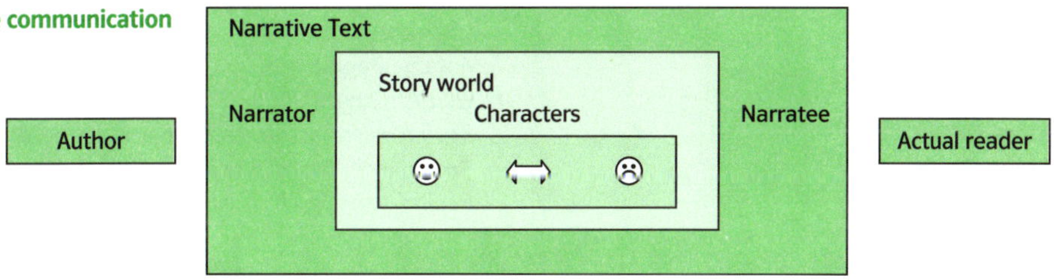

narrator *n* [nəˈreɪtəʳ]	Erzähler
expression *n*	Ausdruck
excerpt *n* [ˈeksɜːpt]	Auszug, Exzerpt
term *n*	Begriff
coherence *n* [kə(ʊ)ˈhɪərᵊn(t)s]	Kohärenz, Stimmigkeit
style *n*	Stil
choice *n* **of words**	Wortwahl
subjective *adj*	subjektiv
abstract *adj*	abstrakt
concrete *adj*	konkret
concise *adj*	prägnant, knapp
precise *adj*	treffend
story *n*	Geschichte
plot *n*	Handlung

Der Begriff **story** bezeichnet die *chronologische Abfolge* von Ereignissen, während der Begriff **plot** die *kausalen* und *logischen Zusammenhänge* der verschiedenen Ereignisse beschreibt.

theme *n*	Thema
event *n*	Ereignis
action *n*	Aktion, Ablauf

Referate halten
Diskutieren
Stichwortverzeichnis
Landeskunde
Literatur

Wortschatz Literatur

sequence *n* **of events**	(Ab-)Folge von Ereignissen
plot-line *n*	Handlungsstrang
main plot-line	Haupthandlungsstrang
tight plot *n*	straffe Handlung
suspense *n* [sə'spen(t)s]	Spannung
A tight plot creates suspense.	Eine dichte Handlung erzeugt Spannung.
order *n*	Reihenfolge
chronology *n* [krɒn'ɒlədʒi]	Chronologie, zeitlicher Ablauf
chronological order	chronologische Abfolge, zeitliche Reihenfolge
real-time *n*	Echtzeit
story time *n*	erzählte Zeit
discourse time *n* ['dɪskɔːs taɪm]	Erzählzeit
duration *n* [ˌdjʊ(ə)'reɪʃən]	Dauer
speed-up *n; v*	Beschleunigung; beschleunigen
slow-down *n; v*	Verlangsamung; verlangsamen
ellipsis *n* [ɪ'lɪpsɪs]	Auslassung
flashforward *n* [ˌflæʃ'fɔːwəd]	Vorausblende
flashback *n* ['flæʃbæk]	Rückblende
foreshadowing *n* [ˌfɔː'ʃædəʊɪŋ]	Vorausdeutung
structure *n* ['strʌktʃəʳ]	Struktur
closed structure	geschlossene Struktur
open end *n*	offenes Ende
title *n*	Titel
subtitle *n*	Untertitel
heading *n*	Überschrift
beginning *n*	Anfang, Beginn
point of attack *n*	*wörtlich:* Angriffspunkt
ab ovo *idiom*	*Beginn einer Geschichte zu Beginn des Geschehens*
in medias res *idiom*	*Beginn einer Geschichte in der Mitte des Geschehens*
in ultimas res *idiom*	*Beginn einer Geschichte am Ende des Geschehens*

Possible beginnings

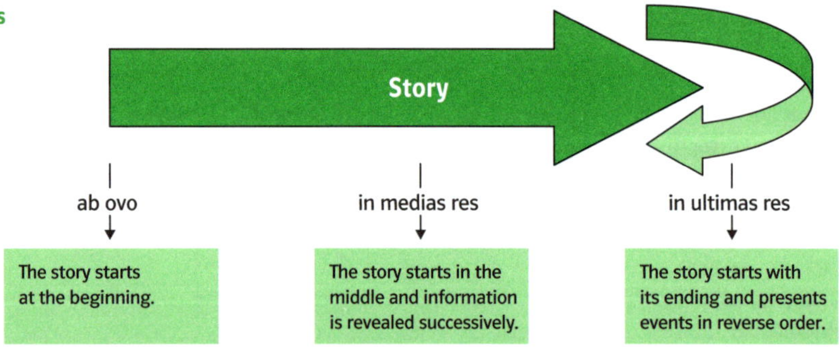

ending *n*	Ende
open ending *n*	offenes Ende
closed ending *n*	geschlossenes Ende
paragraph *n*	Absatz
episode *n* ['epɪsəʊd]	Episode
episodic *adj* [ˌepɪ'sɒdɪk]	episodisch
critic *n*	Kritiker(in)
mode of presentation *n*	Erzählweise
scenic presentation *n*	szenische, detailreiche Präsentation

Referate halten
Diskutieren
Stichwortverzeichnis
Landeskunde
Literatur

panoramic presentation *n*	Panoramapräsentation, zusammenfassende Präsentation
direct speech *n*	direkte Rede
indirect speech *n*	indirekte Rede
report *n*	Bericht
reported speech *n*	berichtete/indirekte Rede
representation of consciousness *n*	Bewusstseinsdarstellung
direct thought *n*	direkte Gedankenwiedergabe
interior monologue *n*	innerer Monolog
indirect discourse *n*	indirekte Gedankenwiedergabe
stream of consciousness *n* [striːm əv 'kɒn(t)ʃəsnəs]	Bewusstseinsstrom
psychonarration *n* [ˌsaɪkə(ʊ)nə'reɪʃᵊn]	Bewusstseinsbericht
narrative report of thought *n*	Gedankenbericht

Point of view

point of view *n*	Erzählperspektive
narrate *v*	erzählen
narrator *n*	Erzähler
different types of narrators	unterschiedliche Erzählertypen
narrative mode *n*	Erzählsituation
showing *n*	Aufzeigen
telling *n*	Erzählen
reliability *n* [rɪˌlaɪə'bɪləti]	Verlässlichkeit
reliability of the source of characterisation	Verlässlichkeit der Quelle der Charakterisierung
unreliable narrator *n* [ˌʌnrɪ'laɪəbl nə'reɪtəʳ]	unzuverlässiger Erzähler
I-as-witness narrator *n*	beobachtender Ich-Erzähler
homodiegetic narrator *n* [ˌhəʊməʊ'daɪədʒetik]	homodiegetischer Erzähler
heterodiegetic narrator *n* [ˌhetərə(ʊ)'daɪədʒetik]	heterodiegetischer Erzähler
autodiegetic narrator *n* [ˌɔːtə'daɪədʒetik]	autodiegetischer Erzähler

Diese Begrifflichkeiten, um die Erzählsituation zu beschreiben, gehen auf den Literaturwissenschaftler Gérard Genette zurück. Der **homodiegetic narrator** ist gleichzeitig eine Figur der Geschichte, während der **heterodiegetic narrator** kein Teil der Geschichte ist, sondern vielmehr als allwissender Erzähler über dem gesamten Geschehen schwebt. Der Begriff **autodiegetic narrator** wird verwendet, wenn der **homodiegetic narrator** nicht nur eine Figur der Handlung ist, sondern auch der Protagonist.

first-person narrator *n*	Ich-Erzähler
third-person narrator *n*	Er-Erzähler
authorial narrator *n*	auktorialer Erzähler

Franz Stanzel, ein weiterer berühmter Literaturwissenschaftler, unterscheidet zwischen **first-person narrator**, **third-person narrator** und **authorial narrator**.

omniscient point of view *n* [ɒm'nɪsiənt]	allwissende Erzählsituation
limited point of view *n*	eingeschränkte Erzählsituation
comment *v*	kommentieren
The narrator sometimes comments on characters or situations.	Manchmal kommentiert der Erzähler Figuren oder Situationen.

Characters

character *n*	Figur

Die Personen eines Prosatextes werden im Englischen **characters** genannt und nicht **persons.** Damit soll verdeutlicht werden, dass es sich ausschließlich um fiktive Erfindungen des Autors handelt.

person *n*	Person
major character *n*	Hauptfigur

minor character *n*	Nebenfigur
mono-dimensional character *n*	eindimensionale Figur
multi-dimensional character *n*	mehrdimensionale Figur
static character *n*	statische Figur
dynamic character *n*	dynamische Figur
round character *n*	komplexe Figur
flat character *n*	simple, eindimensionale Figur
character trait *n*	Charaktereigenschaft
characteristic *n*	Eigenschaft
appearance *n*	Auftreten, Aussehen
type *n*	Typ
hero *n*	Held
heroine *n* ['herəʊɪn]	Heldin
anti-hero *n*	Antiheld
anti-heroine *n*	Antiheldin
characterisation *(BE)*, **characterization** *(AE)* *n* [ˌkærəktəraɪ'zeɪʃᵊn]	Charakterisierung
characterisation technique *n* [ˌkærəktəraɪ'zeɪʃᵊn tek'niːk]	Technik des Charakterisierens
explicit characterisation *n*	direkte Charakterisierung
implicit characterisation *n*	implizite/indirekte Charakterisierung
telling name *n*	sprechender Name, aufschlussreicher Name
authorial characterisation *n* [ɔː'θɒriəl]	auktoriale Charakterisierung
characterisation by the narrator	Charakterisierung durch den Erzähler
figural characterisation *n* ['fɪgjᵊrəl]	Charakterisierung durch eine Figur (personale Charakterisierung)
characterisation by another character	Charakterisierung durch eine andere Figur
self-characterisation *n*	Selbstcharakterisierung
block characterisation *n*	blockweise Charakterisierung
description *n*	Beschreibung
protagonist *n* [prəʊ'tægənɪst]	Protagonist
antagonist *n* [æn'tægənɪst]	Antagonist, Gegenspieler
witness *n*	Zeuge, Beobachter
inner life *n*	Innenleben, Seelenleben
attitude *n*	Einstellung
habit *n*	Gewohnheit
behaviour *n*	Verhalten
aim *n; v*	Ziel; anstreben
feeling *n*	Gefühl
experience *n*	Erfahrung
talent *n*	Begabung, Talent
ability *n*	Fähigkeit, Talent
social status *n*	sozialer Status, Stand
reputation *n*	Ansehen, Ruf
relationship *n*	Beziehung, Bindung, Verhältnis
clothes *n pl*	Kleidung
action *n*	Aktion, Handlung
reaction *n*	Reaktion
contrast *v* [kən'trɑːst]	vergleichen, gegenüberstellen
Compare and contrast the following two characters.	Vergleiche die beiden folgenden Figuren miteinander.
correspond *v*	übereinstimmen, entsprechen
foil *n*	Kontrastfigur
description *n* [dɪ'skrɪpʃᵊn]	Beschreibung

Setting and atmosphere

atmosphere *n* ['ætməsfɪəʳ]	Atmosphäre
setting *n*	Umgebung
space *n*	Raum
location *n*	Ort
topography *n* [tə'pɒgrəfi]	Topographie
environment *n*	Umgebung
scenery *n*	Landschaft, Kulisse
background *n*	Herkunft
room *n*	Raum
landscape *n*	Landschaft
milieu *n* ['miːljɜː]	Milieu
surroundings *n pl* [sə'raʊndɪŋz]	Umgebung
feeling *n*	Gefühl
mood *n*	Stimmung
to evoke an emotional mood	eine emotionale Stimmung erzeugen
historic period *n*	Periode, Epoche
season *n*	Jahreszeit

Types of prose

novel *n* ['nɒvᵊl]	Roman
historical novel *n*	historischer Roman
epistolary novel *n* [ɪ'pɪstələri 'nɒvᵊl]	Briefroman
gothic novel *n* ['gɒθɪk 'nɒvᵊl]	Schauerroman
social novel *n*	Sozialroman
Bildungsroman *n*	Bildungsroman
metafiction *n* [ˌmetə'fɪkʃən]	Metafiktion
romance *n* [rə(ʊ)'mæn(t)s]	Romanze
short story *n*	Kurzgeschichte

Characteristics of the short story

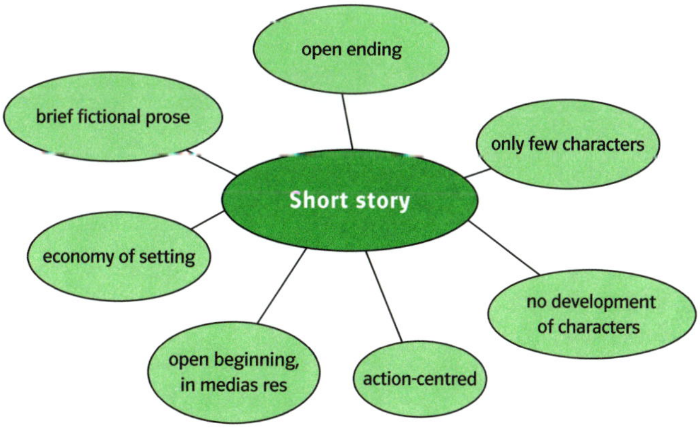

science fiction *n*	Science-Fiction-Roman
utopia *n* [juː'təʊpiə]	Utopie
adventure story *n*	Abenteuergeschichte
detective story *n*	Detektivgeschichte, Krimi
murder mystery *n*	Kriminalgeschichte, Krimi
detective fiction *n*	Detektivliteratur, Kriminalliteratur
thriller *n*	Thriller

Poetry

General terms

poetry *n* ['pəʊɪtri]	Lyrik
volume *n* **of poetry** ['vɒljuːm]	Gedichtband
poetic *adj* [pəʊ'etɪk]	poetisch
poetic language	poetische Sprache
poet *n*	Dichter(in), Poet(in)
poem *n* ['pəʊɪm]	Gedicht
poetry slam *n*	Dichterwettstreit
speaker *n*	Sprecher(in)
recitation *n* [ˌresɪ'teɪʃᵊn]	Rezitation, Vortrag
reader *n*	Leser(in)
contemporary reader	zeitgenössischer Leser
impact *n*	Einfluss
impact on the reader	Eindruck auf den Leser
theme *n*	Thema
motif *n* [məʊ'tiːf]	Motiv
form *n*	(äußere) Form
Poetic form can create or influence meaning.	Die poetische Form kann Bedeutung erzeugen oder beeinflussen.

Form and content

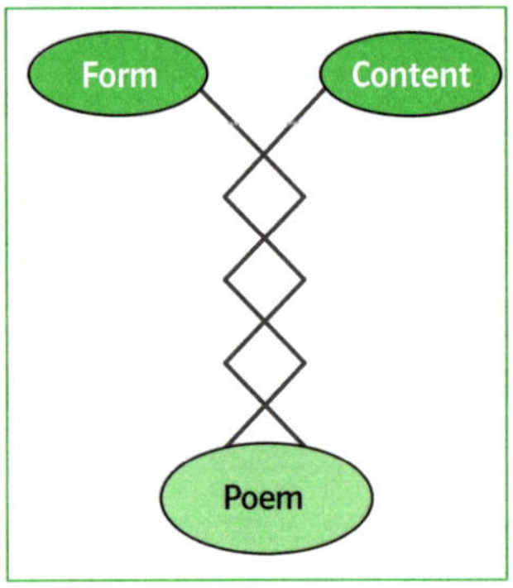

stanza *n* ['stænzə]	Strophe
line *n*	Zeile
verse *n* [vɜːs]	Vers
blank verse *n*	Blankvers
couplet *n* ['kʌplət]	Reimpaar
tercet *n* ['tɜːsət]	Dreizeiler, Terzett
quatrain *n* ['kwɒtreɪn]	Vierzeiler, Quatrain
refrain *n* [rɪ'freɪn]	Refrain
aesthetic effect *n* [iːs'θetɪk ɪ'fekt]	ästhetischer Effekt
specialised language *n*	besondere Sprache
dense *adj*	dicht, verdichtet
dense use of language	dichte Verwendung von Sprache
meaning *n*	Bedeutung, Aussage
subjectivity *n* [ˌsəbdʒek'tɪvəti]	Subjektivität
development *n*	Entwicklung
development of central themes	Entwicklung zentraler Themen
state of mind *n*	Gemütsverfassung, Geisteszustand
emotional state *n*	Gefühlszustand

Diction and stylistic devices

style *n*	Stil
stylistic device *n*	Stilmittel
rhetorical device *n* [rɪ'tɒrɪkᵊl dɪ'vaɪs]	rhetorische Figur
diction *n no pl* ['dɪkʃᵊn]	Ausdrucksweise, Wortwahl
poetic diction *n*	poetische Wortwahl
density *n*	Dichte
density of rhetorical figures	Dichte rhetorischer Figuren
figure of speech *n* ['fɪgəʳ əv spiːtʃ]	Stilfigur
figurative language *n* ['fɪgjᵊrətɪv]	bildliche Sprache
enchanting effect *n* [ɪn'tʃɑːntɪŋ]	bezaubernder Eindruck
phonological figure *n*	phonologische Stilfigur, Stilmittel auf Lautebene
alliteration *n*	Alliteration

> Im Englischen werden die meisten Stilmittel als nicht zählbare Substantive verwendet: The author uses alliteration frequently. Ausnahmen sind allusion, metaphor, symbol, rhetorical question oder auch pun. Hier ein Beispiel: There are a lot of allusions in this poem.

assonance *n*	Assonanz
consonance *n*	Konsonanz, Gleichklang
onomatopoeia *n* [ˌɒnəˌmætə'piə]	Onomatopoesie, Lautmalerei
morphological figure *n*	morphologische Figur, Stilmittel auf Wortebene
climax *n*	Klimax, Höhepunkt
epistrophe *n* [ɪ'pɪstrəfi]	Epipher
homonym *n*	Homonym
portmanteau word *n*	*wörtlich:* Kofferwort, Wortkreuzung
synonym *n*	Synonym
tautology *n* [tɔː'tɒlədʒi]	Tautologie
syntactical figure *n*	syntaktische Figur, Stilmittel auf Satzebene
asyndeton *n* [æ'sɪndətən]	Asyndeton
chiasmus *n* [kaɪ'æzməs]	Chiasmus
ellipsis *n*	Ellipse
inversion *n*	Inversion
parallelism *n*	Parallelismus
hypotaxis *n* [ˌhaɪpəʊ'tæksɪs]	Hypotaxe
parataxis *n* [ˌpærə'tæksɪs]	Parataxe
repetition *n*	Wiederholung
word repetition	Wortwiederholung
wordplay *n*	Wortspiel
paraphrase *n* ['pærəfreɪz]	Paraphrase
end-stopped line *n*	*Zeile, die syntaktisch geschlossen ist*
run-on line *n*	*fortlaufende Zeile, wobei die syntaktische Einheit in der nächsten Zeile fortgeführt wird*
enjamb(e)ment *n*	Enjambement, Zeilensprung
rhetorical question *n*	rhetorische Frage
tropes *n pl*	Tropen, rhetorische Figuren
antithesis *n* [æn'tɪθəsɪs]	Antithese
apostrophe *n* [ə'pɒstrəfi]	Apostroph
euphemism *n* ['juːfəmɪzᵊm]	Euphemismus
hyperbole *n* [haɪ'pɜːbᵊli]	Hyperbole, Übertreibung
exaggeration *n*	Übertreibung
irony *n*	Ironie
metaphor *n* ['metəfəʳ]	Metapher
metonymy *n* [me'tɒnəmi]	Metonymie

oxymoron *n* [ˌɒksɪˈmɔːrɒn]	Oxymoron
paradox *n* [ˈpærədɒks]	Paradoxon
pun *n*	Wortspiel, Wortwitz
personification *n* [pəˌsɒnɪfɪˈkeɪʃᵊn]	Personifikation
simile *n* [ˈsɪmɪli]	Vergleich
synaesthesia *n* [ˌsɪnæsˈtiːziə]	Synästhesie
synecdoche *n* [ˌsɪˈnekdəki]	Synekdoche
understatement *n*	Untertreibung
imagery *n* [ˈɪmɪdʒᵊri]	Bildlichkeit, bildhafte Sprache
allusion *n*	Anspielung
contrast *n* [ˈkɒntrɑːst]	Kontrast
enumeration *n*	Aufzählung

Metre and rhyme

metre *n* [ˈmiːtəʳ]	Metrum
A regular metre can be monotonous.	Ein regelmäßiges Metrum kann monoton klingen.
metrical pattern *n* [ˈmetrɪkᵊl ˈpætən]	Reimschema
foot *n*	Versfuß
iambic feet	jambische Versfüße
scan *v*	skandieren
regular *adj*	regelmäßig
irregular *adj*	unregelmäßig
iamb *n* [ˈaɪæm]	Jambus
iambic *adj*	jambisch
iambic tetrameter	vierhebiger Jambus
trochee *n* [ˈtrəʊki]	Trochäus
dactyl *n* [dæktɪl]	Daktylus
regular dactyl	regelmäßiger Daktylus
dactylic *adj*	daktylisch
dactylic dimeter	zweihebiger Daktylus
anapaest *n* [ˈænəpest]	Anapäst
spondee *n* [spɒnˈdiː]	Spondäus

Metres

iamb	xX
trochee	Xx
dactyl	Xxx
anapaest	xxX
spondee	XX

alexandrine *n*	Alexandriner
monometer *n*	Einheber
dimeter *n*	Zweiheber
trimeter *n*	Dreiheber
tetrameter *n*	Vierheber
pentameter *n* [penˈtæmɪtəʳ]	Pentameter, Fünfheber
hexameter *n*	Hexameter, Sechsheber
free verse *n*	freier Vers
accent *n*	Akzent
sound *n*	Klang
sound pattern *n*	Klangschema
rhyme *n*	Reim
The rhyme appears playful and skipping.	Der Reim wirkt spielerisch und hüpfend.

full rhyme *n*	reiner Reim
identical rhyme *n* [aɪˈdentɪkəl raɪm]	identischer Reim
end-rhyme *n*	Endreim
imperfect rhyme *n*	unreiner Reim
internal rhyme *n*	Binnenreim
rhyming couplet *n*	Reimpaar
alternate rhyme *n* [ˈɔːltənеɪt raɪm]	alternierender Reim
embracing rhyme *n*	umarmender Reim
masculine rhyme *n*	männlicher Reim
feminine rhyme *n*	weiblicher Reim

Reime mit einer identischen Silbe nennt man **masculine rhymes**, Reime mit zwei identischen Silben werden als **feminine rhymes** bezeichnet.

Hier ein kleines Beispiel:

masculine rhyme	street – meet
feminine rhyme	slowly – holy

homophone *n*	Homophon, Gleichlaut
rhythm *n* [ˈrɪðəm]	Rhythmus
rhythmic element *n*	rhythmisches Element
modulation *n*	Modulation
prosody *n* [ˈprɒsədi]	Prosody, Satzrhythmus
stress *n; v*	Betonung; betonen
alternation of stress	Wechsel der Betonung
stress pattern *n*	Betonungsmuster
syllable *n* [ˈsɪləbl]	Silbe
number of syllables per line	Anzahl der Silben pro Zeile
stressed *adj*	betont
stressed syllables	betonte Silben
non-stressed *adj*	unbetont
beat *n*	Schlag
vowel length *n* [vaʊəl ˈleŋθ]	Vokallänge
caesura *n* [sɪˈzjuːrə]	Zäsur
pause *n*	Pause, Zäsur
marked pause	betonte Zäsur

Types of poetry

lyric poetry *n*	lyrische Dichtung, Lyrik
narrative poetry *n*	erzählende Dichtung
love poetry *n*	Liebesdichtung
descriptive poetry *n*	beschreibende Dichtung
didactic poetry *n*	belehrende Dichtung
shape poetry *n*	Formenlyrik
ballad *n*	Ballade
epic *n*	Epos
verse romance *n*	Versromanze
elegy *n*	Elegie
ode *n*	Ode
sonnet *n* [ˈsɒnɪt]	Sonett
sonnet cycle *n*	Sonettzyklus
Petrarchan sonnet *n* [ˌpeˈtrɑːrkən]	Sonett nach Petrarca
Shakespearean sonnet *n* [ˌʃeɪkˈspiːrɪən]	Sonett nach Shakespeare
occasional poetry *n*	Gelegenheitsdichtung
dramatic monologue *n*	dramatischer Monolog

haiku *n* ['haɪkuː]	Haiku
nursery rhyme *n* ['nɜːsᵊri raɪm]	Kindergedicht
song *n*	Lied
lyrics *n pl*	(Lied-)Text

Analysis and Interpretation

General terms

analysis *n* [ə'næləsɪs]	Analyse
analyse *v* ['ænᵊlaɪz]	analysieren, untersuchen
interpretation *n* [ɪnˌtɜːprɪ'teɪʃᵊn]	Interpretation

How to structure an interpretation

Introduction
- author, title of the story/novel/poem/drama, …, year
- topic, main subject
- ask or imply a question about the topic, or make a point about the topic

Body (main part)
- analyse and examine the text: setting, atmosphere, characters, action, point of view, rhetorical devices, …
- explanations
- examples, quotes

Conclusion
- sum up your main results
- bring your thoughts together
- embed your results in a wider context

interpret *v* [ɪn'tɜːprɪt]	interpretieren
examination *n* [ɪgˌzæmɪ'neɪʃᵊn]	Untersuchung
examine *v* [ɪg'zæmɪn]	untersuchen
look *n*	Blick
have a close look at sth	einen genauen Blick auf etw werfen
structure *n*	Struktur
describe *v*	beschreiben
description *n* [dɪ'skrɪpʃᵊn]	Beschreibung
give a description of the action	eine Beschreibung der Handlung geben
create *v*	erzeugen
evoke *v* [ɪ'vəʊk]	erzeugen, hervorrufen
evoke a certain atmosphere	eine bestimmte Atmosphäre hervorrufen
atmosphere *n* ['ætməsfɪəʳ]	Atmosphäre
create an atmosphere of security	eine Atmosphäre von Sicherheit erzeugen
topic *n*	Thema
main topic	Hauptthema
central *adj*	zentral
subject *n*	Thema
central subject	zentrales Thema

theme *n* [θiːm]	Thema
event *n*	Ereignis
main events	Hauptereignisse
meaning *n*	Bedeutung
give meaning	Bedeutung geben
order *n*	Reihenfolge
happen *v*	geschehen, passieren, sich zutragen
plot *n*	Handlungsabfolge
complex *adj*	komplex
information *n no pl*	Information
pieces of information	Informationen
necessary *adj*	nötig, notwendig
necessary information	notwendige Informationen
conflict *n*	Konflikt
crisis *n*	Krise
arise *v*	aufkommen, entstehen
the crisis arose from …	die Krise entstand aus …
occur *v*	entstehen, aufkommen, vorkommen
avoid *v*	vermeiden
Critical situations can be avoided.	Kritische Situationen können vermieden werden.
prevent *v*	verhindern, vermeiden
climax *n* [ˈklaɪmæks]	Klimax, Höhepunkt
turning-point *n*	Wendepunkt

Introduction

author *n*	Autor
write, wrote, written *v*	schreiben
This story was written by Poe.	Diese Geschichte wurde von Poe geschrieben.
environment *n* [ɪnˈvaɪ(ə)rᵊnmənt]	Umgebung, Umfeld
a certain environment	eine bestimmte Umgebung
be set *v usu passive*	spielen
The story is set in South England.	Die Geschichte spielt in Südengland.
deal with *v*	handeln von
Her short story deals with …	Ihre Kurzgeschichte handelt von …
describe *v*	beschreiben
describe a shocking event	ein schockierendes Ereignis beschreiben
present *v* [prɪˈzent]	präsentieren, darlegen
Salinger presents a moral conflict.	Salinger legt einen moralischen Konflikt dar.
divide *v*	aufteilen, einteilen
The poem is divided into three stanzas.	Das Gedicht ist in drei Strophen eingeteilt.
be *v* **about**	handeln von
Macbeth is about …	Macbeth handelt von …
make *v* **use of**	nutzen, verwerten
employ *v* [ɪmˈplɔɪ]	verwenden, verbrauchen, einsetzen
He employs many rhetorical devices.	Er setzt viele Stilmittel ein.

Main part

effect *n*	Effekt, Wirkung
What effect do the stylistic devices have on the reader?	Welche Wirkung haben die Stilmittel auf den Leser?
identify *v* [aɪˈdentɪfaɪ]	identifizieren
identify with a character	sich mit einer Figur identifizieren
choose *v*	wählen
choose a certain perspective	eine bestimmte Perspektive wählen
show *v*	zeigen, deutlich machen

The open ending shows that …	Das offene Ende macht deutlich, dass …
intend *v*	intendieren, beabsichtigen
mirror *v*	wiederspiegeln
His language mirrors his social status.	Seine Sprache spiegelt seinen sozialen Status wieder.
correspond *v*	übereinstimmen
The acts usually correspond to changes in action, time and place.	Die Akte stimmen normalerweise mit Wechseln in Handlung, Zeit und Ort überein.
influence *n; v*	Einfluss; beeinflussen
heighten *v* ['haɪtᵊn]	vermehren, vergrößern
imagination *n* [ɪˌmædʒɪ'neɪʃᵊn]	Vorstellung, Phantasie
Leave it to the reader's imagination.	Überlassen Sie es der Phantasie des Lesers.
involve *v* [ɪn'vɒlv]	involvieren, einbeziehen
sympathize *v* ['sɪmpəθaɪz]	mitfühlen, verstehen
sympathize with a character	mit einer Figur mitfühlen
develop *v*	entwickeln
stand *v* **for**	bedeuten, stehen für
demonstrate *v* ['demənstreɪt]	(auf)zeigen, demonstrieren
present *v*	anbieten, aufzeigen, präsentieren
describe *v*	beschreiben
Tom is described as a friendly boy.	Tom wird als ein freundlicher Junge beschrieben.
refer *v* **to**	sich beziehen auf
She refers to the aspect of …	Sie bezieht sich auf den Aspekt …
behave *v*	sich verhalten
behaviour *n*	Verhalten
reveal *v*	aufdecken, enthüllen
contribute *v* **to** [kən'trɪbjuːt]	beitragen zu
Metaphors contribute to …	Metaphern tragen dazu bei, dass …
suggest *v*	auf etw hindeuten, hinweisen
The imagery suggests that …	Die Metaphorik deutet darauf hin, dass …
grasp *v*	begreifen
address *v* sb	jdn ansprechen
Who is being addressed?	Wer wird angesprochen?
link *v*	verbinden
How is the title linked to the poem?	Wie ist der Titel mit dem Gedicht verbunden?
underline *v*	unterstreichen
The changing rhyme pattern underlines the importance of the passage.	Der sich verändernde Reim unterstreicht die Bedeutung der Passage.
ignore *v*	ignorieren
based on *adj*	nach, basierend auf
based on a true story	nach einer wahren Geschichte
focus *v*	sich konzentrieren
The plot focuses on …	Die Handlung konzentriert sich auf …
avoid *v*	vermeiden, ablehnen
cause *v*	verursachen
provoke *v*	auslösen
solve *v*	lösen
solve a mystery	ein Geheimnis lüften
simplify *v* ['sɪmplɪfaɪ]	vereinfachen

Conclusion

conclude *v* [kən'kluːd]	beenden, abschließen
conclusion *n* [kən'kluːʒən]	Abschluss, Zusammenfassung
like *v*	mögen
dislike *v*	ablehnen, nicht mögen

sum up *v* — zusammenfassen
finally *adv* — schließlich, letztlich
consequence *n* ['kɒn(t)sɪkwən(t)s] — Folge, Konsequenz
as a consequence — als Folge, folglich
consequently *adv* ['kɒn(t)sɪkwəntli] — folglich

Characterization

accept *v* — akzeptieren
trust *v* — vertrauen
respect *v* — respektieren
admire *v* — bewundern
reject *v* — ablehnen
ignore *v* — ignorieren
criticise *v* ['krɪtɪsaɪz] — kritisieren
mistrust *v* — misstrauen
characterize *v* ['kærəktᵊraɪz] — charakterisieren, beschreiben

Characterization

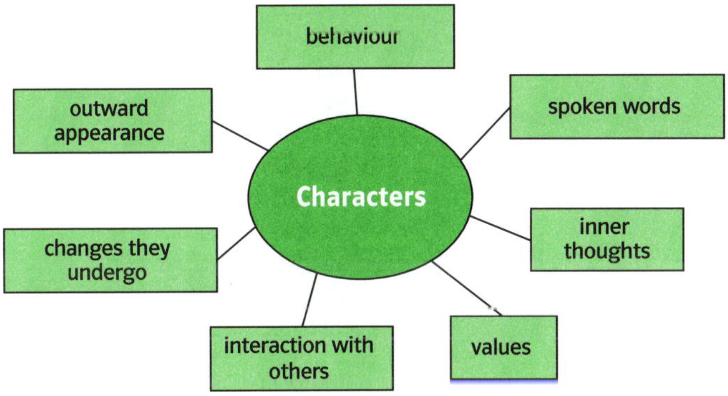

sensitive *adj* — einfühlsam
polite *adj* — höflich
reserved *adj* — reserviert
calm *adj* — ruhig
understanding *adj* — verständnisvoll
respectful *adj* — respektvoll
indifferent *adj* [ɪn'dɪfᵊrənt] — gleichgültig
tender *adj* — zärtlich
deep *adj* — tief
strong *adj* — stark
mixed *adj* — gemischt, konfus
hurt *adj* — verletzt
cheerful *adj* — fröhlich
optimistic *adj* ['ɒptɪmɪstɪk] — optimistisch
angry *adj* — aufgebracht, ärgerlich
desperate *adj* ['despᵊrət] — hoffnungslos, verzweifelt
thoughtful *adj* — bedacht

Language and atmosphere

atmosphere *n* — Atmosphäre
complicated *adj* — kompliziert
colloquial *adj* [kə'ləʊkwiəl] — umgangssprachlich
elevated *adj* — pathetisch

expressive *adj*	ausdrucksstark
calm *adj*	ruhig
cosy *adj*	gemütlich
relaxed *adj*	aufgelockert, entspannt
informal *adj*	informell, formlos
hostile *adj* ['hɒstaɪl]	feindlich, ablehnend
oppressive *adj* [ə'presɪv]	bedrückend, beklemmend
tense *adj*	verkrampft
intimate *adj* ['ɪntɪmət]	vertraut, vertraulich
romantic *adj*	romantisch
descriptive *adj* [dɪ'skrɪptɪv]	beschreibend
peaceful *adj*	friedlich
serious *adj*	ernst(haft)
public *adj*	öffentlich
violent *adj*	brutal
tone *n*	Ton, Tonfall
ironic *adj* [aɪ'rɒnɪk]	ironisch
melancholy *adj* ['melənkəli]	melancholisch
depressed *adj*	bedrückt, deprimiert
disappointed *adj*	enttäuscht
gloomy *adj*	bedrückt, düster
joking *adj*	spaßvoll
playful *adj*	spielerisch
bitter *adj*	bitter, hart
angry *adj*	ärgerlich, aufgebracht
cynical *adj* ['sɪnɪkəl]	zynisch

Connectors

firstly *adv*	erstens, zunächst
secondly *adv*	zweitens
point *n*	Punkt, Argument
another point	ein weiteres Argument
as *conj*	da
As the third-person narrator has a limited perspective …	Da der personale Erzähler eine eingeschränkte Perspektive besitzt …
due to *prep*	aufgrund, wegen
because of *prep*	da, weil, wegen
result *n*	Ergebnis, Folge
as a result of …	als Folge von …
therefore *adv* ['ðeəfɔːr]	daher, deshalb
in addition *adv*	ferner, des Weiteren
moreover *adv* [mɔːr'əʊvər]	außerdem
besides *adv*	ansonsten, außerdem
although *conj*	obwohl
in spite of *prep*	trotz, trotzdem
nevertheless *adv* [ˌnevəðə'les]	dennoch

Quoting

quote *n; v*	Zitat; zitieren
quotation *n* [kwəʊ'teɪʃən]	Zitat
cite *v*	zitieren, anführen
primary literature *n* ['praɪməri 'lɪtrətʃər]	Primärliteratur
secondary literature *n* ['sekəndəri 'lɪtrətʃər]	Sekundärliteratur

source *n*	Quelle
source of a quote	Quelle eines Zitats
bracket *n*	Klammer
in brackets	in Klammern

Introducing an author's ideas

opinion *n*	Meinung
idea *n*	Gedanke, Konzept
attitude *n*	Einstellung
belief *n*	Meinung, Glaube
article *n*	Artikel
newspaper article	Zeitungsartikel
paper *n*	*hier:* wissenschaftliche Veröffentlichung
a paper on Blake	ein wissenschaftlicher Artikel zu Blake
passage *n*	Passage, Abschnitt
paragraph *n* ['pærəgrɑːf]	Absatz
according to *prep* [ə'kɔːdɪŋ tuː]	laut, gemäß, entsprechend
According to Shakespeare …	Shakespeare zufolge …
claim *v*	behaupten
The author claims that …	Der Autor behauptet, dass …
admit *v*	zugeben
conclude *v*	schließen, zu einem Schluss kommen
She concludes …	Sie kommt zu dem Schluss …
go on *v*	fortfahren
discuss *v*	diskutieren, behandeln
The problem discussed in the article …	Das im Artikel behandelte Problem …
convey *v*	vermitteln, ausdrücken
intention *n* [ɪn'ten(t)ʃən]	Absicht, Intention
be concerned with *v* **sth**	etw behandeln, von etw handeln
The play is concerned with …	Das Stück handelt von …
make clear *v*	verdeutlichen
He makes clear that …	Er verdeutlicht, dass …
acknowledge *v* [ək'nɒlɪdʒ]	anerkennen, einräumen
allude to *v* [ə'luːd tuː]	anspielen auf
argue *v*	argumentieren, behaupten
assume *v*	annehmen
emphasize *v* ['emfəsaɪz]	unterstreichen, betonen
establish *v*	begründen, einführen
explore *v* [ɪk'splɔːr]	erforschen, untersuchen
highlight *v*	herausstellen, betonen
illustrate *v* ['ɪləstreɪt]	darstellen, erläutern
point out *v*	aufzeigen, darlegen
stress *v*	hervorheben
question *v*	in Frage stellen, hinterfragen
observe *v*	beobachten, betrachten
propose *v*	vorschlagen
unveil *v* [ʌn'veɪl]	enthüllen
favour *n*	Befürwortung
be in favour of sth	für etw sein
oppose *v* sth	etw ablehnen

Agreement and disagreement

agree *v*	zustimmen
I agree.	Ich stimme zu.
correct *adj*	richtig
view *n*	Ansicht
disagree *v* [ˌdɪsəˈɡriː]	widersprechen
I disagree with the author's idea that …	Ich widerspreche der Auffassung des Autors, dass …
partly *adv*	teils, teilweise
only partly true	nur teilweise richtig
convincing *adj* [kənˈvɪn(t)sɪŋ]	überzeugend
This is not convincing.	Dies ist nicht überzeugend.
irrelevant *adj* [ɪˈreləvᵊnt]	irrelevant, bedeutungslos
while *conj*	während
While I agree with you I don't believe that …	Während ich dir zustimme, glaube ich nicht, dass …

English Literary History

General terms

literary history *n* [ˈlɪtᵊrᵊri ˈhɪstəri]	Literaturgeschichte
epoch *n* [ˈiːpɒk]	Epoche
literary epochs	literarische Epochen, Literaturepochen
period *n*	Periode
phase *n*	Phase, Zeitspanne
socio-cultural *adj* [ˌsəʊʃiəʊˈkʌltʃᵊrəl]	soziokulturell
socio-historical *adj* [ˌsəʊʃiəʊhɪˈstɒrɪkəl]	soziohistorisch
background *n*	Hintergrund
development *n*	Entwicklung
literary developments	literarische Entwicklungen
literary production *n*	Literaturproduktion
convention *n*	Konvention, Grundsatz
literary conventions	literarische Grundsätze
assumption *n*	Annahme
underlying assumptions	zugrunde liegende Annahmen
historian *n* [hɪˈstɔːriən]	Historiker(in)
literary scholar *n* [ˈlɪtᵊrᵊri ˈskɒləʳ]	Literaturwissenschaftler(in)
sovereign *n* [ˈsɒvᵊrɪn]	Souverän, Herrscher
perspective *n*	Perspektive, Blickwinkel
Depending on the perspective adapted by the literary scholar, a period of time can have various names.	Je nach Blickwinkel des Literaturwissenschaftlers kann eine Zeitspanne unterschiedlich bezeichnet werden.
movement *n*	Entwicklung, Bewegung
philosophical movement	philosophische Bewegung
division *n*	Aufteilung
a division into literary periods	eine Aufteilung in literarische Zeiträume
divide *v*	aufteilen, unterteilen
periodization *n* [ˌpɪəriədɪˈzeɪʃᵊn]	Periodisierung

Old English and Middle English literature

old English language *n*	Altenglisch
dialect *n* [ˈdaɪəlekt]	Dialekt
vernacular *n* [vəˈnækjələʳ]	Mundart, Dialekt
germanic *adj*	germanisch
germanic language	germanische Sprache

invasion *n*	Invasion
invade *v*	einmarschieren, eindringen
William the Conqueror invaded England in 1066.	William der Eroberer marschierte 1066 in England ein.
the Normans *n pl*	die Normannen

An overview of English literature

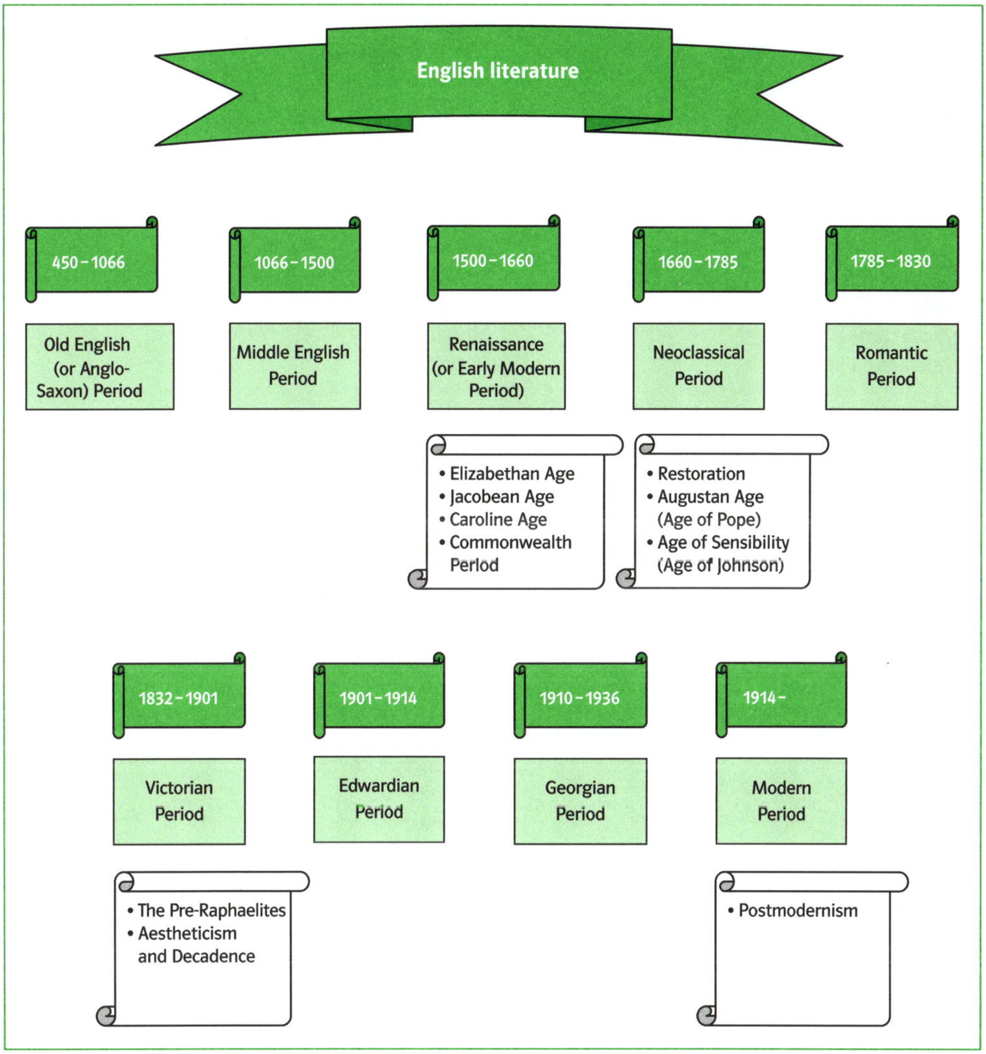

occupation *n* [ˌɒkjəˈpeɪʃᵊn]	Inbesitznahme, Besetzung
preserve *v* [prɪˈzɜːv]	erhalten
Only a few texts have been preserved from the Old English period.	Nur wenige Texte aus der altenglischen Zeit sind erhalten.
spread *v*	ausbreiten
hand down *v*	überliefern
manuscript *n* [ˈmænjəskrɪpt]	Manuskript, Handschrift
recorded *adj*	schriftlich belegt
scholar *n* [ˈskɒləʳ]	Gelehrter

scholarship *n* ['skɒləʃɪp]	Wissenschaft
capable *adj*	fähig, imstande
capable of writing	fähig zu schreiben, imstande zu schreiben
monk *n* [mʌŋk]	Mönch
nun *n*	Nonne
monastery *n* ['mɒnəstᵊri]	Kloster
missionary *n; adj* ['mɪʃᵊnᵊri]	Missionar; missionarisch
anonymous *adj* [ə'nɒnɪməs]	anonym
historical record *n*	historischer Beleg
oral *adj*	mündlich
rune *n*	Rune
middle English language *n*	Mittelenglisch
Middle English can be considered as a mixture of Old English and French.	Mittelenglisch kann als eine Mischung aus Altenglisch und Französisch angesehen werden.
inflection *n*	Flexion
decade *n*	Jahrzehnt
conquest *n* ['kɒŋkwest]	Eroberung
medieval *adj* [ˌmedi'iːvᵊl]	mittelalterlich
medieval times *n pl*	Mittelalter
middle ages *n pl*	Mittelalter

The Renaissance

embrace *v*	begrüßen, annehmen
The Renaissance embraced the arts, sciences and philosophy.	Das Zeitalter der Renaissance begrüßte die Künste, die Wissenschaften und die Philosophie.
classical *adj*	klassisch
One aspect of Renaissance culture in England was the translation of classical texts.	Ein Aspekt der Renaissancekultur in England war die Übersetzung klassischer Texte ins Englische.
geographical *adj*	geographisch
scientific *adj* [ˌsaɪən'tɪfɪk]	wissenschaftlich
discovery *n* [dɪ'skʌvᵊri]	Entdeckung
The Renaissance was an age of European scientific and geographical discoveries.	Die Renaissance war eine Zeit wissenschaftlicher und geographischer Entdeckungen in Europa.
colony *n*	Kolonie
early English colonies	frühe englische Kolonien
humanism *n* ['hjuːmənɪzᵊm]	Humanismus
humanist *n* ['hjuːmənɪst]	Humanist
cultured *adj*	gebildet, kultiviert
mark *v*	kennzeichnen
monarch *n* ['mɒnək]	Monarch
The early 16th century was marked by the reign of the despotic yet cultured monarch Henry VIII.	Das frühe 16. Jahrhundert war gekennzeichnet durch die Herrschaft des tyrannischen und doch kultivierten Monarchen Henry VIII.
throne *n* [θrəʊn]	Thron
fictional prose *n* ['fɪkʃᵊnᵊl prəʊz]	fiktionale Erzählliteratur
imaginative *adj* [ɪ'mædʒɪnətɪv]	phantasievoll, erfinderisch
wit *n*	Esprit, Verstand, Witz
witty *adj*	geistreich, witzig
principle *n*	Grundsatz, Leitsatz
principles of education	Grundsätze der Erziehung
Elizabethan age *n*	elisabethanisches Zeitalter
Shakespearean age *n*	Zeitalter Shakespeares
reformation *n*	Reformation
secular *adj* ['sekjələʳ]	weltlich, säkular

secular drama *n*	weltliches Theater
mystery *n* ['mɪstᵊri]	Mysterienspiel
morality play *n* [mə'ræləti pleɪ]	Moralität
miracle play *n*	Mirakelspiel
allegory *n* ['ælɪgəri]	Allegorie, Sinnbild
virtue *n* ['vɜːtjuː]	Tugend
mercy *n* ['mɜːsi]	Gnade, Mitleid
vice *n*	Untugend, Laster
envy *n*	Neid
imitate *v*	imitieren
public *adj*	öffentlich
public theatres	öffentliche Schauspielhäuser
aristocrat *n* ['ærɪstəkræt]	Aristokrat
visitor *n*	Besucher
citizen *n*	Bürger, Bewohner
surround *v*	umgeben
roof *n*	Dach
Some of the visitors had to stand in the rain as the arena had no roof.	Manche Besucher mussten im Regen stehen, da die Arena kein Dach hatte.
achieve *v*	erreichen, erlangen
emerge *v* [ɪ'mɜːdʒ]	hervorgehen
take place *v*	stattfinden
wealthy *adj*	wohlhabend
attend *v*	teilnehmen, besuchen
social *adj*	sozial
The public theatres in London were attended by people from all social classes.	Die öffentlichen Schauspielhäuser in London wurden von Menschen aus allen sozialen Schichten besucht.
knowledge *n*	Wissen
authorship *n* ['ɔːθəʃɪp]	Autorenschaft
family background *n*	familiärer Hintergrund
birthplace *n*	Geburtsort
early life *n*	Jugendalter
education *n*	Erziehung
Shakespeare's London *n*	*London zur Zeit William Shakespeares*
Elizabethan theatre *n*	elisabethanisches Theater
plague *n* [pleɪg]	Pest

The Neoclassical Age

neoclassical *adj* [ˌniːəʊ'klæsɪkᵊl]	klassizistisch
reason *n*	Vernunft, Verstand
change *n*	Veränderung, Wandel
tension *n*	Spannung
religious tensions	religiöse Spannungen
fail *v*	fehlschlagen, missglücken, scheitern
catholic *n; adj* ['kæθᵊlɪk]	Katholik; katholisch
protestant *n; adj* ['prɒtɪstᵊnt]	Protestant; protestantisch
puritan *n; adj* ['pjʊərɪtᵊn]	Puritaner; puritanisch
civil war *n*	Bürgerkrieg
rule *n*	Herrschaft
royalist *n*	Royalist
proclaim *v*	ausrufen
parliament *n*	Parlament
republic *n*	Republik

Referate halten · Diskutieren · Stichwortverzeichnis · Landeskunde · Literatur

restoration *n* [ˌrestᵊr'eɪʃᵊn]	Restauration, Wiedereinsetzung
restoration of power	Restauration der Macht
restore *v* [rɪ'stɔːʳ]	wiedereinsetzen
Church of England *n*	Anglikanische Kirche
disastrous *adj* [dɪ'zɑːstrəs]	desaströs, katastrophal
outbreak *n*	Ausbruch
outbreak of plague	Ausbruch der Pest
eradicate *v* [ɪ'rædɪkeɪt]	ausrotten
eradicate a disease	eine Krankheit ausrotten
progress *n*	Fortschritt
democracy *n*	Demokratie
right *n*	Recht
civil rights	Bürgerrechte

Romanticism

romantic *adj*	romantisch
passionate *adj*	leidenschaftlich, passioniert
celebrate *v*	feiern
esoteric *adj* [ˌesə'terɪk]	geheimnisvoll
esoteric allusions	geheimnisvolle Anspielungen
reference *n*	Bezug
religious references	religiöse Bezüge
melancholy *n; adj* ['melənkᵊli]	Melancholie; melancholisch, düster
championing *n*	Verfechten
humble *adj* ['hʌmbl]	bescheiden
profound *adj*	hintergründig
human behaviour *n*	menschliches Verhalten
conventional *adj*	konventionell
acquainted *adj* [ə'kweɪntɪd]	bekannt
influenced *adj*	beeinflusst
tame *adj*	zahm
duality *n*	Dualismus
timid *adj*	schüchtern
satirical *adj* [sæ'tɪrɪkᵊl]	satirisch
masterpiece *n* ['mɑːstᵊrpiːs]	Meisterstück
wild *adj*	wild
impression *n*	Eindruck
charm *v*	bezaubern
vanity *n* ['vænəti]	Eitelkeit
emotionalism *n* [ɪ'məʊʃᵊnᵊlɪzᵊm]	Gefühlsbetonung, Emotionalität
beauty *n*	Schönheit
nature *n*	Natur
superiority of nature	Übermacht der Natur
sublimity *n* [sʌ'blɪmɪti]	Erhabenheit
sublime *adj* [sə'blaɪm]	erhaben
peasant *n*	Bauer
countryside *n*	Landschaft, ländlicher Raum
landscape *n*	Landschaft
industrialism *n*	Industrialismus
industrialisation *n*	Industrialisierung
instinct *n*	Instinkt
civilization *n*	Zivilisation
introspection *n* [ˌɪntrə(ʊ)'spekʃᵊn]	Selbstbeobachtung, Introspektion

supernatural *adj* ['suːpəˌnætʃᵊrᵊl]	übernatürlich
hypocrisy *n* [hɪ'pɒkrəsi]	Scheinheiligkeit

The Victorian Age

victorian novel *n*	viktorianischer Roman
literate *adj* ['lɪtᵊrət]	gebildet, belesen
prosperity *n* [prɒs'perəti]	Erfolg, Wohlstand
progress *n* ['prəʊgres]	Entwicklung, Fortschritt
technology *n*	Technologie
trade *n*	Handel
stability *n*	Stabilität
increase *n*	Anstieg, Ausweitung
expansion *n*	Ausweitung, Ausbreitung
liberalisation *n*	Liberalisierung
solid *adj*	beständig
suffrage *n* ['sʌfrɪdʒ]	Stimmrecht, Wahlrecht
women's suffrage	Frauenwahlrecht
rural *adj*	ländlich
mansion *n*	Herrenhaus, herrschaftliches Wohnhaus, Villa
orphan *n* ['ɔːfᵊn]	Waise
governess *n* ['gʌvᵊnəs]	Erzieherin, Gouvernante
mysterious *adj* [mɪ'stɪəriəs]	mysteriös
entertainment *n*	Unterhaltung
Bildungsroman *n*	Bildungsroman
social panorama *n* ['səʊʃᵊl ˌpænᵊr'ɑːmə]	soziales Panorama
portrait *n* ['pɔːtrɪt]	Portrait
moral *adj*	moralisch
judgement *n* ['dʒʌdʒmənt]	Urteil
moral judgement	moralisches Urteil
ghost story *n*	Geistergeschichte
repentance *n* [rɪ'pentən(t)s]	Reue, Bedauern
middle class *n*	Mittelschicht
respectability *n*	Ehrbarkeit
calm *n; adj*	Ruhe; ruhig

Modern literature

modernism *n*	Modernismus
decadent *adj* ['dekədᵊnt]	dekadent
a mood of decadent melancholy	eine Stimmung dekadenter Melancholie
decadence *n* ['dekədᵊn(t)s]	Dekandenz, Verfall
shadow *n*	Schatten
catastrophe *n* [kə'tæstrəfi]	Katastrophe
First World War	Erster Weltkrieg
Second World War	Zweiter Weltkrieg
chaos *n* ['keɪɒs]	Chaos
chaotic *adj* [keɪ'ɒtɪk]	chaotisch
plunge *v*	fallen, stürzen
rage *v*	wüten
violent *adj*	gewaltsam, brutal
trouble *n*	Ärger
serious-minded *adj*	ernsthaft
unpopular *adj*	unbeliebt
opponent *n* [ə'pəʊnənt]	Gegner

suffer *v*	leiden
reform *n; v*	Reform; reformieren
post-war years *n pl*	Nachkriegsjahre
improve *v*	verbessern
improvement *n*	Verbesserung
upheaval *n* [ʌp'hiːvᵊl]	Aufruhr, Umbruch, Umsturz
failure *n* ['feɪljəʳ]	Fehlschlag, Erfolglosigkeit
fin de siècle *n* [ˌfɛ̃də'sjekl]	Jahrhundertwende
notorious *adj* [nəʊ'tɔːriəs]	notorisch, berüchtigt
confess *v*	beichten
concern *n*	Anliegen, Bedenken
preciosity *n* [ˌpresi'ɒsəti]	Geziertheit, Affektiertheit
existential *adj*	existentiell
unease *n*	Unbehagen
experience *n*	Erfahrung
value *n*	Wert
vivid *adj*	anschaulich, impulsiv, lebhaft
ironic *adj*	ironisch
sympathetic *adj* [ˌsɪmpə'θetɪk]	mitfühlend
autobiography *n* [ˌɔːtəbaɪ'ɒgrəfi]	Autobiographie
autobiographical *adj* [ˌɔːtəˌbaɪə(ʊ)'græfɪkᵊl]	autobiographisch
conventional *adj*	konventionell
subsequent *adj*	nachfolgend, anschließend
sophisticated *adj* [sə'fɪstɪkeɪtɪd]	anspruchsvoll, durchdacht
humorous *adj* ['hjuːmᵊrəs]	humoristisch, humorvoll
contradiction *n*	Gegensatz, Widerspruch
contradict *v*	widersprechen, bestreiten
modernistic *adj*	modernistisch
postmodernism *n*	Postmoderne
parody *n; v* ['pærədi]	Parodie; parodieren
experimental *adj*	experimentell
exceed *v* [ɪk'siːd]	übertreffen, übersteigen
encounter *n; v* [ɪn'kaʊntəʳ]	Begegnung; begegnen
clearly *adv*	deutlich
deviant *adj* ['diːviənt]	abweichend
plurality *n* [plʊə'ræləti]	Vielfalt, Pluralität
mental *adj*	geistig
mental breakdown	Nervenzusammenbruch
stream of consciousness *n* [striːm əv 'kɒn(t)ʃəsnəs]	Bewusstseinsstrom
widespread *adj*	weit verbreitet
eccentric *adj* [ɪk'sentrɪk]	exzentrisch, ausgefallen
frantic *adj*	außer sich, rasend
satisfaction *n*	Befriedigung
physical *adj*	körperlich, physisch
physical satisfaction	körperliche Befriedigung
happiness *n*	Glücksgefühl, Fröhlichkeit
intellectual *n; adj*	Intellektuelle(r); gebildet
science fiction novel *n*	Zukunftsroman
futuristic *adj* [ˌfjuːtʃə'rɪstɪk]	futuristisch
space travel *n*	Raumfahrt
scientific invention	wissenschaftliche Erfindung
independence *n*	Unabhängigkeit

native *n; adj*	Ureinwohner; einheimisch
emigrate *v*	auswandern
colony *n*	Kolonie
colonial *adj*	kolonial
utopia *n* [juː'təʊpiə]	Utopie
dystopia *n* [dɪs'təʊpiə]	Dystopie, Anti-Utopie
indefatigable *adj* [ˌɪndɪ'fætɪgəbl]	unermüdlich
symbolism *n*	Symbolismus
contemporary *adj* [kən'temp(ə)r(ə)ri]	zeitgenössisch
Angry Young Men *n pl*	*wörtlich:* wütende junge Männer *(literarische Bewegung in Großbritannien Mitte der 1950er Jahre)*
inequality *n* [ˌɪnɪ'kwɒləti]	Ungleichheit

American Literary History

An overview of American literature

American literature

17th century

Colonial Period

- Captain J. Smith
- C. Mather

18th century

War of Independence

- B. Franklin
- T. Paine

19th century

Development of a national writing

- W. Irving
- J. F. Cooper
- R. W. Emerson
- E. A. Poe
- N. Hawthorne
- H. Melville
- H. D. Thoreau
- W. Whitman
- H. Beecher Stowe
- E. Dickinson
- M. Twain
- H. James
- S. Crane

20th century

before World War II

- R. Frost
- T. S. Eliot
- W. Faulkner
- E. Hemingway
- F.S. Fitzgerald
- J. Steinbeck
- R. Wright
- T. Wilder
- E. O'Neill
- T. William

20th century

after World War II

- J. Heller
- K. Vonnegut
- J. D. Salinger
- J. Updike
- A. Miller
- S. Shepard
- E. Albee
- R. Bradbury

20th century

Literature of minorities

- M. L. King
- L. Hughes
- C. McKay
- J. Baldwin
- A. Walker
- M. McCarthy
- J. Didion
- T. C. Boyle

17th century literature

discovery *n* [dɪ'skʌvᵊri]	Entdeckung
New World *n*	Neue Welt
colony *n*	Kolonie
colonization *n* [ˌkɒlənaɪ'zeɪʃᵊn]	Kolonisierung
voyage *n* ['vɔɪɪʤ]	Reise, Seereise
explore *v* [ɪk'splɔːʳ]	erforschen, untersuchen
exploration *n* [ˌeksplə'reɪʃᵊn]	Erkundung
ocean *n*	Ozean
continent *n*	Kontinent
settlement *n* ['setlmənt]	Siedlung
settler *n* ['setləʳ]	Siedler, Kolonist
native American *n*	amerikanischer Ureinwohner
American Indian *n*	Indianer
emigration *n* [ˌemɪ'greɪʃᵊn]	Auswanderung
emigrate *v* ['emɪgreɪt]	auswandern
immigration *n* [ˌɪmɪ'greɪʃᵊn]	Einwanderung
immigrate *v* ['ɪmɪgreɪt]	einwandern
consolidation *n* [kənˌsɒlɪ'deɪʃᵊn]	Festigung, Konsolidierung
claim *v*	beanspruchen, einfordern
found *v*	errichten, gründen
religious *adj*	religiös, gläubig
persecution *n* [ˌpɜːsɪ'kjuːʃᵊn]	Verfolgung
environment *n*	Umgebung, Umfeld
suffer *v*	leiden
eventually *adj*	letztendlich, schließlich
flourish *v* ['flʌrɪʃ]	florieren, gedeihen, Erfolg haben
sufficient *adj* [sə'fɪʃᵊnt]	ausreichend, genügend
sufficient supplies	genügend Vorräte
conflict *n*	Konflikt
document *n; v*	Dokument; dokumentieren
increase *n* ['ɪnkriːs]	Anstieg, Zunahme
increasingly *adv* [ɪn'kriːsɪŋli]	zunehmend
deprive *v* [dɪ'praɪv]	entziehen, aberkennen
deprive sb of freedom	jdn der Freiheit berauben
displace *v*	verdrängen, verlagern

18th century literature

military action *n*	Kampfmaßnahme
revolution *n*	Revolution
achieve *v* [ə'tʃiːv]	erreichen
herald *v* ['herəld]	ankündigen, verkünden
Declaration of Independence *n*	*Unabhängigkeitserklärung der USA*
expansion *n*	Ausdehnung, Erweiterung
westward expansion of settlements	Ausdehnung der Siedlungen nach Westen
territory *n* ['terɪtᵊri]	Gebiet, Territorium
gold rush *n*	Goldrausch
adventurous *adj* [əd'ventʃᵊrəs]	gewagt, abenteuerlustig
slavery *n*	Sklaverei
slave *n*	Sklave
plantation *n*	Plantage
descendant *n* [dɪ'sendənt]	Nachfahre, Nachkömmling
villainous *adj* ['vɪlənəs]	schurkisch, gemein

tolerate *v*	tolerieren
citizenship *n* ['sɪtɪzᵊnʃɪp]	Staatsbürgerschaft
civil war *n*	Bürgerkrieg
abolition *n* [ˌæbə'lɪʃᵊn]	Abschaffung, Aufhebung
abolition of slavery	Abschaffung der Sklaverei
abolitionist *n*	*Gegner(in) der Sklaverei*
secession *n*	Sezession, Abtrennung
War of Secession	Sezessionskrieg
surrender *n; v* [sᵊr'endəʳ]	Kapitulation; kapitulieren, aufgeben
incident *n*	Zwischenfall, Begebenheit
favour *n*	Gefallen, Gewogenheit
be in favour of sth	für etw sein
enlightenment *n* [ɪn'laɪtᵊnmənt]	Aufklärung, Erleuchtung
Age of Enlightenment	Zeitalter der Aufklärung
speech *n*	Rede
transcendentalist *n* [ˌtræn(t)sen'dentᵊlɪst]	Transzendentalist
philosophical *adj*	philosophisch
philosophical writings	philosophische Schriften
pamphlet *n*	Flugschrift, Pamphlet

19th century literature

essay *n*	Essay, Abhandlung
essayist *n*	Essayist
noted *adj*	bekannt, berühmt
tract *n*	Abhandlung, Traktat
disciple *n* [dɪ'saɪpl]	Jünger, Schüler
account *n*	Bericht, Darstellung
success *n*	Erfolg
literary success	literarischer Erfolg
succeed *v*	erfolgreich sein
Afro-American *adj*	afroamerikanisch
orator *n* ['ɒrətəʳ]	Redner
skilled *adj*	ausgebildet, erfahren
radical *adj*	radikal, drastisch
soul *n*	Seele
mind *n*	Geist, Gemüt
pseudonym *n* ['sju:dənɪm]	Pseudonym
short story *n*	Kurzgeschichte
reputation *n*	Ansehen, Ruf
adventure story *n*	Abenteuergeschichte
journalist *n* ['ʤɜ:nᵊlɪst]	Journalist
subtlety *n* ['sʌtlti]	Feinheit, Feinsinn, Subtilität
legacy *n* ['legəsi]	Hinterlassenschaft, Vermächtnis
horror *n*	Horror
recall *v*	sich erinnern
disproportionate *adj* [ˌdɪsprə'pɔ:ʃᵊnət]	übertrieben, unangemessen
influence *n*	Einfluss
originality *n*	Originalität
acquire *v* [ə'kwaɪəʳ]	annehmen, sich aneignen
principle *n*	Prinzip
in principle	im Prinzip
digression *n* [daɪ'greʃᵊn]	Exkurs, Abschweifung
dilemma *n*	Dilemma, Zwangslage

moral dilemma	moralische Zwangslage
humanitarian *adj* [hjuːˌmænɪˈteəriən]	humanitär, menschenfreundlich
widely-read *adj*	meistgelesen
readable *adj*	lesbar, lesenswert
commentary *n*	Kommentar
pathos *n* [ˈpeɪθɒs]	Pathos
20th century literature	
modernism *n* [ˈmʌdᵊnɪzᵊm]	Moderne, Modernismus
realistic *adj*	realistisch
naturalistic *adj* [ˌnætʃᵊrᵊlˈɪstɪk]	naturalistisch
psychological *adj* [ˌsaɪkəˈlɒdʒɪkᵊl]	psychologisch
complexity *n*	Komplexität
compete *v*	konkurrieren
turn *n*	Wende
turn of the century	Jahrhundertwende
depict *v* [dɪˈpɪkt]	beschreiben, darstellen, abbilden
depiction *n* [dɪˈpɪkʃᵊn]	Beschreibung, Darstellung
minority *n*	Minderheit
ethnic *adj*	ethnisch
post-war period *n*	Nachkriegszeit
melting pot *n*	Schmelztiegel
rival *n* [ˈraɪvᵊl]	Rivale
manufacture *n; v* [ˌmænjəˈfæktʃəʳ]	Anfertigung, Herstellung; erzeugen, herstellen
Great Depression *n*	Weltwirtschaftskrise
resource *n*	Rohstoff
unemployment *n*	Arbeitslosigkeit
absorb *v*	aufnehmen, aufsaugen
innovative *adj* [ˈɪnə(ʊ)veɪtɪv]	innovativ
eminent *adj*	bedeutend
extensive *adj*	beträchtlich, erheblich
obsessive *adj*	zwanghaft
manner *n*	Art, Manier
realistic manner	realistische Art
ideological *adj* [ˌaɪdiə(ʊ)ˈlɒdʒɪkᵊl]	ideologisch
anger *n*	Ärger, Groll
confidence *n*	Vertrauen, Zutrauen
journal *n*	Journal, Zeitschrift
literary journals	literarische Zeitschriften
magazine *n*	Magazin
anthology *n* [ænˈθɒlədʒi]	Anthologie, Sammelband
publication *n*	Veröffentlichung, Publikation
imagism *n* [ˈɪmædʒɪzᵊm]	Imagismus
tendency *n*	Tendenz

Literature and Film

Talking about film

film *n (BE)*	Film
movie *n (AE)*	Film
film genre *n* [ˌfɪlm 'ʒːɑ̃(n)rə]	Filmgattung
film segment *n*	Filmausschnitt
film criticism *n* [ˌfɪlm 'krɪtɪsɪzəm]	Filmkritik
cinematography *n* [ˌsɪnɪmə'tɒgrəfi]	Kinematographie
cineaste *n*	Kinoliebhaber, Cineast
cinema *n (BE)* ['sɪnəmə]	Kino
movie theater *n (AE)*	Kino
documentary *n* [ˌdɒkjə'mentəri]	Dokumentation
feature film *n* ['fiːtʃər fɪlm]	Spielfilm
black and white film *n*	Schwarzweissfilm
animated film *n*	Zeichentrickfilm
blockbuster *n*	Straßenfeger, Kassenschlager
arthouse *n*	Programmkino
serial *n* ['sɪəriəl]	Serie
prequel *n* ['priːkwəl]	*Vorgeschichte eines bereits existierenden Films*
sequel *n* ['siːkwəl]	Fortsetzung, Folge
adventure film *n*	Abenteuerfilm
comedy *n*	Komödie
crime movie *n*	Kriminalfilm
TV drama *n*	Fernsehfilm
horror film *n*	Horrorfilm
Bollywood film *n*	*Film aus der indischen Filmindustrie*
western *n*	Western
film technique *n* [fɪlm tek'niːk]	Filmtechnik
cinematic device *n* [ˌsɪnɪ'mætɪk dɪ'vaɪs]	filmisches Mittel
release *v*	veröffentlichen, herausbringen
release a film	einen Film herausbringen
camera range *n* ['kæmərə reɪndʒ]	Kamerabereich, Aufnahmebereich
distance *n*	Distanz
camera angle *n* ['kæmərə 'æŋgl]	Kameraeinstellung, Aufnahmewinkel

Beim Film gibt es eine Reihe verschiedener **camera angles**, die unterschiedliche Schwerpunkte in ihrer Darstellung setzen. Sie werden bewusst eingesetzt, um zum Beispiel Spannung zu erzeugen, Intimität herzustellen, oder auch Details hervorzuheben. Hier einige Beispiele für unterschiedliche Kameraeinstellungen: **long shot** *(Totale)*, **medium shot** *(Halbtotale)*, **establishing shot, point-of-view-shot, high-angle shot** *(Vogelperspektive)*, **low-angle shot** *(Froschperspektive)*, oder auch **pan shot** *(Panoramaschwenk)*.

perspective *n* [pə'spektɪv]	Perspektive
shot *n*	Aufnahme, Kameraeinstellung
shoot *v*	drehen
shoot a film	einen Film drehen
close-up *n*	Nahaufnahme, Großaufnahme
director *n* [dɪ'rektər]	Filmregisseur
viewer *n* ['vjuːər]	Fernsehzuschauer
producer *n* [prə'djuːsər]	Produzent
cut *n; v*	Schnitt; schneiden
speed of cuts	Schnelligkeit des Schnitts
sound effect *n*	Klangeffekt
opening scene *n*	Eingangsszene

opening credits *n pl*	Filmvorspann
facial expression *n* [ˈfeɪʃᵊl ɪkˈspreʃᵊn]	Gesichtsausdruck, Mimik
body language *n*	Körpersprache
appearance *n*	Auftreten, Erscheinungsbild
storyboard *n*	Storyboard, Ablaufplan
script *n*	Drehbuch
screenplay *n* [ˈskriːnpleɪ]	Drehbuch
slow motion *n*	Zeitlupe
fast motion *n*	Zeitraffer
montage *n* [mɒnˈtɑːʒ]	Filmmontage
voice-over narration *n* [ˈvɔɪsəʊvəʳ nəˈreɪʃᵊn]	Begleitkommentar, Off-Stimme
visual symbol *n*	optisches Symbol
special effect *n*	Spezialeffekt
soundtrack *n*	Tonspur, Filmmusik
score *n* [skɔːʳ]	Filmmusik
adaptation *n* [ˌædæpˈteɪʃᵊn]	Adaption
film adaptation	Literaturverfilmung